Strafprozessuales
Zeugnisverweigerungsrecht
für Insolvenzverwalter?

Europäische Hochschulschriften Recht

European University Studies in Law

Publications Universitaires Européennes de Droit

Band/Volume **6168**

Elisabeth Corbo

Strafprozessuales Zeugnisverweigerungsrecht für Insolvenzverwalter?

Eine Untersuchung zum Kontext der § 97 Abs. 1 S. 3 InsO und § 53 Abs. 1 S. 1 StPO

PETER LANG

Bibliografische Information der Deutschen Nationalbibliothek
Die Deutsche Nationalbibliothek verzeichnet diese Publikation in der Deutschen Nationalbibliografie; detaillierte bibliografische Daten sind im Internet über http://dnb.d-nb.de abrufbar.

Zugl.: Kiel, Univ., Diss., 2019

Gedruckt auf alterungsbeständigem, säurefreiem Papier.
Druck und Bindung: CPI books GmbH, Leck

D 8
ISSN 0531-7312
ISBN 978-3-631-80669-2 (Print)
E-ISBN 978-3-631-82316-3 (E-PDF)
E-ISBN 978-3-631-82317-0 (EPUB)
E-ISBN 978-3-631-82318-7 (MOBI)
DOI 10.3726/b17015

Diese Publikation wurde begutachtet.

www.peterlang.com

Inhaltsverzeichnis

Einleitung

Der liberale Rechtsstaat der Bundesrepublik Deutschland auf der Grundlage des Grundgesetzes zeichnet sich dadurch aus, dass er dem Verbrechen nicht auf gleicher Ebene begegnen will; als Ausdruck einer grundsätzlich rechtsstaatlichen Wertentscheidung soll lieber ein Schuldiger freigelassen als ein Unschuldiger verurteilt werden[1].

Dieses Grundverständnis eines rechtsstaatlichen und fairen Strafverfahrens, flankiert vom Grundsatz *in dubio pro reo* sowie der Unschuldsvermutung gemäß Art. 6 Abs. 2 EMRK, prägt das heutige Strafverfahrensrecht, jedenfalls in der Theorie.

Die Praxis erweist sich leider nicht immer als so fair, wie es das Gesetz vorsieht. Häufig obsiegt das Bestreben nach einer effektiven Strafverfolgung, nach Bestrafung.

In Strafverfahren wegen Insolvenzdelikten stellt der Insolvenzverwalter aufgrund seines Einblicks in das insolvente Unternehmen eine wichtige Erkenntnisquelle für die Strafverfolgungsbehörden dar[2]. Und so verwundert es nicht, dass diese die Informationen des Insolvenzverwalters umfassend für ihre Ermittlungen zugänglich machen wollen, auch um den Preis der Gerechtigkeit.

So soll der Insolvenzverwalter nicht selten als Zeuge in Straferfahren aussagen, wobei versucht wird, hinderliche Regelungen wie das Verbot des § 97 Abs. 1 S. 3 InsO und die allgemeinen Beweisverwertungsverbote bestmöglich zu umschiffen.

Dadurch gerät der Insolvenzverwalter in eine zwiespältige Position, erhält er doch im Rahmen des Insolvenzverfahrens umfassende, auch strafrechtlich relevante Informationen über den Insolvenzschuldner, teilweise von diesem selbst und nicht selten unter Androhung und Anwendung von Zwang. Das Verlangen der Strafverfolgungsbehörden, diese Informationen unter Ausnutzung des Insolvenzverwalters für ihre strafrechtlichen Ermittlungen zu verwenden, scheint mit rechtsstaatlichen Grundsätzen schwer vereinbar.

---

1 *Kühne*, Rn. 880, 880.1.

2 Dannecker/ Knierim/ *Dannecker/ Hagemeier* Rn. 126; Wabnitz/ Janovsky HB/ *Pelz* 9. Kap. Rn. 437; *Weyand/ Diversy* Rn. 146 m.w.N.; *Graeber* NZI 2003, 569.

A. Einführung in den Untersuchungsgegenstand

Bei vielen Insolvenzverfahren liegen Anhaltspunkte für vom Schuldner begangene Insolvenzdelikte (§§ 283 ff. StGB) vor[3].

Für den Schuldner des Insolvenzverfahrens, der gleichzeitig einer Straftat verdächtig ist, könnte § 97 InsO eine Rolle spielen:

§ 97 Auskunfts- und Mitwirkungspflichten des Schuldners
(1) [1]Der Schuldner ist verpflichtet, dem Insolvenzgericht, dem Insolvenzverwalter, dem Gläubigerausschuß und auf Anordnung des Gerichts der Gläubigerversammlung über alle das Verfahren betreffenden Verhältnisse Auskunft zu geben. [2]Er hat auch Tatsachen zu offenbaren, die geeignet sind, eine Verfolgung wegen einer Straftat oder einer Ordnungswidrigkeit herbeizuführen. [3]Jedoch darf eine Auskunft, die der Schuldner gemäß seiner Verpflichtung nach Satz 1 erteilt, in einem Strafverfahren oder in einem Verfahren nach dem Gesetz über Ordnungswidrigkeiten gegen den Schuldner oder einen in § 52 Abs. 1 der Strafprozeßordnung bezeichneten Angehörigen des Schuldners nur mit Zustimmung des Schuldners verwendet werden.
(2) Der Schuldner hat den Verwalter bei der Erfüllung von dessen Aufgaben zu unterstützen.
(3) [1]Der Schuldner ist verpflichtet, sich auf Anordnung des Gerichts jederzeit zur Verfügung zu stellen, um seine Auskunfts- und Mitwirkungspflichten zu erfüllen. [2]Er hat alle Handlungen zu unterlassen, die der Erfüllung dieser Pflichten zuwiderlaufen.

Seit Inkrafttreten der Insolvenzordnung am 01.01.1999 ergingen jedoch nur wenige gerichtliche Entscheidungen, die sich mit dem Verbot des § 97 Abs. 1 S. 3 InsO befassten[4]. Demgegenüber stehen 123.706 Insolvenzverfahren allein zwischen Mai 2017 und Mai 2018[5], also circa 10.300 Insolvenzverfahren monatlich in diesem Zeitraum. Rechtsanwälte nutzen die Verteidigungsmöglichkeit des § 97 Abs. 1 S. 3 InsO kaum für ihre Mandanten; scheinbar halten sie dieses angesichts der wenigen gerichtlichen Entscheidungen hierzu nicht für erfolgsversprechend[6]. Das Insolvenzgeheimnis, wie die Regelung in § 97 Abs. 1 S. 3 InsO auch genannt wird, führt also bis heute eher ein Schattendasein in der Strafrechts- und Insolvenzpraxis[7]. Ungeachtet seiner Einführung fanden und finden sich in zahlreichen Ermittlungsakten Aufzeichnungen, die auf Auskünften oder sonstigen Mitwirkungsakten des Schuldners beruhen, oder entsprechende Informationen

---

3 Beck/ Depré/ *Pelz* § 37 Rn. 1 f.; *Püschel* FS Rissing, 471.

4 Vgl. LG Ulm NJW 2007, 2056 m. Anm. *Schork*; LG Stuttgart NZI 2001, 498; LG Potsdam BeckRS 2009, 05070; OLG Jena ZInsO 2011, 732; OLG Celle ZInsO 2013, 731; LG Bonn NZI 2017, 410.

5 Vgl. statista: http://de.statista.com/statistik/daten/studie/37122/umfrage/anzahl-der-insolvenzen-in-deutschland-insgesamt/ abgerufen am 20.08.2018.

6 So *Weyand* ZInsO 2015, 1948 (1949).

7 *Weyand* ZInsO 2015, 1948 (1949).

wurden als Anknüpfungspunkt für weitere Ermittlungsmaßnahmen oder gar Anklagen verwendet[8]. Auch werden Insolvenzverwalter häufig in Strafverfahren gegen von ihnen betreute Schuldner als Zeugen geladen.

Daher wäre eine konsequentere Anwendung des § 97 Abs. 1 S. 3 InsO in der strafrechtlichen Praxis wünschenswert, zumal das Verbot durchaus das Potential birgt, den Schuldner beziehungsweise den Beschuldigten effektiv davor zu bewahren, unfreiwillig als Beweismittel gegen sich selbst zu fungieren. *Uhlenbruck* konstatiert, dass die Anwendung des § 97 Abs. 1 S. 3 InsO in der Praxis sehr schwierig sei, und dass dessen erfolgreiche Durchsetzung schlussendlich wohl dem Schuldner selbst obliege. Wie sich dieser aber gegen die überlegenen Strafverfolgungsbehörden behaupten soll, lässt auch er offen[9]. Anscheinend wird der Konflikt zwischen dem Geheimhaltungsinteresse des Schuldners und dem Interesse der Gläubiger an einer möglichst umfassenden Befriedigung aus der Verwertung der Insolvenzmasse zu Lasten des Schuldners entschieden. Seine Position ist gegenüber derjenigen der Gläubiger deutlich schwächer.

Bisher wurden in der Literatur verschiedene Vorschläge unterbreitet, wie man das Spannungsverhältnis zwischen der Selbstbelastungsfreiheit des Beschuldigten und dem staatlichen Strafverfolgungsinteresse in einen gerechten beziehungsweise gerechteren Ausgleich bringen kann. Die Vorschläge sind vielfältig. Teilweise wird die Einführung einer – wie auch immer ausgestalteten – Verschwiegenheitspflicht für Insolvenzverwalter vorgeschlagen, teilweise wird angeregt, die Insolvenzakten für die Strafverfolgungsbehörden unzugänglich zu machen oder zumindest entsprechende Teile der Akten zu kennzeichnen oder zu entfernen[10].

Heußner hatte sich schon 1981 in seinem Sondervotum zum Gemeinschuldnerbeschluss[11] dafür ausgesprochen, nicht nur ein Beweisverwertungsverbot[12] – welches als Absicherung strafprozessualer Rechte das Korrelat zum Aussagezwang des Schuldners in der Insolvenz bilden solle – einzuführen, sondern dieses um ein Offenbarungsverbot zu ergänzen; nur so sei eine verfassungskonforme Rechtslage für den Insolvenzschuldner gewährleistet[13].

In jüngerer Zeit haben insbesondere *Hohnel*[14] und *Tetzlaff*[15] erörtert, ob der Schuldnerschutz, namentlich die Selbstbelastungsfreiheit, unter anderem durch

8 HB WiStR/ *Wegner* Teil 7, 2. Kapitel Rn. 14 f.
9 *Uhlenbruck* NZI 2002, 401.
10 Vgl. dazu insgesamt Münchener Kommentar InsO/ *Stephan* § 97 Rn. 17 m.w.N.
11 BVerfGE 56, 37.
12 Der heutige § 97 Abs. 1 S. 3 InsO.
13 *Heußner* NJW 1981, 1433.
14 *Hohnel* NZI 2005, 152.
15 *Tetzlaff* NZI 2005, 316.

die Normierung einer Verschwiegenheitspflicht für den Insolvenzverwalter gestärkt werden sollte[16]. *Hohnel* hat sich dabei für eine ebensolche Pflicht zur Verschwiegenheit ausgesprochen, allerdings ohne konkrete Vorschläge hinsichtlich der Ausgestaltung eines solches Rechtes zu äußern[17]. *Tetzlaff* kritisiert die Vorgehensweise von *Hohnel* als wenig wissenschaftlich und bemängelt eine fehlende dogmatische Grundlage für dessen Auffassung; zudem argumentiert er, dass sich die Praxis eher als schuldnerfreundlich erweise[18].

Verschiedene Monografien haben die Problematik des § 97 InsO allenfalls am Rande gestreift:

Rengier hat sich in seiner Dissertation aus dem Jahr 1979 mit den Zeugnisverweigerungsrechten im Strafverfahrensrecht befasst. Seinerzeit stand jedoch noch die Debatte um die Aufnahme von Sozialarbeitern und Psychologen in den Katalog des § 53 StPO im Fokus wissenschaftlicher Diskussionen[19]. Mit der Stellung des Insolvenzverwalters – damals noch Konkursverwalters – an der Schnittstelle zwischen dem Insolvenz- beziehungsweise Konkursverfahren und dem Strafverfahren hat sich *Rengier* nicht auseinandergesetzt.

Baier hat 1996 die strafprozessualen Zeugnisverweigerungsrechte außerhalb der Strafprozessordnung untersucht, wobei er eine Erweiterung der §§ 52–55 StPO diskutiert hat, ohne im Rahmen des § 53 StPO auf den Insolvenzverwalter (seinerzeit noch Konkursverwalter) einzugehen.

Bömelburg hat sich zwar 2004 umfassend mit der Auslegung des § 97 Abs. 1 S. 3 InsO und in diesem Zusammenhang auch mit dessen Inhalt und Umfang befasst. Hierbei wurden indessen die Rolle des Insolvenzverwalters als Zeuge im Strafverfahren und die Notwendigkeit eines strafprozessualen Zeugnisverweigerungsrechtes nicht angesprochen.

Bosbach hat 2009 in seiner Dissertation ungeschriebene Zeugnisverweigerungsrechte im Bereich der Rechtsberatung untersucht. Dabei fokussierte er sich auf das Verhältnis zwischen Mandant und Rechtsanwalt, Zeugenbeistand sowie Strafverteidiger; mit der Möglichkeit eines strafprozessualen Zeugnisverweigerungsrechts für den Insolvenzverwalter befasste er sich nicht.

Auch die bisherige Rechtsprechung ist wenig ergiebig. So hatte sich das Landgericht Ulm zwar, als eines von wenigen Gerichten, mit der Rechtmäßigkeit einer

16 Vgl. auch LG Ulm NJW 2007, 2056, zur Frage, ob aus § 97 Abs. 1 S. 3 InsO ein allgemeines Beschlagnahme- und Durchsuchungsverbot hinsichtlich des Insolvenzverwalters abgeleitet werden kann.

17 *Hohnel* NZI 2005, 152.

18 *Tetzlaff* NZI 2005, 316.

19 *Rengier*, 1 ff. und *passim*.

Durchsuchung beim Insolvenzverwalter befasst[20]. Es lehnte jedoch ein allgemeines Durchsuchungs- und Beschlagnahmeverbot aus § 97 Abs. 1 S. 3 InsO – und in diesem Zusammenhang auch ein strafprozessuales Zeugnisverweigerungsrecht gemäß § 53 StPO – für Insolvenzverwalter ab[21].

In ihrer diesbezüglichen Urteilsanmerkung verneint auch *Schork* die Anwendung von §§ 97 Abs. 1, 53 StPO auf den Insolvenzverwalter[22]. Sie plädiert aber – zumindest hinsichtlich des dort streitigen Beschlusses – für ein Beschlagnahmeverbot aus § 97 Abs. 1 InsO[23].

Uhlenbruck hatte das Problem schon 1995 deutlich beschrieben: „Dem Gemeinschuldner nützt als Angeklagtem im Rahmen eines Strafverfahrens wegen betrügerischen Bankrotts [...] die Belehrung über sein Einlassungsverweigerungsrecht wenig, wenn nicht nur die Konkursakten mit dem vollständigen Vernehmungsprotokoll als Beweismittel gegen ihn verwandt werden können, sondern auch der Konkursverwalter [...] als Zeuge über die gewonnenen Kenntnisse auszusagen gezwungen werden kann."[24]

An diesem Befund hat sich bis heute leider kaum etwas geändert. Die bisherigen wissenschaftlichen Arbeiten im Bereich des Insolvenz- und Strafrechts haben die Notwendigkeit eines strafprozessualen Zeugnisverweigerungsrechts für Insolvenzverwalter allenfalls am Rande gestreift. Scheinbar verkennt jedenfalls die Mehrheit der Vertreter in der Literatur schlichtweg, dass ein diesbezüglicher Regelungsbedarf überhaupt existiert.

Legislative und Strafverfolgungsbehörden sehen dies offenbar ähnlich; ein verbesserter Schuldnerschutz ist anscheinend nicht gewünscht.

B. Fragestellung

Die bisherigen Beiträge in Rechtsprechung und Literatur führen zu der Frage, welche Rolle der Insolvenzverwalter in einem Strafverfahren wegen Insolvenzdelikten gegen den Schuldner innehat, und ob dieses Rollenverständnis mit strafverfahrensrechtlichen Grundsätzen vereinbar ist. Mit anderen Worten: Sollte der Insolvenzverwalter im Strafverfahren gegen den Insolvenzschuldner (weiterhin) dem allgemeinen Zeugniszwang des § 48 Abs. 1 S. 2 StPO unterliegen, oder sollte ihm ein eigenes strafprozessuales Zeugnisverweigerungsrecht zustehen? Und

---

20 LG Ulm NJW 2007, 2056 m. Anm. *Schork*.

21 LG Ulm NJW 2007, 2056 (2056 f.).

22 *Schork* NJW 2007, 2057.

23 *Schork* NJW 2007, 2057 f.

24 *Uhlenbruck* JR 1995, 445 (446).

müsste er darüber hinaus materiell-rechtlich zur Verschwiegenheit verpflichtet sein?

Bejahendenfalls schließt sich die Frage an, ob *de lege lata* ein strafprozessuales Zeugnisverweigerungsrecht für den Insolvenzverwalter hergeleitet werden kann, oder wie *de lege ferenda* ein solches strafprozessuales Zeugnisverweigerungsrecht gestaltet werden sollte. Entsprechend dazu gilt es zu klären, ob und wie eine das Zeugnisverweigerungsrecht ergänzende Verschwiegenheitspflicht für Insolvenzverwalter begründet werden kann.

C. Vorgehensweise

Anhand ausgewählter Fälle aus der Praxis wird zunächst die problematische Position des Insolvenzverwalters veranschaulicht und gezeigt, dass und wie das Insolvenzgeheimnis von den Strafverfolgungsbehörden in der Praxis umgangen werden kann.

Sodann werden die für diese Thematik notwendigen strafprozessualen sowie insolvenzrechtlichen Grundlagen dargestellt, welche – wie noch zu zeigen sein wird – die Basis der eigenen Lösung für einen effektiveren Schuldnerschutz bilden werden. Dabei wird im Rahmen dieser Untersuchung nicht zwischen Verbraucher- und Unternehmerinsolvenzen differenziert, da die prozessrechtliche Stellung des Insolvenzverwalters im Hinblick auf seine Beziehung zum Insolvenzschuldner und dessen Beschuldigtenrechten im Fokus steht und diese (weitestgehend) von der Art des Insolvenzverfahrens unabhängig ist.

Es werden zunächst die Rolle der Zeugen im Strafverfahren und die Selbstbelastungsfreiheit des Beschuldigten umfassend dargestellt. Vorbereitend für eine spätere Herleitung eines Zeugnisverweigerungsrechts für Insolvenzverwalter werden die dafür in Betracht kommenden Zeugnisverweigerungsrechte sowie deren Schutzzweck, Umfang und Reichweite erläutert.

Sodann wird ein kursorischer Überblick über die Beweisverbote gegeben, zu denen auch das Verbot des § 97 Abs. 1 S. 3 InsO zählt.

Anschließend werden die Schlüsselfunktion der Insolvenzverwalter für die Ermittlungsbehörden in Strafverfahren wegen Insolvenzdelikten und das daraus resultierende Spannungsfeld zwischen der verfassungsrechtlich verbürgten Selbstbelastungsfreiheit des Schuldners und der Rolle des Insolvenzverwalters als Zeuge im Strafverfahren gezeigt, indem Ablauf und Ziele des Insolvenzverfahrens sowie die Rolle des Insolvenzverwalters im Insolvenzverfahren erläutert werden.

Sodann wird untersucht, ob der Insolvenzverwalter in den personellen Anwendungsbereich des § 203 StGB fällt und deshalb bereits *de lege lata* zur Verschwiegenheit verpflichtet ist.

Anschließend werden der Gemeinschuldnerbeschluss des Bundesverfassungsgerichts und die Entstehung des § 97 Abs. 1 S. 3 InsO erörtert. Inhalt, Reichweite und Grenzen dieses Verbotes werden umfassend dargestellt, da es – ebenso wie § 53 StPO – Ausgangspunkt und Gegenstand späterer eigener Lösungsvorschläge ist.

Sodann werden die bisherigen Vorschläge der Rechtsprechung für eine Herleitung von ungeschriebenen Zeugnisverweigerungsrechten sowie entsprechende Ansätze in der Literatur, welche sich zumindest auch mit der Rolle des Insolvenzverwalters oder der Reichweite des § 97 Abs. 1 S. 3 InsO befassen, umfassend dargestellt.

Es wird gezeigt, dass die Problematik des Zeugnisverweigerungsrechts für Insolvenzverwalter zum Schutze der Selbstbelastungsfreiheit des Schuldners bisher entweder nicht als solche erkannt oder jedenfalls nicht hinreichend gelöst wurde.

Es folgt eine empirische Untersuchung in Form einer Umfrage bei Insolvenzverwaltern, womit die Problematik aus einer anderen Perspektive dargestellt und zugleich deren Relevanz für die Praxis bestätigt wird.

Daran anschließend wird ein eigener Ansatz zur Verbesserung des Schuldnerschutzes durch die Herleitung eines strafprozessualen Zeugnisverweigerungsrechts für Insolvenzverwalter erarbeitet.

Dabei wird zunächst versucht, ein Zeugnisverweigerungsrecht unmittelbar aus § 97 Abs. 1 S. 3 InsO abzuleiten. Sodann wird die analoge Anwendung des § 53 Abs. 1 S. 1 Nr. 3 StPO zur Begründung eines Zeugnisverweigerungsrechts für Insolvenzverwalter untersucht.

Sodann werden die gesamten Erkenntnisse resümiert und abschließend bewertet; auf dieser Grundlage werden schließlich Lösungen des Konfliktes *de lege lata* und *de lege ferenda* präsentiert, wobei nochmals hervorgehoben wird, dass ein effektiver Schutz der strafprozessualen Beschuldigtenrechte nur durch eine Stärkung der Position des Insolvenzverwalters im Strafverfahren – in Form eines normierten strafprozessualen Zeugnisverweigerungsrechtes – erreicht werden kann.

Hauptteil

Das nachfolgende Kapitel wird zunächst die behandelte Problematik anhand gerichtlicher Entscheidungen veranschaulichen, um sodann die theoretischen Grundlagen zu erörtern.

A. Problemaufriss

Wenngleich die hier aufgeworfene Fragestellung – Zeugniszwang oder Zeugnisverweigerungsrecht von Insolvenzverwaltern – bislang, soweit ersichtlich, nicht Gegenstand veröffentlichter gerichtlicher Entscheidungen war, so finden sich wenigstens vereinzelt Entscheidungen zu der eng verbunden Problematik von Durchsuchungen bei Insolvenzverwaltern, die zugleich als Rechtsanwälte tätig sind, also zu Durchsuchungen in Kanzleiräumen.

I. Fall Nr. 1: LG Ulm, Beschluss vom 15.01.2007 – 2 Qs 2002/ 07 Wik

Das Landgericht Ulm beschäftigte sich im Jahr 2007 mit der rechtlichen Möglichkeit der Durchsuchung beim Insolvenzverwalter.

1. Kurzsachverhalt und Entscheidungsgründe

Dem Beschluss lag die Frage zu Grunde, ob und wenn ja unter welchen Voraussetzungen eine Durchsuchung beim Insolvenzverwalter gemäß § 103 StPO erfolgen kann[25]. Verfahrensgegenstand waren die Ermittlungen der Steuerfahndung gegen den Schuldner einer Privatinsolvenz. Die Ermittlungsbehörden vermuteten, bei dessen Insolvenzverwalter strafrechtlich relevante Unterlagen zu finden. Daher beantragte die Steuerfahndung die Durchsuchung der Geschäftsräume des Insolvenzverwalters zur Auffindung und Sicherstellung von Beweismitteln, welche für das „Verfahren von Bedeutung sind und nicht unter das Beschlagnahmeverbot des § 97 StPO fallen". Es wurde im Beschlusstext auf die Möglichkeit hingewiesen, die Durchsuchung durch Herausgabe der geforderten Unterlagen abzuwenden. Daraufhin übergab der Insolvenzverwalter den von ihm geführten Verfahrensordner. Die Beschwerde des Insolvenzverwalters blieb erfolglos.

Die Anordnung der Durchsuchung sei nicht bereits rechtswidrig, wenn der Inhaber der zu durchsuchenden Räume Angehöriger einer besonders

25 Hierzu und zum gesamten nachfolgenden Abschnitt: LG Ulm NJW 2007, 2056 f.

geschützten Personen- oder Berufsgruppe sei. Unzulässig wäre die Durchsuchungsanordnung nur, wenn sie auf die Gewinnung von Beweismitteln gerichtet wäre, welche prozessual nicht verwertet werden dürften. Der Insolvenzverwalter zähle jedoch nicht zu den Berufsgeheimnisträgern des § 53 Abs. 1 StPO (mit der Folge eines Beschlagnahmeverbots nach § 97 Abs. 1 StPO).

Auch aus § 97 Abs. 1 S. 3 InsO lasse sich kein den Insolvenzverwalter betreffendes Beschlagnahmeverbot ableiten. Diese Vorschrift erfasse gerade nicht sämtliche an den Insolvenzverwalter übergebenen Unterlagen, sondern nur diejenigen Erklärungen, welche „erst die in § 97 Abs. 1 S. 1 InsO genannten Institutionen den Schuldner hervorzubringen veranlassten"[26]. Die Regelung des § 97 Abs. 1 S. 3 InsO sei nach Vorgaben des Gemeinschuldnerbeschlusses und in Anlehnung an die Vorgängernorm § 100 KO konzipiert worden. Auch das Bundesverfassungsgericht habe sich lediglich für ein sachlich begrenztes Verwertungsverbot für erzwungene Aussagen entschieden und nicht für ein generelles Verbot für sonstige Beweismittel[27].

2. *Konflikte und deren Relevanz in der Praxis*

In diesem Fall wurde die Durchsuchung der Geschäftsräume des Insolvenzverwalters für rechtmäßig befunden. Dies ist eine sowohl für Insolvenzverwalter als auch für Gläubiger und Insolvenzschuldner unbefriedigende Entscheidung.

Für den Insolvenzverwalter gilt dies deshalb, weil durch die erzwungene Herausgabe des Verfahrensordners die möglichst schnelle Abwicklung der Insolvenz und damit seine Berufsausübung erheblich erschwert wird. Dies widerspricht auch den Interessen der Gläubiger, welche ebenfalls zeitnah aus der Verwertung der Insolvenzmasse befriedigt werden sollen, wovon schlussendlich auch der Insolvenzschuldner profitiert.

Vor allem aber will Letzterer ganz sicher nicht, dass die Ermittlungsbehörden sämtliche Unterlagen, welche er dem Insolvenzverwalter einzig zum Zwecke des Insolvenzverfahrens übergeben hat, beschlagnahmen und für ihre Ermittlungen nutzen. Denn unter diesen Unterlagen befinden sich nicht nur Geschäftsunterlagen, welche andernfalls auch beim Schuldner selbst hätten rechtmäßig beschlagnahmt werden können.

Vielmehr verwahrt der Insolvenzverwalter sämtliche Unterlagen eines Insolvenzverfahrens, mithin auch vom Schuldner gemäß § 97 Abs. 1 S. 2 InsO erteilte Auskünfte, welche der Insolvenzverwalter in Form von Aktenvermerken notiert

26 So wörtlich LG Ulm NJW 2007, 2056 (2057).
27 LG Ulm NJW 2007, 2056 (2057).

hat. Außerdem können sich darunter neben den mündlichen Auskünften des Schuldners auch Unterlagen befinden, welche dieser zuvor so gut versteckt hatte, dass sie weder vom Insolvenzverwalter noch von den Ermittlungsbehörden gefunden worden wären. Insolvenzrechtlich war er jedoch gezwungen, diese Auskünfte gegenüber dem Insolvenzverwalter zu tätigen beziehungsweise die entsprechenden Unterlagen herauszugeben, so dass sich diese nunmehr vollständig beim Insolvenzverwalter befinden. Denn im Insolvenzverfahren greift auf den ersten Blick in § 97 Abs. 1 S. 2 InsO der Schutz vor erzwungener Selbstbelastung zu Gunsten der Gläubigerinteressen gerade nicht. Im Strafverfahren hingegen hätte der Schuldner bezüglich solcher strafrechtlich relevanten, selbstbelastenden Informationen nicht nur ein Aussageverweigerungsrecht. Er darf auch nicht dazu gezwungen werden, sich selbst zu belasten (*nemo tenetur se ipsum accusare*).

Dieses Recht wird aber umgangen, indem entsprechend verschriftlichte Tatsachen oder zuvor verborgene Unterlagen nunmehr beim Insolvenzverwalter beschlagnahmt werden.

Überdies wird durch eine solche Durchsuchung und Beschlagnahme beim Insolvenzverwalter, insbesondere wenn er zugleich Rechtsanwalt ist, das Vertrauen des Schuldners in den Insolvenzverwalter erschüttert. In dem Wissen, dass die strafrechtlich relevanten Auskünfte für die Ermittlungsbehörden grundsätzlich gesperrt sind, solange die Behörden direkt bei ihm ermitteln, wird er davon ausgehen, dass die gleichen Auskünfte auch beim Insolvenzverwalter „sicher" sind, namentlich wenn sie über § 97 Abs. 1 S. 2 InsO zwangsweise im Insolvenzverfahren beigebracht wurden. Noch größer wird dieses Vertrauen sein, wenn es sich bei diesem Insolvenzverwalter um einen Rechtsanwalt handelt. Dann ist es für den Schuldner umso schwerer nachvollziehbar, warum die Unterlagen gleichwohl beschlagnahmt werden durften, wenn dies bei einem anderen, gesondert mandatierten Rechtsanwalt in der Regel unzulässig gewesen wäre.

Vom Schutz des § 97 Abs. 1 S. 3 InsO profitiert der Schuldner beim vorliegenden Sachverhalt nicht, denn das Gericht hat ein hieraus folgendes Beschlagnahmeverbot für den Insolvenzverwalter ausdrücklich abgelehnt. Infolgedessen läuft aber das sogenannte Insolvenzgeheimnis in derartigen Fallkonstellationen faktisch leer, und der Schutz des Schuldners gemäß § 97 Abs. 1 S. 3 InsO wird dadurch umgangen, dass sämtliche Unterlagen aus dem Insolvenzverfahren, mithin auch die erzwungenen selbstbelastenden Informationen des Schuldners, im Rahmen der Beschlagnahme beim Insolvenzverwalter an die Ermittlungsbehörden gelangen und für die Strafverfolgung genutzt werden.

Diese Vorgehensweise kann allein durch das Insolvenzgeheimnis des § 97 Abs. 1 S. 3 InsO nicht verhindert werden, wie der vorstehende Fall deutlich zeigt. Hier kann zugunsten der Selbstbelastungsfreiheit des Schuldners nur ein strafprozessuales Zeugnisverweigerungsrecht des Insolvenzverwalters (in Verbindung mit einem hieraus folgenden Durchsuchungs- und Beschlagnahmeverbot) den verfassungsrechtlich gebotenen Schutz ermöglichen.

II. Fall Nr. 2: LG Saarbrücken, Beschluss vom 02.02.2010 – 2 Qs 1/ 10

Das Landgericht Saarbrücken hatte einen ähnlichen Fall zu entscheiden, gelangte jedoch zu einem anderen Ergebnis.

1. Kurzsachverhalt und Entscheidungsgründe

Auch diesem Beschluss lag die Beschwerde eines Insolvenzverwalters zugrunde, welche sich gegen einen – seiner Auffassung nach – rechtswidrigen Durchsuchungsbeschluss bezüglich seiner Kanzleiräume richtete[28].

Der Beschwerdeführer, zugleich Rechtsanwalt, wurde als Insolvenzverwalter bestellt. Er erstattete bei der Staatsanwaltschaft Anzeige, nachdem sich im Rahmen seiner insolvenzrechtlichen Tätigkeit Verdachtsmomente dafür ergeben hatten, der Geschäftsführer der GmbH habe Insolvenzmasse „beiseite geschafft".

Im Zuge des Ermittlungsverfahrens kooperierte der Insolvenzverwalter zunächst mit den Ermittlungsbehörden. Diese entschieden im weiteren Verfahren jedoch, den Insolvenzverwalter „aus Objektivitätsgründen" nicht in die Durchführung der gegen den Insolvenzschuldner geplanten und durchgeführten Durchsuchungsmaßnahmen einzubinden. Aufgrund der Aussage des Beschuldigten wurde sodann die Durchsuchung der Kanzleiräume des Insolvenzverwalters angestrebt, nicht zuletzt wegen sinkender Kooperationsbereitschaft seinerseits. Es erging ein Durchsuchungsbeschluss gemäß §§ 103, 105 StPO, welcher vollstreckt wurde. Gegen diese Durchsuchungsanordnung wehrte sich der Insolvenzverwalter mit Erfolg.

Das Landgericht entschied, dass die Durchsuchungsanordnung gegen das Übermaßverbot verstoße. Nach dem Grundsatz der Verhältnismäßigkeit müsse in jedem Verfahrensstadium stets das mildeste, also am wenigsten eingriffsintensive Mittel gewählt werden, wobei das Landgericht hier „aufgrund der Unverdächtigkeit des Anordnungsadressaten" von erhöhten Anforderungen ausging.

---

28 Hierzu und zum gesamten nachfolgenden Abschnitt: LG Saarbücken NStZ 2010, 534 f.

Im vorliegenden Fall sei das Herausgabeverlangen nach § 95 StPO das geeignete, erforderliche, aber auch ausreichende strafprozessuale Instrument gewesen, sofern keine konkreten Anhaltspunkte dafür vorlagen, dass eine Gefahr für den Verlust der begehrten Unterlagen bestand.

Das Gericht betont allerdings auch, dass der Insolvenzverwalter in Ermangelung eines Zeugnisverweigerungsrechts aus § 53 Abs. 1 StPO nicht dem Schutz des § 95 Abs. 2 S. 2 StPO unterliege. Aus dem gleichen Grund hätten die von der Staatsanwaltschaft begehrten Unterlagen auch keinem Beschlagnahmeverbot nach § 97 Abs. 2 StPO unterlegen.

Obwohl das Landgericht Saarbrücken auf die vorstehend geschilderte Entscheidung des Landgerichts Ulm Bezug nimmt, wird ein etwaiger Schutz aus § 97 Abs. 1 S. 3 InsO an keiner Stelle der veröffentlichten Entscheidungsgründe erörtert.

2. *Konflikte und deren Relevanz in der Praxis*

Hier konnte sich der Insolvenzverwalter zwar durchsetzen, die vollstreckte Durchsuchung wurde für rechtswidrig erklärt. Allerdings leiteten die Richter dies nicht etwa aus § 97 Abs. 1 S. 3 InsO oder § 97 StPO ab, sondern aus „erhöhten Anforderungen an den Verhältnismäßigkeitsgrundsatz … aufgrund der Unverdächtigkeit des Anordnungsadressaten“[29].

Außerdem wurde die Abwicklung des Insolvenzverfahrens durch die Beschlagnahme verzögert, da die Durchsuchung erst im Nachhinein für rechtswidrig erklärt wurde, als die Unterlagen bereits beim Insolvenzverwalter beschlagnahmt worden waren.

Nicht zuletzt kann ein Schutz einzig nach dem Grundsatz der Verhältnismäßigkeit nicht genügen, handelt es sich hierbei doch um eine stets einzelfallbezogene Abwägung, welche kein ausreichendes Maß an Rechtssicherheit und Vorhersehbarkeit bietet, weder für den Insolvenzschuldner zum Zeitpunkt der Erteilung seiner Auskunft noch für den Insolvenzverwalter. Eine solche Rechtssicherheit kann nur eine gesetzliche Konkretisierung ermöglichen.

Dies zeigt auch der nachstehende Fall.

---

29 So ausdrücklich LG Saarbrücken NStZ 2010, 534 (535) unter II.2.b)aa) der Urteilsgründe.

III. Fall Nr. 3: LG Bonn, Beschluss vom 22.12.2016 – 27 Qs 23/16

Das Landgericht Bonn befasste sich ebenfalls mit der Rechtmäßigkeit einer Durchsuchung beim Insolvenzverwalter.

1. Kurzsachverhalt und Entscheidungsgründe

Dem Beschluss des Landgerichts Bonn lag die Beschwerde eines Insolvenzverwalters gegen einen bereits vollstreckten Durchsuchungsbeschluss zugrunde[30]. Der Beschwerdeführer war zugleich als Rechtsanwalt/ Fachanwalt für Insolvenzrecht in einer Anwaltskanzlei tätig. Der im Rahmen des (Steuer-)Strafverfahrens erlassene Durchsuchungsbeschluss gemäß § 103 StPO hatte ebendiese Kanzleiräume zum Gegenstand. Die hiergegen gerichtete Beschwerde des Insolvenzverwalters hatte Erfolg.

Begründet wurde die Entscheidung ebenfalls mit der Verletzung des Gebotes der Verhältnismäßigkeit, wobei – wie im zuvor geschilderten Beschluss des Landgerichts Saarbrücken – namentlich auf die Möglichkeit des Herausgabeverlangens gemäß § 95 StPO als milderes, gleich effektives Mittel verwiesen wird.

Der Ermittlungsrichter hatte lediglich einen von den Ermittlungsbehörden vorformulierten, standardisierten Antrag übernommen und unterschrieben, welcher „keinerlei Ausführungen zur besonderen Stellung des Insolvenzverwalters als unabhängiger Rechtsperson sowie zur Verhältnismäßigkeit im Allgemeinen" enthielt[31].

Gleichwohl betont das Gericht, dass sich ein generelles Durchsuchungs- und Beschlagnahmeverbot für Räumlichkeiten des Insolvenzverwalters jedenfalls nicht aus § 97 Abs. 1 S. 3 InsO ableiten lasse, denn dieser beinhalte kein generelles Verbot für Beweismittel, welche im Zusammenhang mit dem Insolvenzverfahren erlangt wurden.

Ebenso wenig stünde das Verbot des § 97 Abs. 2 StPO einer Durchsuchung oder Beschlagnahme entgegen, denn die Stellung des Insolvenzverwalters im Verhältnis zu der von ihm verwalteten insolventen Firma unterscheide sich in mehreren Punkten von der des Rechtsanwalts in Bezug auf seinen Mandanten.

Die Prüfung der Verhältnismäßigkeit erlange in derartigen Konstellationen jedoch besondere Bedeutung.

---

30 Hierzu und zum gesamten nachfolgenden Abschnitt: LG Bonn NZI 2017, 410 ff. m. Anm. *Pauka.*

31 So ausdrücklich LG Bonn NZI 2017, 410 (413).

2. *Konflikte und deren Relevanz in der Praxis*

Neben der ausdrücklich erwähnten unzureichenden Prüfung der Verhältnismäßigkeit der Maßnahme wurde auch der Richtervorbehalt missachtet, indem der Ermittlungsrichter lediglich das vorformulierte, standardisierte Formular unterzeichnete, eine individuelle Begründung – nach erfolgter Abwägung – jedoch vermissen ließ[32].

Zwar hatte der Insolvenzverwalter auch hier mit seiner Beschwerde Erfolg. Allerdings stützt das Gericht seine Entscheidung ebenfalls ausschließlich auf die fehlerhafte Abwägung im Rahmen der Verhältnismäßigkeit der Maßnahme.

Dabei misst *Pauka* dem Umstand, dass der Insolvenzverwalter des vorliegenden Falles zugleich Rechtsanwalt und mithin „Berufsgeheimnisträger" war, besondere Bedeutung für die Verhältnismäßigkeitsprüfung bei[33].

Ein generelles Beschlagnahmeverbot zugunsten des Insolvenzverwalters erkennt indes auch das Landgericht Bonn nicht an. Der vorliegende Fall verdeutlicht ebenfalls die faktische Aushöhlung des Insolvenzgeheimnisses zu Lasten des Schuldners.

IV. Zusammenfassung

Die vorstehenden Fälle zeigen die rechtsstaatlich bedenkliche Situation der Beschuldigten als Konsequenz der schwachen Position des Insolvenzverwalters in einem Strafverfahren. Dies gilt insbesondere bezüglich des Umgangs mit strafrechtlich relevanten Unterlagen, welche der Insolvenzschuldner dem Insolvenzverwalter überlassen hat, sowie bezüglich der Aufzeichnungen des Insolvenzverwalters von selbstbelastenden Auskünften des Schuldners.

Bislang wurde der Schutz ausschließlich auf der Grundlage allgemeiner Prinzipien des Strafprozess- und Verfassungsrechts gewährt, namentlich Verhältnismäßigkeitsgrundsatz und Übermaßverbot. Ein strafprozessuales Abwehrrecht für den Insolvenzverwalter in Form eines Beschlagnahmeverbotes gemäß § 97 Abs. 1 S. 3 InsO oder durch eine erweiternde Auslegung des § 97 StPO wurde stets abgelehnt.

Allerdings ließen die Gerichte die Besonderheit, dass die jeweils betroffenen Insolvenzverwalter zugleich Rechtsanwälte und jedenfalls in dieser Eigenschaft unstreitig Berufsgeheimnisträger waren, weitestgehend außer Acht. Dabei ist strafrechtlichen Ermittlungsmaßnahmen gegen Berufsgeheimnisträger in

---

32 So in seiner Anmerkung klarstellend *Pauka* NZI 2017, 413.

33 So *Pauka* NZI 2017, 413 (414).

der räumlichen Sphäre ihrer Berufsausübung stets die Gefahr immanent, dass Daten von Mandanten zur Kenntnis der Ermittlungsbehörden gelangen, welche die Betroffenen beim Rechtsanwalt in Sicherheit wähnen dürfen[34]. Deshalb ist gerade bei Insolvenzverwaltern, die zugleich als Rechtsanwalt tätig sind, besondere Vorsicht bezüglich der Verhältnismäßigkeit bei der Anordnung einer entsprechenden Maßnahme geboten[35].

Doch auch bei allen anderen Insolvenzverwaltern sollten unter Berücksichtigung des Verhältnismäßigkeitsgrundsatzes hohe Hürden für einen Durchsuchungsbeschluss ihrer Räume gelten[36].

Es stellt sich nach alledem die Frage, ob die Beschränkung auf Anwendung der allgemeinen Maximen auch im Hinblick auf den gebotenen Schutz des Schuldners und seiner Beschuldigtenrechte verfassungskonform ist. Jedenfalls mangelt es an einer eindeutigen Regelung zu Gunsten der Insolvenzverwalter und mittelbar der Insolvenzschuldner, sofern § 97 Abs. 1 S. 3 InsO – augenscheinlich – keinen umfassenden Schutz bietet. Sofern ein Beschlagnahmeverbot aus § 97 Abs. 1 S. 3 InsO abgelehnt wird, bedarf es daher einer einfachgesetzlichen Konkretisierung, um die Rechte des Insolvenzverwalters im Strafverfahren zu stärken.

Dies könnte in Form eines separaten Beschlagnahmeverbotes für den Insolvenzverwalter oder durch Einbeziehung des Insolvenzverwalters in bestehende Regelungen wie § 97 StPO erfolgen. Insbesondere bedarf es aber als Korrelat dazu eines strafprozessualen Zeugnisverweigerungsrechtes für den Insolvenzverwalter, sofern dieser nicht unter § 53 Abs. 1 S. 1 StPO fällt.

Dass eine solche Notwendigkeit sowohl vom Gesetzgeber als auch in der Literatur und von den Gerichten kaum bis gar nicht erkannt oder gar verneint wurde, ist nicht nachvollziehbar. Im Folgenden wird daher die Problematik theoretisch analysiert und mit praktischen Erfahrungen von Insolvenzverwaltern verdeutlicht. Hieraus werden abschließend Lösungsvorschläge *de lege lata* und *de lege ferenda* erarbeitet.

B. Einführung in die Grundlagen der Thematik

Die strafprozessualen und insolvenzrechtlichen Grundlagen bilden neben der materiell-rechtlichen Verschwiegenheitspflicht die Grundlage der vorstehend angesprochenen Analyse.

---

34 *Pauka* NZI 2017, 413 (414).

35 *Pauka* NZI 2017, 413 (414).

36 So auch *Pauka* NZI 2017, 413.

Daher werden zunächst die Rolle des Zeugen im Strafverfahren, die Selbstbelastungsfreiheit sowie die normierten Zeugnisverweigerungsrechte und sodann das Verhältnis von § 53 StPO und § 203 StGB erläutert, und es wird ein kursorischer Überblick zu den Beweisverboten gegeben.

I. Strafprozessuale Grundlagen

Das Ziel eines Strafverfahrens ist die möglichst vollständige Erforschung der materiellen Wahrheit zur Durchsetzung des staatlichen Strafanspruchs[37]. Das Gericht ist infolge der Aufklärungsmaxime[38] des § 244 StPO verpflichtet, alle sachentscheidungsrelevanten Beweismittel im Strengbeweisverfahren während der Hauptverhandlung zu erheben und diese anschließend gemäß § 261 StPO vollumfänglich in die Beweiswürdigung zur Urteilsfindung einzubeziehen[39].

Neben verschiedenen strafprozessualen Absicherungen hat jeder Beschuldigte einen verfassungsrechtlich garantierten Anspruch auf ein rechtsstaatliches und faires Verfahren, vgl. Art. 20 Abs. 3 i.V.m. Art. 2 Abs. 1 GG, Art. 6 EMRK[40]. Dieser zeigt sich unter anderem darin, dass das deutsche Strafverfahrensrecht keine Wahrheitsermittlung um jeden Preis kennt[41].

1. Die Rolle des Zeugen im Strafverfahren

Trotz der nicht selten zweifelhaften Glaubwürdigkeit infolge seiner eingeschränkten Erinnerungsfähigkeit ist der Zeuge ein häufig eingesetztes Beweismittel; *Salditt* spricht sogar von ihm als „Star des Personalbeweises“[42].

Dabei wird der Zeuge als eine Beweisperson definiert, die in einem nicht gegen sie selbst gerichteten Strafverfahren Auskunft über Tatsachen gibt; auch der Zeuge vom Hörensagen soll ein taugliches Beweismittel sein[43].

Grundsätzlich ist gemäß § 48 Abs. 1 S. 2 StPO jeder Zeuge verpflichtet, im Strafverfahren auszusagen; dies gilt für Insolvenzverwalter ebenso wie für Berufsgeheimnisträger. Letztere können ihr Zeugnis jedoch gemäß § 53 StPO verweigern. Insolvenzverwalter haben dagegen nach überwiegender Ansicht in

---

37 *Eisenberg* StPO Rn. 2 mit Verweis auf BVerfGE 57, 250 (275).

38 *Eisenberg* StPO Rn. 1.

39 BGHSt 17, 388 (390); Meyer-Goßner/ Schmitt StPO/*Schmitt* § 244 Rn. 3 ff., § 261 Rn. 6.

40 Karlsruher Kommentar StPO/ *Fischer* Einl. Rn. 134; KMR StPO/ *Eschelbach* Einl. Rn. 3.

41 BGHSt 14, 358 (365); *Beling*, 1 und *passim*.

42 *Salditt* StraFo 1990, 54.

43 Vgl. nur Meyer-Goßner/ Schmitt StPO/ *Schmitt* vor § 48 Rn. 1.

Rechtsprechung und Schrifttum kein strafprozessuales Zeugnisverweigerungsrecht[44], so dass ihre Aussagepflicht aus § 48 Abs. 1 S. 2 StPO nicht zugunsten eines Geheimnisschutzes der Insolvenzschuldner eingeschränkt wird.

Dies kann für den Insolvenzschuldner und nunmehr strafrechtlich Beschuldigten durchaus als Gefährdung seiner Selbstbelastungsfreiheit wahrgenommen werden. Schließlich ist er während des Insolvenzverfahrens gemäß § 97 Abs. 1 S. 1, 2 InsO zur umfassenden Mitwirkung an der Abwicklung des Insolvenzverfahrens verpflichtet und muss gegenüber dem Insolvenzverwalter sogar diejenigen Tatsachen offenlegen, welche geeignet sind, eine Verfolgung wegen einer Straftat oder einer Ordnungswidrigkeit herbeizuführen[45]. Wird nun im Strafverfahren der Insolvenzverwalter als Zeuge geladen, liegt die Sorge des Beschuldigten nahe, dass der Insolvenzverwalter auch die strafrechtlich relevanten Informationen preisgeben könnte.

2. *Entstehung, Rechtsgrundlagen und Umfang der Selbstbelastungsfreiheit*

Es gehört zum heute gesicherten Bestand unserer rechtsstaatlichen Tradition, dass der Beschuldigte im Strafprozess völlige Aussagefreiheit genießt[46].

Das ist der strafprozessuale Grundsatz *Nemo tenetur se ipsum accusare*, übersetzt „Niemand ist verpflichtet, sich selbst anzuklagen“, beziehungsweise übertragen: „Niemand ist verpflichtet, sich selbst zu belasten“. Daraus resultieren:

- die Aussagefreiheit des Beschuldigten;
- das Auskunftsverweigerungsrecht des Zeugen;
- die Mitwirkungsfreiheit des Beschuldigten.

a) Entstehung

Dieser Grundsatz erlangte in Deutschland erst im 19. Jahrhundert Geltung, als der Beschuldigte nicht mehr nur bloßes Objekt der Wahrheitsfindung im Inquisitionsprozess sein sollte, sondern ein teilhabendes Prozesssubjekt mit eigenen (Mitwirkungs-)rechten innerhalb eines Prozesses nach dem Akkusationsprinzip[47]

---

44 Meyer-Goßner/ Schmitt StPO/ *Schmitt* § 53 Rn. 3. Siehe auch schon oben die unter Hauptteil A. I. und II., 21 ff., 24 ff. dargestellten Entscheidungen des LG Ulm NJW 2007, 2056 und LG Saarbrücken NStZ 2010, 534.

45 Wegen der besseren Lesbarkeit wird im Folgenden zusammenfassend nur von „strafrechtlich relevanten Angaben/ Informationen“ gesprochen.

46 SK StPO/ *Rogall* Vor § 133 Rn. 66.

47 *Kühne*, Rn. 311 ff.

wurde[48]. Seither ist der Beschuldigte aktiv am Verfahren zu beteiligen und muss die Möglichkeit haben, selbst Einfluss auf den Ausgang des Verfahrens zu seinen Gunsten zu nehmen[49], was auch das Recht einschließt, die Aussage im Verfahren zu verweigern[50]. Der Beschuldigte soll nicht als Beweismittel gegen sich selbst fungieren müssen; dies widerspräche dem heutigen Rechtssystem[51].

Zu Zeiten der Peinlichen Gerichtsordnung – der *Constitutio Criminalis Carolina* (CCC) von 1532 – erfolgte eine Abwendung vom Anklageprozess[52] hin zum Inquisitionsprozess nach dem Offizialprinzip[53]. Es galt die Wahrheitsfindung um jeden Preis. Voraussetzung für eine Verurteilung nach der Peinlichen Gerichtsordnung war ein Geständnis des Beschuldigten oder seine Überführung durch zwei Zeugen. Der Beschuldigte galt somit als Verfahrensobjekt, und nicht selten wurde sein Geständnis unter Anwendung von Folter erzwungen. 1740 wurde die Folter zwar in Preußen abgeschafft, dafür aber durch körperliche Züchtigung bei Aussageverweigerung ersetzt[54].

Der Liberalismus begann sich ab Mitte der 1840-er Jahre auch in Deutschland durchzusetzen; nach der Revolution 1848 wurde im darauffolgenden Jahr endgültig der Inquisitionsprozess abgelöst, und der Beschuldigte wurde zum Prozesssubjekt (reformierter Deutscher Strafprozess)[55].

In der Reichsstrafprozessordnung von 1877 wurden erstmals das Recht zu schweigen beziehungsweise die Aussagefreiheit gesetzlich anerkannt, jedoch ohne eine diesbezügliche Belehrungspflicht[56].

Während des Nationalsozialismus existierte die Stellung als Prozesssubjekt nur noch formal, ab 1933 wurde sogar die Folter wieder eingeführt. Nach 1945 sollte das rechtsstaatliche Verfahren wiederhergestellt und gewährleistet werden. Von besonderer Bedeutung war in diesem Zusammenhang das Vereinheitlichungsgesetz vom 19.09.1950, wodurch § 136 a StPO neu eingeführt wurde und auch die Aussagefreiheit und das Schweigerecht wieder anerkannt wurden[57].

---

48 *Dingeldey* JA 1984, 407 (408); *Rüping* JR 1974, 135 (136 f.).
49 BVerfGE 57, 250 (275); BGHSt 5, 332 (334); Meyer-Goßner/ Schmitt StPO/ *Schmitt* Einl. Rn. 80; *Amelung* FS Bemmann, 505 (515).
50 BGHSt 5, 332; *Beulke/ Swoboda* § 7 Rn. 125.
51 BGH NJW 1957, 230 (231).
52 *Rüping* JR 1974, 135 (136).
53 *Mahlstedt*, 30.
54 *Mahlstedt*, 30 f.
55 *Rüping* JR 1974, 135 (136).
56 *Mahlstedt*, 33.
57 *Mahlstedt*, 34.

Mit der Änderung der Strafprozessordnung und des Gerichtsverfassungsgesetzes vom 19.12.1964 wurden zudem die korrespondierenden Belehrungspflichten gesetzlich normiert[58].

b) Rechtsgrundlage

Seine völkerrechtliche Verankerung findet der Grundsatz des *nemo tenetur se ipsum accusare* in Art. 14 Abs. 3 des 1966 in New York geschlossenen und 1976 in Kraft getretenen Internationalen Paktes über bürgerliche und politische Rechte[59]. Dieser völkerrechtliche Vertrag wurde in die nationale Rechtsordnung der Bundesrepublik transformiert und gilt als einfaches Bundesrecht[60]. Art. 14 Abs. 3 g IPBR statuiert ein allgemeines „privilege against self-incrimination"[61], welches dem Beschuldigten als subjektiv-öffentliches Recht zusteht, auf das er sich berufen und dessen Verletzung er mit Rechtsmitteln rügen kann[62].

Zudem ist die Selbstbelastungsfreiheit europarechtlich abgesichert. Wenngleich Art. 6 EMRK nicht ausdrücklich von einem solchen Schweigerecht des Beschuldigten spricht, so sind das Recht zu schweigen und das Recht, nicht zu seiner eigenen Beschuldigung beizutragen, international anerkannte Grundsätze und Kernstücke des von Art. 6 Abs. 1 EMRK garantierten fairen Verfahrens[63] (einschließlich des Gebots der Waffengleichheit[64]).

Auf nationaler Ebene resultiert die Selbstbelastungsfreiheit als rechtsstaatlicher Grundsatz aus der Verpflichtung aller staatlichen Gewalt, die Menschenwürde zu achten und zu schützen, vgl. Art. 1 Abs. 1 S. 2 GG[65]. Sie wird aus dem allgemeinem Persönlichkeitsrecht gemäß Art. 2 Abs. 1 i.V.m. Art. 1 Abs. 1 GG und dem Rechtsstaatsprinzip gemäß Art. 20 Abs. 3 GG hergeleitet[66]. Diese

---

58 *Rüping* JR 1974, 135 (137).

59 BVerfGE 56, 37.

60 *Rogall*, 119.

61 SK StPO/ *Rogall* Vor § 133 Rn. 131; zust. *Dingeldey* JA 1984, 407 (409).

62 SK StPO/ *Rogall* Vor § 133 Rn. 131; 121 ff.; *Dingeldey* NStZ 1984, 529.

63 EGMR NJW 2002, 499 (501); Karlsruher Kommentar StPO/ *Fischer* Einl. Rn. 136; *Beulke/ Swoboda* § 7 Rn. 130.

64 EGMR NJW 2002, 499; StV 2003, 257 (259); Meyer-Goßner/ Schmitt StPO/ *Schmitt* Einl. Rn. 88; *Satzger* § 11 Rn. 70 m.w.N. zu dessen Ausprägung auf internationaler Ebene.

65 BVerfGE 56, 37; BGHSt 5, 332; 14, 358 (364); 38, 214 (220); Karlsruher Kommentar StPO/ *Fischer* Einl. Rn. 310; Münchener Kommentar StPO/ *Kudlich* Einl. Rn. 54; *Beulke/ Swoboda* § 7 Rn. 130.

66 BVerfGE 1, 97 (104 f.); *Kindhäuser* § 6 Rn. 14; *Rüping* JR 1974, 135 (137).

verfassungsrechtliche Verortung wird auch in der Literatur nahezu einhellig anerkannt[67].

Einfachgesetzlichen Niederschlag findet die Selbstbelastungsfreiheit in den Belehrungsvorschriften der Strafprozessordnung über das Schweigerecht des Beschuldigten gemäß § 136 Abs. 1 S. 2 StPO sowie das Auskunftsverweigerungsrecht des Zeugen gemäß § 55 Abs. 2 StPO[68]. Ferner spiegelt sich die Aussagefreiheit in §§ 115 Abs. 3 S. 1, 128 Abs. 1 S. 2 und 243 Abs. 4 S. 1 StPO wider[69], wo sie – ebenso wie in § 55 Abs. 2 StPO – vorausgesetzt wird.

Anders als im angloamerikanischen Rechtskreis kann der Beschuldigte nach deutschem Recht niemals Zeuge in eigener Sache sein[70]. Es ist nicht seine Aufgabe, das Nichtvorliegen seiner Schuld nachzuweisen[71]. Ebenso wenig ist der Beschuldigte verpflichtet, als Beweismittel zu seiner eigenen Überführung beizutragen.

Andernfalls sähe sich der Beschuldigte in einer Zwangslage: Durch eine wahrheitsgemäße Aussage würde er sich selbst überführen; durch eine unwahre Aussage würde er sich wiederum der Falschaussage oder des Meineids (§§ 153, 154 StGB) schuldig machen, oder im Falle einer Aussageverweigerung Zwangsmitteln gegen sein Schweigen ausgesetzt sein[72].

Besonderen Schutz erfährt die Selbstbelastungsfreiheit durch § 136 a StPO, wonach bestimmte Vernehmungsmethoden kategorisch verboten werden[73]. Ein Verstoß bewirkt gemäß § 136 a Abs. 3 StPO ein sogenanntes absolutes Verwertungsverbot hinsichtlich der dadurch gewonnenen Erkenntnisse, nach überwiegend vertretener Auffassung erfasst dieses sogar den Beschuldigten entlastende Beweise[74].

---

67 *Rogall*, 124 ff.; *Rüping* JR 1974, 135 (137); *Stürner* NJW 1981, 1757.

68 BGHSt 1, 39 (40); 38, 214 (220); BVerfGE 38, 105 (113); 56, 37.

69 *Eisenberg* StPO Rn. 549; *Rogall*, 104.

70 Karlsruher Kommentar StPO/ *Fischer* Einl. Rn. 310.

71 KG StV 2002, 412.

72 BVerfGE 95 220 (249); so auch schon BVerfGE 38, 105; 56, 37; Karlsruher Kommentar StPO/ *Fischer* Einl. Rn. 310.

73 *Beulke/ Swoboda* § 7 Rn. 130.

74 Vgl. ausführlich zu dieser Problematik *Eisenberg* StPO Rn. 712 ff.; Meyer-Goßner/ Schmitt StPO/ *Schmitt* § 136 a Rn. 27. Zur Terminologie der Beweisverbote siehe ausführlich Löwe-Rosenberg StPO/ *Gössel* Einl. L.

c) Inhalt, Reichweite und Grenzen im Straf- und Insolvenzrecht

Selbstbelastungsfreiheit bedeutet völlige Aussagefreiheit und inhaltlich generelle Verhaltensfreiheit: Der Beschuldigte kann sowohl über das Ob als auch über das Wie seiner Aussage und Mitwirkung frei entscheiden[75].

Die Selbstbelastungsfreiheit gilt nicht nur in strafrechtlichen und vergleichbaren Verfahren, sondern entfaltet auch im Zivilprozess und entsprechenden Verfahren ihre Wirkung[76]. Dementsprechend hat der Schuldner grundsätzlich auch im Insolvenzverfahren eine verfassungsrechtlich garantierte Selbstbelastungsfreiheit.

Einschränkungen erfolgen jedoch, wenn berechtigte Interessen von Beschuldigten und Dritten kollidieren[77]. Im Falle des Schuldners einer Insolvenz habe der Gesetzgeber den Interessen der Gläubiger Vorrang gegenüber der Selbstbelastungsfreiheit des Schuldners eingeräumt, da zwischen ihnen ein besonderes Pflichtenverhältnis bestehe[78]. Dies spiegelt sich in den gesetzlich normierten Auskunftspflichten des Schuldners gemäß § 97 InsO wider; der Schuldner ist im Insolvenzverfahren – und nur dort – uneingeschränkt auskunftspflichtig.

Diese Wertung des Bundesverfassungsgerichts, welche der Gesetzgeber bei der Einführung des § 97 InsO übernommen hat, ist indes kritisch zu sehen. So äußerte *Uhlenbruck* bereits zehn Jahre vor dem Gemeinschuldnerbeschluss seine Sorge[79]. Er führte zutreffend aus:

„Auch für die Gesamtvollstreckung hat der rechtsstaatliche Grundsatz, daß niemand gezwungen werden darf, sich selbst einer Straftat zu bezichtigen oder Beweismittel gegen sich selbst zu beschaffen, absoluten Vorrang vor dem ebenfalls schutzwürdigen Interesse der Gläubiger an einer Befriedigung hinsichtlich ihrer Forderungen.“[80]

Es wird daher noch zu zeigen sein, dass infolge dieser gesetzgeberischen Wertung umso konsequenter gewährleistet werden muss, dass die Selbstbelastungsfreiheit des Insolvenzschuldners zumindest im Strafprozess unangetastet bleibt.

Denn im Strafverfahren ist der Schuldner in ganz besonderem Maße schutzbedürftig: „Das Persönlichkeitsrecht des Gemeinschuldners würde aber unverhältnismäßig beeinträchtigt, wenn seine unter Zwang herbeigeführten

---

75 BGHSt 5, 332 (334); SK StPO/ *Rogall* Vor § 133 Rn. 67.
76 BVerfGE 56, 37.
77 BVerfGE 56, 37 (49).
78 So BVerfGE 56, 37 (48) unter Verweis auf die (seinerzeit) herrschende Auffassung.
79 *Uhlenbruck* JR 1971, 445 ff.
80 *Uhlenbruck* JR 1971, 445 (447) [Hervorhebung nicht im Original].

Selbstbezichtigungen gegen seinen Willen zweckentfremdet und der Verwertung für eine Strafverfolgung zugeführt würden“[81]. Inwiefern diese Schutzwürdigkeit im Strafverfahren berücksichtigt und die Selbstbelastungsfreiheit des Schuldners tatsächlich gewährleistet werden, ist indes fraglich.

Als Ausdruck der Selbstbelastungsfreiheit darf der Beschuldigte überdies im Strafverfahren nicht nur schweigen; er kann sogar lügen, ohne eine Sanktion befürchten zu müssen, solange er nicht die Straftatbestände der §§ 145 d, 164, 185 ff. StGB verwirklicht[82]. Der Bundesgerichtshof spricht insoweit zwar nicht ausdrücklich von einem Recht zu lügen; es bestehe aber „keine gesetzliche Verpflichtung, die Wahrheit zu sagen“[83]. Im Ergebnis bleibt somit eine Lüge des Beschuldigten außerhalb der Strafbarkeit nach §§ 145 d, 164, 185 ff. StGB sanktionslos.

Auch diese Rechte sind jedoch im Insolvenzverfahren verkürzt. Hier ist das Schweigen des Schuldners sanktionsbewehrt (vgl. § 98 InsO); sofern er wissentlich falsche Auskünfte beschwört, macht er sich wegen Meineids gemäß § 154 StGB strafbar[84].

Ferner trifft den Beschuldigten – als Konsequenz der Selbstbelastungsfreiheit – im Strafverfahren keine Pflicht zur Herausgabe von Beweismaterial[85]. Im Insolvenzverfahren ist der Schuldner demgegenüber verpflichtet, eigeninitiativ (!) alle relevanten Unterlagen an den Insolvenzverwalter zu übergeben, so dass sich diese mitunter strafrechtlich relevanten Daten im Gewahrsam des Insolvenzverwalters befinden.

In zeitlicher Hinsicht ist der Beschuldigte in jedem Verfahrensstadium, mithin vom Ermittlungsverfahren bis zum rechtskräftigen Urteil – und sogar darüber hinaus, vgl. § 359 StPO – geschützt[86].

d) Zwischenergebnis

Die Selbstbelastungsfreiheit ist für den Beschuldigten eine der bedeutendsten Maximen des Strafverfahrensrechts und verfassungsrechtlich verankert. Im Insolvenzverfahren ist dieses Recht für den Schuldner hingegen aufgehoben, was zu einer Gefährdung seiner Selbstbelastungsfreiheit in nachfolgenden Strafverfahren führt.

---

81 So ausdrücklich BVerfGE 56, 37 (50).

82 *Beulke/ Swoboda* § 7 Rn. 125; *Kindhäuser* § 6 Rn. 14.

83 So wörtlich BGHSt 3, 149 (152).

84 BVerfGE 56, 37 (49); BGH NJW 1953, 151.

85 *Dingeldey* NStZ 1984, 529 (530).

86 *Dingeldey* JA 1984, 407 (409 f.).

3. Die normierten strafprozessualen Zeugnis- und Auskunftsverweigerungsrechte, §§ 52 ff. StPO

Die Selbstbelastungsfreiheit des Schuldners kann aber durch ein strafprozessuales Zeugnisverweigerungsrecht des Insolvenzverwalters (ergänzt um eine sanktionsbewehrte Verschwiegenheitspflicht) abgesichert werden, so dass selbstbelastende Informationen des Schuldners nicht mehr mittelbar über die Zeugenaussage des Insolvenzverwalters in das Strafverfahren eingeführt werden können.

a) Entstehung der normierten strafprozessualen Zeugnis- und Auskunftsverweigerungsrechte

Im Inquisitionsprozess galt (noch) die Regelung der Wahrheitsfindung um jeden Preis, auch den der Folter[87]. In Deutschland wurden erste Ansätze von Zeugnisverweigerungsrechten in der Preußischen Kriminalordnung von 1805 (dort § 313) deutlich[88]. Damals wurden diese Regelungen jedoch primär zum Schutze des Staates eingefügt, um diesen vor der Entdeckung staatlicher Geheimnisse zu schützen[89]. Die frühesten Ansätze der Normierung von Zeugnisverweigerungsrechten dienten also nicht etwa dem Schutz des Beschuldigten oder des Zeugen, sondern waren staatlichen Interessen geschuldet. Diese Übergewichtung staatlicher Interessen, vor allem gegenüber den Interessen des Beschuldigten, währt leider (teilweise) bis heute fort.

Insgesamt hat der Gesetzgeber die einzelnen Zeugnisverweigerungsrechte im Laufe der Jahre sukzessive erweitert und verändert, namentlich § 53 StPO[90]. Allerdings hat der Gesetzgeber davon abgesehen, über die §§ 52 ff. StPO hinaus gänzlich neue Regelungen einzuführen.

b) Zeugnis- oder Aussageverweigerungsrecht für Insolvenzverwalter gemäß §§ 52 ff. StPO?

Wie der nachfolgende Überblick zeigen wird, können Insolvenzverwalter bisher nicht unmittelbar einer Gruppe zeugnisverweigerungsberechtigter Personen zugeordnet werden.

---

87 Siehe hierzu bereits oben Hauptteil B.I.2.a), 31 f.

88 *Hahn*, 99.

89 *Baier*, 48.

90 Vgl. zur Entstehungsgeschichte vor 1949: SK StPO/ *Rogall* § 53 Rn. 35 ff, § 53 a Rn. 4; zu Änderungen ab 1949 *Bosbach*, 15 ff.

aa) Überblick

Da der Insolvenzverwalter ersichtlich kein Angehöriger des Schuldners im Sinne des § 52 Abs. 1 Nrn. 1-3 StPO ist, scheidet ein Zeugnisverweigerungsrecht gemäß § 52 StPO aus.

Ferner dürfen die in § 53 Abs. 1 S. 1 StPO genannten Berufsangehörigen das Zeugnis verweigern. Der Insolvenzverwalter ist offensichtlich weder Geistlicher (Nr. 1) noch ist er in Schwangerschaftsabbrüche involviert (Nr. 3 a) oder berät im Bereich der Betäubungsmittel (Nr. 3 b). Überdies ist er auch kein Mitglied eines politischen Organs (Nr. 4) oder der Presse (Nr. 5). Allenfalls käme für ihn ein Zeugnisverweigerungsrecht für Verteidiger nach § 53 Abs. 1 S. 1 Nr. 2 oder für Rechtsanwälte und andere Berufsgeheimnisträger nach § 53 Abs. 1 S. 1 Nr. 3 StPO in Betracht.

§ 53 a StPO ergänzt den Schutz aus § 53 StPO und stellt sicher, dass das Zeugnisverweigerungsrecht der Berufsgeheimnisträger nicht durch Vernehmung der Hilfspersonen umgangen wird. Letztere haben daher ein dem Berufsherrn entsprechendes, in der Ausübung jedoch von ihm abhängiges Zeugnisverweigerungsrecht[91].

Der Insolvenzverwalter ist aber nicht bloß „mitwirkende Person" im obigen Sinne, sondern eine zentrale Figur im Insolvenz- sowie im Strafverfahren wegen Insolvenzdelikten, mithin selber „Berufsherr". Insofern kommt ein Zeugnisverweigerungsrecht gemäß § 53 a StPO für ihn nicht in Betracht.

§ 54 StPO statuiert, anders als die vorgenannten Normen, kein eigenständiges Zeugnisverweigerungsrecht, sondern setzt ein solches voraus. Entsprechende Verschwiegenheitspflichten von Angehörigen des öffentlichen Dienstes können sich aus anderen gesetzlichen Bestimmungen oder Tarifverträgen ergeben[92]. Die Vorschrift schützt nur öffentliche Geheimhaltungsinteressen, nicht dagegen amtlich bekannt gewordene Privatgeheimnisse[93]. Sie ist daher auf Insolvenzverwalter, die ohnehin keine Angehörigen des öffentlichen Dienstes sind, nicht anwendbar.

Die Vorschrift des § 55 StPO normiert ein Auskunftsverweigerungsrecht desjenigen Zeugen, welcher sich durch seine wahrheitsgemäße Aussage selbst belasten oder einen Angehörigen der Strafverfolgung aussetzen würde.

---

91 BeckOK StPO/ *Huber* § 53 a Rn. 1; Münchener Kommentar StPO/ *Percic* § 53 a Rn. 1; Karlsruher Kommentar StPO/ *Senge* § 53 a Rn. 1.

92 BeckOK StPO/ *Huber* § 54 Rn. 1; Münchener Kommentar StPO/ *Percic* § 54 Rn. 1.

93 BeckOK StPO/ *Huber* § 54 Rn. 1; Meyer-Goßner/ Schmitt StPO/ *Schmitt* § 54 Rn. 1; Münchener Kommentar StPO/ *Percic* § 54 Rn. 1.

Auf dieses Auskunftsverweigerungsrecht kann sich auch der Insolvenzverwalter als Zeuge berufen, sofern er Gefahr läuft, sich selbst oder Angehörige mit seiner Aussage zu belasten. Dies ist jedoch Ausdruck seiner eigenen Selbstbelastungsfreiheit und nicht derjenigen des Insolvenzschuldners. Zudem besteht dieses Recht unabhängig von seiner Rolle als Insolvenzverwalter, es kommt jedem Zeugen zugute.

bb) Vergleichbare Berufsgruppen

Ein Zeugnisverweigerungsrecht für Insolvenzverwalter findet sich in den §§ 52 ff. StPO nicht ausdrücklich. Es kommt aber eine gewisse Ähnlichkeit zwischen der Tätigkeit des Insolvenzverwalters und den nach § 53 Abs. 1 S. 1 Nrn. 2 und 3 StPO Zeugnisverweigerungsberechtigten in Betracht.

Zwar ist der Verteidiger des Beschuldigten primär für die Wahrung der Interessen des Beschuldigten verantwortlich, der Insolvenzverwalter realisiert dagegen vorrangig die Interessen der Gläubiger. Allerdings ist der Verteidiger sekundär auch unabhängiges Organ der Rechtspflege (§ 1 BRAO)[94]; eine ähnliche Stellung hat auch der Insolvenzverwalter als Amtsträger (§ 56 InsO) inne[95]. Manche Autoren erachten ihn ebenfalls als Organ der Rechtspflege[96]. Wichtigste Grundlage einer erfolgreichen Verteidigung ist die vertrauensvolle Zusammenarbeit zwischen dem Beschuldigten und seinem Verteidiger. Dies trifft aufgrund der umfassenden Auskunftspflicht des § 97 Abs. 1 S. 1, 2 InsO und der Absicherung nach § 97 Abs. 1 S. 3 InsO auch für den Insolvenzschuldner im Hinblick auf den Insolvenzverwalter zu. Nicht zuletzt wird der Verteidiger häufig vom Beschuldigten frei gewählt, wohingegen der Insolvenzverwalter dem Schuldner „aufgezwungen“ wird. Allerdings wird jedenfalls der Pflichtverteidiger gemäß § 140 StPO dem Beschuldigten ebenfalls vom Gericht zugeordnet.

Es besteht aber auch eine gewisse Vergleichbarkeit zu den beratenden Berufen des § 53 Abs. 1 S. 1 Nr. 3 StPO. Während des Insolvenzverfahrens hat der Insolvenzverwalter eine tragende Rolle und steht in engem Austausch mit dem Insolvenzschuldner, ähnlich einem Rechtsanwalt zu seinem Mandanten. Insbesondere wegen der Auskunftspflichten des Schuldners sowie des

---

94 Vgl. statt aller BVerfG NJW 2006, 3197 (3198).

95 Siehe ausführlich zur rechtlichen Stellung des Insolvenzverwalters Hauptteil B.II.3., 54 ff.

96 So ausdrücklich Schmidt InsO/ *Ries* § 56 Rn. 58; *ders.* in FS Runkel, 93 (98 f.); ebenso bezüglich vorläufigem Insolvenzverwalter gemäß § 21 InsO *Ries* ZInsO 2013, 1612 (1618).

korrespondierenden Schutzes des § 97 InsO ist auch im Rahmen des Insolvenzverfahrens ein vertrauliches Verhältnis zwischen Insolvenzverwalter und Insolvenzschuldner erforderlich. Auch hier besteht eine Parallele zum Beratungsverhältnis des Rechtsanwaltes.

Für Insolvenzverwalter, die zugleich gemäß § 12 BRAO zugelassene Rechtsanwälte sind, könnte ein Zeugnisverweigerungsrecht zwar auch direkt aus § 53 Abs. 1 S. 1 Nr. 3 StPO folgen. Vorrangig wird aber zu untersuchen sein, inwiefern die Tätigkeit eines jeglichen Insolvenzverwalters (unabhängig von seinem „Ausgangsberuf") und sein Verhältnis zum Schuldner mit der Tätigkeit von Rechtsanwälten und deren Verhältnis zu ihrem Mandanten vergleichbar sind[97].

Daher sollen im Folgenden die Zeugnisverweigerungsrechte des § 53 Abs. 1 S. 1 Nrn. 2 und 3 StPO vertieft dargestellt werden.

c) Zeugnisverweigerungsrecht des § 53 Abs. 1 S. 1 Nrn. 2 und 3 StPO

Das strafprozessuale Zeugnisverweigerungsrecht der Berufsgeheimnisträger gemäß § 53 Abs. 1 S. 1 Nrn. 2 und 3 StPO lautet in seiner aktuellen Fassung wie folgt:

> „(1) [1] Zur Verweigerung des Zeugnisses sind ferner berechtigt
> [...]
> 2. Verteidiger des Beschuldigten über das, was ihnen in dieser Eigenschaft anvertraut oder bekannt geworden ist;
> 3. Rechtsanwälte und Kammerrechtsbeistände, Patentanwälte, Notare, Wirtschaftsprüfer, vereidigte Buchprüfer, Steuerberater und Steuerbevollmächtigte, Ärzte, Zahnärzte, Psychologische Psychotherapeuten, Kinder- und Jugendlichenpsychotherapeuten, Apotheker und Hebammen über das, was ihnen in dieser Eigenschaft anvertraut worden oder bekanntgeworden ist; für Syndikusrechtsanwälte (§ 46 Absatz 2 der Bundesrechtsanwaltsordnung) und Syndikuspatentanwälte (§ 41a Absatz 2 der Patentanwaltsordnung) gilt dies vorbehaltlich des § 53a nicht hinsichtlich dessen, was ihnen in dieser Eigenschaft anvertraut worden oder bekanntgeworden ist;"

Inhaltlich umfasst das Zeugnisverweigerungsrecht nach § 53 Abs. 1 S. 1 StPO die dem Berufsgeheimnisträger bei der Berufsausübung anvertrauten oder bekannt gewordenen Tatsachen, kann sich jedoch auch auf die Person des Dritten sowie das Ob und Wie des Kontaktes erstrecken[98]. Anvertraute Tatsachen sind unter Verlangen oder stillschweigender Erwartung der Geheimhaltung schriftlich oder mündlich mitgeteilte Tatsachen[99]. Geheimnisgeschützter und Anvertrauender

97 Siehe hierzu unten, Hauptteil E.II.4., 144 ff.

98 Bezüglich § 53 Abs. 1 S. 1 Nr. 1 - 3 StPO Meyer-Goßner/ Schmitt StPO/ *Schmitt* § 53 Rn. 7.

99 Meyer-Goßner/ Schmitt StPO/ *Schmitt* § 53 Rn. 8.

müssen dabei nicht personenidentisch sein[100]. Bekanntgeworden sind Tatsachen, welche der Berufsausübende von dem Beschuldigten oder einem Dritten erfahren hat, ohne dass sie ihm anvertraut worden sind (Negativabgrenzung); dieser Begriff wird weit ausgelegt[101]. Entscheidend ist jedoch, dass die Tatsache dem Berufsausübenden in funktionalem Zusammenhang mit seiner Berufstätigkeit zur Kenntnis gelangt[102].

Die Begründungen für die Einschränkung der Zeugnispflicht von Angehörigen bestimmter beratender Berufe sind zahlreich, was darauf zurückzuführen ist, dass diese Norm nicht „organisch"[103] aus einem bestimmten Grundgedanken entwickelt wurde, sondern sukzessive aus systemfremden Erwägungen entstand.

aa) Stetige Erweiterung des § 53 Abs. 1 S. 1 Nr. 3 StPO

Nach dem Beichtvater und dem Strafverteidiger wurde – schon in der Strafprozessordnung von 1877 – zunächst Ärzten, Rechtsanwälten und Geistlichen das Privileg eines berufsbedingten strafprozessualen Zeugnisverweigerungsrechts zuerkannt[104]. Dabei war die Aufnahme der Ärzte in den Katalog der zeugnisverweigerungsberechtigten Personen bereits umstritten, ließ sich aber damit rechtfertigen, dass diese Berufsgruppen Aufgaben wahrnahmen, welche für die gesamte Gesellschaft von Bedeutung waren und noch immer sind[105]. In der Folgezeit wurde der Kreis der zeugnisverweigerungsberechtigten Personen stets erweitert[106]. Insbesondere seitens der Strafverfolgungsorgane, aber auch vonseiten des Gesetzgebers bestand die Befürchtung, die Entwicklung könne neben der Wahrnehmung sachbezogener Interessen vor allem dazu führen, dass Schweigepflicht und Schweigerecht zu einem berufsständischen Statussymbol verfremdet würden[107]. Auch stellte jede Erweiterung des Kataloges des § 53 StPO eine Erschwerung der materiellen Wahrheitsfindung dar[108]. Infolgedessen knüpfte der Gesetzgeber die Aufnahme in die Enumeration des § 53 Abs. 1 S. 1 Nr. 3 StPO neben dem Bestehen eines schutzwürdigen Vertrauensverhältnisses an weitere

---

100 Karlsruher Kommentar StPO/ *Senge* § 53 Rn. 46.
101 Meyer-Goßner/ Schmitt StPO/ *Schmitt* § 53 Rn. 9.
102 BGH NJW 2014, 1314.
103 *Weigend* DJT-Gutachten, C 81.
104 SK StPO/ *Rogall* § 53 Rn. 38; *Weigend* DJT-Gutachten, C 81 m.w.N.
105 Ausführlich hierzu SK StPO/ *Rogall* § 53 Rn. 36 ff.
106 Zur weiteren Entwicklung des § 53 StPO insgesamt SK StPO/ *Rogall* § 53 Rn. 39 ff.
107 *Kühne* JuS 1973, 685 (686).
108 SK StPO/ *Rogall* § 53 Rn. 51.

Voraussetzungen[109]. Es dominierte die – fragwürdige – Auffassung, dass die Standesehre sowie die höhere Bildung der Ärzte einem Missbrauch ihres Zeugnisverweigerungsrechts vorbeugten[110]. Daher wurde im Rahmen der Diskussion über die Einführung eines Zeugnisverweigerungsrechts der Steuerberater in den § 53 Abs. 1 S. 1 Nr. 3 StPO die Schaffung einer gesetzlichen Grundlage für ein eigenes Standesrecht mit dazugehörigen Ehrengerichtbarkeiten gefordert[111]. Dies sollte dem Staat die notwendige Kontrolle über die Ausübung des Zeugnisverweigerungsrechts ermöglichen und einen Missbrauch desselben verhindern.

Dieser Tatsache ist es geschuldet, dass die im Katalog des § 53 Abs. 1 S. 1 Nr. 3 StPO aufgelisteten Berufe untereinander, aber auch im Vergleich zu anderen von § 53 StPO erfassten Berufen erhebliche Unterschiede aufweisen und keinen einheitlichen Kriterien unterliegen.

Hieraus erwächst die Schwierigkeit, für § 53 Abs. 1 S. 1 StPO insgesamt gültige Schutzzwecke und Anwendungsvoraussetzungen zu bestimmen. Nachfolgend sollen die einzelnen Schutzzwecke dennoch kursorisch dargestellt werden. Für die Untersuchung der Frage, inwieweit die Situation von Insolvenzverwaltern und Insolvenzschuldnern Parallelen zum Verhältnis zwischen den zeugnisverweigerungsberechtigten Berufsgeheimnisträgern des § 53 Abs. 1 S. 1 Nrn. 2, 3 StPO und den Geheimnisinhabern aufweist, wird hierauf vertiefend zurückzukommen sein.

bb) Die Schutzzwecke in Rechtsprechung und Literatur im Überblick

Die verfassungsrechtliche Basis für den Geheimnisschutz des § 53 Abs. 1 S. 1 Nr. 3 StPO ist nach ständiger Rechtsprechung des Bundesverfassungsgerichts das Recht auf private Lebensgestaltung, hergeleitet aus Art. 2 Abs. 1 GG i.V.m. Art. 1 Abs. 1 GG[112].

Als Zwecke des § 53 StPO wird inzwischen von den meisten Vertretern in Literatur und Rechtsprechung der Schutz des Vertrauensverhältnisses zwischen den Berufsangehörigen und jenen, welche ihre Hilfe und Sachkunde in Anspruch nehmen, besonders hervorgehoben[113]. Nur so sei ein erfolgreiches Tätigwerden

---

109 *Kühne* JuS 1973, 685 (686).

110 Vgl. *Kühne* JuS 1973, 685 (686).

111 BT-Drs. I/3731, 47.

112 Vgl. für § 53 Abs. 1 StPO insgesamt BVerfGE 27, 1 (6 ff.); 32, 373 (378 ff.); 33, 367 (374 ff.); 34, 238 (245 ff.); 35, 35 (39 f.); 35, 202 (219 ff.); 44, 353 (372 f.). So auch *Rengier*, 27.

113 So schon BVerfGE 38, 105 (119); BeckOK StPO/ *Huber* § 53 Rn. 1; Karlsruher Kommentar StPO/ *Senge* § 53 Rn. 1; Meyer-Goßner/ Schmitt StPO/ *Schmitt* § 53 Rn. 1; Münchener Kommentar StPO/ *Percic* § 53 Rn. 1; *Rengier*, 14 und passim. So im Ergebnis auch *Baier*, 56 f.

dieser in § 53 Abs. 1 S. 1 StPO aufgeführten Berufsgruppen möglich[114]. Der Hilfesuchende muss sich dem Berufsgeheimnisträger frei und „rückhaltlos"[115] offenbaren können. Das Bundesverfassungsgericht spricht vom Bestehen eines „höchstpersönlichen, keine Offenbarung duldenden Vertrauensverhältnisses"[116].

Darüber hinaus sind einzelne Schutzzwecke und Voraussetzungen der Zeugnisverweigerungsrechte noch immer umstritten.

Rengier hat sich 1979 umfassend mit den Schutzzwecken und weiteren Kriterien der Zeugnisverweigerungsrechte befasst. Hierbei differenzierte er zwischen verschiedenen Schutzzwecken und Interessen. Es sollen nicht nur der Berufsgeheimnisträger selbst in seiner Rolle als Zeuge[117], sondern darüber hinaus vor allem der Beschuldigte geschützt werden[118]. Daneben bestünden Zeugnisverweigerungsrechte auch im Interesse der Allgemeinheit[119]. Insgesamt fasst er die Schutzzwecke eher weit und ist bei den zwingenden Voraussetzungen für die Erteilung eines Zeugnisverweigerungsrechts gegenüber der Rechtsprechung großzügiger. Den zentralen Schutzzweck sieht auch er in dem Vertrauensverhältnis, gekennzeichnet durch den Charakter der gegenseitigen Beziehung zwischen Hilfsbedürftigem und Berufsinhaber[120].

Weigends Auffassung ist demgegenüber deutlich enger. Grundlage der Zeugnisverweigerungsrechte sei ihm zufolge einzig das Allgemeininteresse an der vertraulichen Kommunikation in den geschützten Bereichen[121]. Er erkennt auch lediglich einen Schutzzweck an: Der Schutz der gesetzlichen Regelung beziehe sich wiederum auf die Kommunikation selbst[122].

Weigend hält das Zeugnisverweigerungsrecht des § 53 StPO für zu weitreichend[123], werde doch alles erfasst, was dem Berufsgeheimnisträger in seiner Eigenschaft anvertraut oder bekannt geworden ist. Damit würden sämtliche

114 Münchener Kommentar StPO/ *Percic* § 53 Rn. 1.
115 BVerfGE 33, 367 (377).
116 BVerfGE 33, 367 (371).
117 *Rengier*, 13 f.
118 *Rengier*, 14 f.
119 *Rengier*, 22 m.w.N. in Fn. 105.
120 *Rengier*, 17.
121 *Weigend* DJT-Gutachten, C 97 und *passim*.
122 *Weigend* DJT-Gutachten, C 97.
123 *Weigend* DJT-Gutachten, C 84.

Informationen erfasst, auch solche, die nicht den Ratsuchenden selbst, sondern Dritte betreffen, sowie gänzlich banale Informationen[124].

Baier erachtet – ebenso wie die Mehrheit der Autoren – das Vertrauensverhältnis zwischen Berufsgeheimnisträger und Hilfesuchendem als vordergründigen Schutzzweck[125].

cc) Rangverhältnis einzelner Schutzzwecke

Teilweise wird das Bestehen eines Rangverhältnisses unter den verschiedenen Schutzzwecken diskutiert, wobei nahezu jede Meinung vertreten wird[126]. *Rengier* resümiert zutreffend: „Dieses Durcheinander beweist, [...] daß man die verschiedenen Gesichtspunkte als Einheit betrachten muss, aus der weder einzelne Zwecke ausgesondert noch in ein Werteverhältnis gebracht werden können."[127] Somit lässt sich festhalten, dass die Schutzzwecke des § 53 Abs. 1 Nr. 1 bis 3 StPO unlösbar miteinander verbunden sind[128], oder – um es mit *Müller-Dietz* zu sagen – dass sie zu einer „Dreiheit von Individual-, Sozial- und Berufsinteresse verschmolzen sind"[129].

d) Systematische Einordnung des § 53 StPO

Das Zeugnisverweigerungsrecht steht in einem engen Zusammenhang mit dem strafprozessualen Beschlagnahmeverbot und der materiell-rechtlichen Schweigepflicht.

aa) Verhältnis von § 53 StPO zu § 97 StPO

Das Beschlagnahmeverbot des § 97 StPO knüpft an das Zeugnisverweigerungsrecht des § 53 StPO an und soll es zusätzlich absichern, indem eine Umgehung verhindert wird[130]. Soweit § 97 StPO die Beweiserhebung im Verhältnis zu Berufsgeheimnisträgern regelt, kommt der Norm gegenüber § 160 a StPO ein Vorrang zu[131]. Allerdings greift § 97 StPO nicht, soweit die berechtigte Person die Beweismittel freiwillig herausgibt[132]. Das Einverständnis des Beschuldigten

---

124 *Weigend* DJT-Gutachten, C 84.
125 *Baier*, 56 f.
126 Ausführlich *Rengier*, 23 f. m.w.N.
127 *Rengier*, 24.
128 *Rengier*, 25.
129 *Rengier*, 25 dort Fn. 124.
130 BVerfGE 20, 162 (188); 32, 373 (384 f.); BGHSt 38, 144 (146); 53, 257 (260).
131 Meyer-Goßner/ Schmitt StPO/ *Schmitt* § 97 Rn. 1.
132 Krekeler/ *Löffelmann* StPO § 97 Rn. 4.

beseitigt das Beschlagnahmeverbot nur, soweit der Beschuldigte die berechtigte Person von der Verschwiegenheit entbinden kann[133].

bb) Verhältnis von § 53 StPO zu § 203 StGB

Gemäß § 203 StGB wird bestraft, wer unbefugt ein fremdes Geheimnis, namentlich ein zum persönlichen Lebensbereich gehörendes Geheimnis oder ein Betriebs- oder Geschäftsgeheimnis, offenbart, das ihm in einer bestimmten Funktion anvertraut oder sonst bekannt geworden ist.

Die Schweigepflicht des § 203 StGB stimmt weder in ihren Voraussetzungen noch in ihren Wirkungen mit dem Zeugnisverweigerungsrecht nach § 53 StPO überein[134].

§ 53 StPO ist eine Norm des Prozessrechts und regelt die Frage, ob ein Zeuge im Strafverfahren aussagen muss oder ob er die Aussage verweigern darf[135]. Demgegenüber normiert § 203 StGB die Strafbarkeit von Berufsgeheimnisträgern wegen der Verletzung von Privatgeheimnissen[136]. Beide Vorschriften erfüllen mithin unterschiedliche Aufgaben; der Gesetzgeber hat die Voraussetzungen beider Normen bewusst verschieden gestaltet[137].

So unterscheiden sich die beiden Regelungen zunächst in ihrem persönlichen Anwendungsbereich. Sozialarbeiter und Tierärzte unterliegen zwar der Strafandrohung des § 203 StGB, haben aber kein Zeugnisverweigerungsrecht nach § 53 StPO[138]. Geistliche, Abgeordnete, Presse- und Rundfunkmitarbeiter haben wiederum ein Zeugnisverweigerungsrecht gemäß § 53 StPO, sind allerdings nicht gemäß § 203 StGB zur Verschwiegenheit verpflichtet[139].

Darüber hinaus unterscheiden sich beide Normen auch in ihrer sachlichen Reichweite. So ist nach § 203 StGB nur die Geheimnispreisgabe strafbedroht, während § 53 StPO den dort aufgeführten Berufsangehörigen ein Zeugnisverweigerungsrecht für sämtliche (im Kontext der Berufsausübung) anvertrauten

---

133 Krekeler/ *Löffelmann* StPO § 97 Rn. 5.

134 Karlsruher Kommentar StPO/ *Senge* § 53 Rn. 3; Löwe-Rosenberg StPO/ *Ignor/ Bertheau* § 53 Rn. 8; Münchener Kommentar StPO/ *Percic* § 53 Rn. 6; Meyer-Goßner/ Schmitt StPO/ *Schmitt* § 53 Rn. 4.

135 SK StPO/ *Rogall* § 53 Rn. 12.

136 SK StPO/ *Rogall* § 53 Rn. 12.

137 SK StPO/ *Rogall* § 53 Rn. 12.

138 Münchener Kommentar StPO/ *Percic* § 53 Rn. 6; Karlsruher Kommentar StPO/ *Senge* § 53 Rn. 3; SK StPO/ *Rogall* § 53 Rn. 13.

139 Münchener Kommentar StPO/ *Percic* § 53 Rn. 6; Karlsruher Kommentar StPO/ *Senge* § 53 Rn. 3; SK StPO/ *Rogall* § 53 Rn. 13.

oder bekannt gewordenen Tatsachen einräumt, unabhängig davon, ob diese Tatsachen geheim sind oder nicht[140].

Geschütztes Rechtsgut des § 203 StGB ist der (persönliche) Lebens- und Geheimbereich, der im Individualinteresse sich anvertrauender Personen von Trägern solcher Berufe nicht verletzt werden soll, denen der Einzelne Geheimnisse regelmäßig anvertrauen muss[141].

Ebenso wie bei § 53 StPO muss die geschützte Tatsache dem Berufsangehörigen auch für eine potenzielle Strafbarkeit nach § 203 StGB in seiner beruflichen Eigenschaft und Funktion zur Kenntnis gelangen[142].

Hinsichtlich § 203 StGB stellt die gesetzliche Zeugnispflicht des § 48 StPO eine Offenbarungsbefugnis und somit einen Rechtfertigungsgrund dar, so dass die Äußerung entsprechender Geheimnisse nicht mehr „unbefugt" im Sinne des § 203 StGB ist[143]. Für gemäß § 53 StPO Zeugnisverweigerungsberechtigte gilt dies dagegen nicht: Der Zeugniszwang, der ansonsten die Preisgabe der Geheimnisse rechtfertigt, wird durch § 53 StPO nämlich gerade aufgehoben[144].

Steht einem Berufsgeheimnisträger dagegen kein Zeugnisverweigerungsrecht zu, bleibt er zur Aussage verpflichtet[145]. Strafbewehrung und Zeugnisverweigerungsrecht sind strikt voneinander zu trennen[146]. Allgemein resultiert aus der materiell-rechtlichen Schweigepflicht nicht automatisch ein prozessuales Zeugnisverweigerungsrecht[147].

Allerdings folgte in der Vergangenheit der Aufnahme einer bestimmten Berufsgruppe in § 203 StGB früher oder später auch die Zuerkennung eines Zeugnisverweigerungsrechts[148].

Im Ergebnis korrespondieren zwar das Zeugnisverweigerungsrecht des § 53 StPO und die Strafdrohung des § 203 StGB wegen Verletzung von

140 Karlsruher Kommentar StPO/ *Senge* § 53 Rn. 3; Münchener Kommentar StPO/ *Percic* § 53 Rn. 6; Meyer-Goßner/ Schmitt StPO/ *Schmitt* § 53 Rn. 4; SK StPO/ *Rogall* § 53 Rn. 13.

141 *Fischer* StGB § 203 Rn. 3.

142 *Fischer* StGB § 203 Rn. 10.

143 SK StPO/ *Rogall* § 53 Rn. 17.

144 Meyer-Goßner/ Schmitt StPO/ *Schmitt* § 53 Rn. 4.

145 SK StPO/ *Rogall* § 53 Rn. 16.

146 SK StPO/ *Rogall* § 53 Rn. 16.

147 SK StPO/ *Rogall* § 53 Rn. 16. So auch Löwe-Rosenberg StPO/ *Ignor/ Bertheau* § 53 Rn. 8; Meyer-Goßner/ Schmitt StPO/ *Schmitt* § 53 Rn. 4; *Rengier*, 174.

148 SK StPO/ *Rogall* § 53 Rn. 16 m.w.N.

Privatgeheimnissen; sie decken sich aber nicht[149] und sind nicht umfassend aufeinander abgestimmt.

e) *Zwischenergebnis*

Zeugnisverweigerungsrechte sind in eine komplexe, nicht gänzlich einheitliche Systematik eingegliedert; sie intendieren jeweils zum Teil sehr unterschiedliche und vielseitige Schutzrichtungen. Zur Vermeidung einer Umgehung der Zeugnisverweigerungsrechte durch die Ermittlungsbehörden werden sie durch ein korrespondierendes Beschlagnahmeverbot geschützt. Überdies werden Zeugnisverweigerungsrechte häufig durch eine materiell-rechtliche Verschwiegenheitspflicht ergänzt und somit der Schutz des Geheimnisinhabers komplettiert.

Da der Insolvenzverwalter bisher kein ausdrücklich normiertes Zeugnisverweigerungsrecht hat, wird zu untersuchen sein, ob für ihn ein Zeugnisverweigerungsrecht anderweitig hergeleitet werden kann, oder ob er künftig in den Katalog des § 53 Abs. 1 S. 1 Nr. 2 oder Nr. 3 StPO aufzunehmen ist. Andernfalls besteht weiterhin die Gefahr, dass die Selbstbelastungsfreiheit des Schuldners im Strafverfahren umgangen wird und Informationen aus dem Insolvenzverfahren zulasten des Schuldners strafrechtlich genutzt werden, indem der Insolvenzverwalter als Zeuge darüber aussagt.

Dieser vertieften Untersuchung eines möglichen Zeugnisverweigerungsrechts für Insolvenzverwalter wird ein Überblick über die Lehre der Beweisverbote vorangestellt.

4. *Beweisverbote*

Wie schon oben zur Selbstbelastungsfreiheit aufgeführt[150] ist dem deutschen Strafverfahrensrecht eine Wahrheitsermittlung um jeden Preis fremd[151]. Der Wahrheitsermittlung sind damit rechtliche Grenzen gesetzt. Es dürfen nicht alle Beweismittel genutzt und nicht alle Tatsachen schrankenlos erforscht werden[152].

Inwiefern diese Grenzen, namentlich auch die Selbstbelastungsfreiheit des Beschuldigten, in der Praxis tatsächlich gewahrt werden, und ob die Zeugnispflicht eines Insolvenzverwalters im Strafverfahren gegen einen Insolvenzschuldner prozessual zulässig ist, wird zu zeigen sein.

Die vorgenannten Einschränkungen werden in der Literatur – bei ansonsten uneinheitlicher Terminologie – unter dem Oberbegriff Beweisverbote

149 Karlsruher Kommentar StPO/ *Senge* § 53 Rn. 3.
150 Vgl. oben Hauptteil B.I.2., 30 ff.
151 BGHSt 14, 358 (365); *Beling*, 1 und *passim*.
152 *Pfeiffer StPO* Einl. Rn. 6.

zusammengefasst[153]. Hierbei ist, nach ihrer verfahrensmäßigen Behandlung, zwischen Beweiserhebungs- und Beweisverwertungsverboten zu differenzieren[154]. Beweiserhebungsverbote sperren bestimmte Arten der Beweisgewinnung beziehungsweise bestimmte Beweismittel vollständig; Beweisverwertungsverbote stehen der Nutzung bestimmter Beweisergebnisse entgegen[155]. Weiterhin wird – jedenfalls überwiegend – in Beweismittel-[156], Beweisthemen-[157] und Beweismethodenverbote[158] untergliedert[159]. Insbesondere *Rogall* prägte daneben die Differenzierung zwischen selbstständigen und unselbstständigen Beweisverwertungsverboten, sowohl kraft ausdrücklicher gesetzlicher Anordnung als auch ohne gesetzliche Normierung[160]. Unselbstständig seien danach diejenigen Verbote, welche aus einem Verstoß gegen eine Beweiserhebungsvorschrift resultieren; selbstständig seien Verwertungsverbote, denen eine solche Verletzung nicht vorangeht[161].

Von den Verwertungsverboten sind strafprozessuale Verwendungsverbote[162] zu unterscheiden[163]. Ein Verwendungsverbot untersagt jegliche Form der Nutzung solcher Daten zur Informationserhebung und -verarbeitung[164].

---

153 Zurückzuführen auf *Beling*, 3 und *passim*. Vgl. auch Alsberg/ *Güntge* Rn. 795; *Eisenberg* StPO Rn. 335 f.; Karlsruher Kommentar StPO/ *Fischer* Einl. Rn. 384; Meyer-Goßner/ Schmitt StPO/ *Schmitt* Einl. Rn. 50. *Peters* differenziert in seinem DJT-Gutachten, 91 ff. zwischen Beweisverfahrens- und Beweisverfolgungsverboten.

154 *Eisenberg* StPO Rn. 335 f.; Karlsruher Kommentar StPO/ *Senge* Vor § 48 - § 71 Rn. 21; Meyer-Goßner/ Schmitt StPO/ *Schmitt* Einl. Rn. 50; differenzierend nach Beweiserlangung und Beweisverwertung auch schon *Rupp* DJT-Gutachten, 171.

155 BVerfG NJW 2011, 2783 (2783 f.); BGHSt 19, 325 (329 ff.). Zust.: Alsberg/ *Güntge* Rn. 797; *Eisenberg* StPO Rn. 337 ff.; *Roxin/ Schünemann* § 24 Rn. 15; *Gössel* NJW 1981, 649 f. A.A. hingegen *Amelung* FS Bemmann, 12, der alternativ die Begriffe „Informationserhebungs-, Speicherungs- und Verwertungsverbote" verwendet.

156 Bspw.: §§ 52 - 55, 81 c Abs. 3 StPO.

157 Bspw.: § 61 f. BBG, § 39 BRRG, § 14 SoldG, §§ 43, 45 Abs. 1 DRiG; § 54 StPO.

158 Bspw.: § 136 a StPO.

159 Vgl. hierzu ausführlich Münchener Kommentar StPO/ *Kudlich* Einl. Rn. 441 ff.; Karlsruher Kommentar StPO/ *Senge* Vor § 48 - § 71 Rn. 23 ff. So auch *Eisenberg* StPO Rn. 337; Meyer- Goßner/ Schmitt StPO/ *Schmitt* Einl. Rn. 52 ff.; Alsberg/ *Güntge* Rn. 798.

160 *Rogall* ZStW 1979, 1 (3 f.).

161 *Eisenberg* StPO Rn. 362; *Dencker*, 10; Münchener Kommentar StPO/ *Kudlich* Einl. Rn. 450; *Rogall* ZStW 1979, 1 (3).

162 Hierzu ausführlich im Rahmen der Wirkung des § 97 Abs. 1 S. 3 InsO als Beweisverwendungsverbot unten Hauptteil B.II.6.c), 77 ff.

163 *Eisenberg* StPO Rn. 335.

164 Meyer-Goßner/ Schmitt StPO/ *Schmitt* Einl. Rn. 57 d m.w.N.

Für Personen, welche von ihrem Zeugnisverweigerungsrecht gemäß § 53 Abs. 1 S. 1 Nr. 3 StPO Gebrauch gemacht haben, besteht ein Vernehmungsverbot[165]. Es handelt sich um ein Beweismittelverbot[166], so dass nicht die Beweiserhebung zu bestimmten Inhalten oder auf eine bestimmte Weise verboten ist, sondern die Nutzung eines bestimmten sachlichen oder – wie vorliegend – persönlichen Beweismittels[167]. Für verschiedene in § 53 Abs. 1 S. 1 StPO aufgeführte Personen, namentlich für Rechtsanwälte besteht zudem gemäß § 160 a Abs. 1 S. 1-4 StPO ein umfassendes Erhebungs- und Verwertungsverbot sowie eine Löschungspflicht im Falle rechtswidriger Erhebung.

Die Lehren der Beweisverbote[168] zu den Rechtsfolgen bei Verstößen gegen Beweisvorschriften zeigen eine sukzessive Schwächung der Stellung des Beschuldigten im Strafverfahren. Augenscheinlich fällt der Freispruch eines Schuldigen in der Praxis schwerer als in der Theorie.

Eine entsprechende Vorgehensweise zeichnet sich ebenso im Hinblick auf das Insolvenzgeheimnis des § 97 Abs. 1 S. 3 InsO ab. Auch hier fällt es den Gerichten schwer, den Schutz der Selbstbelastungsfreiheit des Schuldners im Strafverfahren konsequent einzuhalten. Sie tendieren immer wieder dazu, das Verbot zu umgehen und Informationen aus dem Insolvenzverfahren möglichst weitreichend für die Strafverfolgung zugänglich zu machen, sei es durch Vernehmung des Insolvenzverwalters als Zeugen, durch Beschlagnahme schuldnerischer Unterlagen beim Insolvenzverwalter oder durch das Beiziehen der Insolvenzakte.

5. Zwischenergebnis

Die Selbstbelastungsfreiheit ist eine der Maximen des Strafverfahrens und für den Beschuldigten von zentraler Bedeutung. Sie wird allerdings im Insolvenzverfahren faktisch von Gesetzes wegen aufgehoben, was verfassungsrechtlich sehr bedenklich ist. Daher verdient der Insolvenzschuldner und zeitgleich oder später Beschuldigte ganz besonderen Schutz seiner Selbstbelastungsfreiheit im Strafverfahren. Dies ist in der Praxis hingegen fraglich, insbesondere im Hinblick auf mögliche Zeugenaussagen des Insolvenzverwalters. Denn dieser ist nicht ausdrücklich in § 53 Abs. 1 S. 1 Nr. 2 oder 3 StPO erwähnt und scheint daher *de*

---

165 *Eisenberg* StPO Rn. 349; Münchener Kommentar StPO/ *Kudlich* Einl. Rn. 445.

166 Münchener Kommentar StPO/ *Kudlich* Einl. Rn. 445; *Kühne* Rn. 883.

167 Münchener Kommentar StPO/ *Kudlich* Einl. Rn. 445.

168 Hierzu ausführlich Löwe-Rosenberg StPO/ *Gössel* Einl. L m.w.N.

lege lata kein strafprozessuales Zeugnisverweigerungsrecht zu haben. Fraglich ist auch, inwiefern das Beweisverwendungsverbot des § 97 Abs. 1 S. 3 InsO den notwendigen Schutz des Insolvenzschuldners in der Praxis zu garantieren vermag. Dass auch hier erhebliche Schutzlücken bestehen, wird im Verlauf dieser Arbeit noch genauer zu zeigen sein.

II. Insolvenzrechtliche Grundlagen

Im Zentrum eines Insolvenzverfahrens steht nach § 1 InsO das Bestreben, die Gläubiger eines Schuldners gemeinschaftlich zu befriedigen, indem das Vermögen des Schuldners verwertet und der Erlös verteilt wird. Hierbei spielt der Zeitfaktor eine entscheidende Rolle, da das permanente Risiko besteht, dass sich die Insolvenzmasse weiter verschmälert. Zur Verwirklichung dieses Ziels obliegen dem Schuldner umfassende Mitwirkungspflichten, welche dieser grundsätzlich bereits ohne Aufforderung des Insolvenzgerichts eigeninitiativ zu erfüllen hat[169].

Hierzu zählen die Bereitschaftspflicht gemäß § 97 Abs. 3 S. 1 InsO sowie die Unterlassungspflicht gemäß § 97 Abs. 3 S. 2 InsO. Daneben obliegt dem Schuldner gemäß § 97 Abs. 1 S. 1 InsO eine Auskunftspflicht, welche sich gemäß Satz 2 sogar auf Angaben erstreckt, die geeignet sind, eine Verfolgung wegen einer Straftat oder einer Ordnungswidrigkeit herbeizuführen. Als notwendiges Korrektiv wurde daher in Satz 3 der Vorschrift ein Verwendungsverbot statuiert. Es resultiert aus dem sogenannten Gemeinschuldnerbeschluss[170] des Bundesverfassungsgerichts, welcher noch zur Vorgängernorm § 100 KO erging und den Gesetzgeber zur Normierung eines Verwendungsverbotes zum Zweck der Absicherung des Schuldners und seiner verfassungsrechtlich gewährleisteten Beschuldigtenrechte aufforderte.

Seither war das auch als Insolvenzgeheimnis bezeichnete Verbot mehrfach Gegenstand fachlicher Diskussionen. Dabei herrscht bis heute Uneinigkeit über den Inhalt und die Grenzen der Auskunfts- und Mitwirkungspflichten sowie – ganz besonders – über die (straf-)prozessuale Wirkung des Verbotes.

---

169 Andres/ Leithaus InsO/ *Leithaus* § 97 Rn. 7; Münchener Kommentar InsO/ *Stephan* § 97 Rn. 11 ff.

170 BVerfGE 56, 37.

1. Ablauf und Ziele eines Insolvenzverfahrens

Nach § 1 S. 1 InsO ist es das Ziel eines Insolvenzverfahrens, die Gläubiger eines Schuldners gemeinschaftlich zu befriedigen, indem das Vermögen des Schuldners verwertet und der Erlös verteilt oder eine abweichende Regelung in einem Insolvenzplan getroffen wird. Damit wird der sonst im Zivilrecht geltende Prioritätsgrundsatz durch die grundsätzliche Gleichbehandlung aller Insolvenzgläubiger ersetzt; sie bilden eine sogenannte „Schicksalsgemeinschaft“[171]. Das Insolvenzverfahren erfüllt daher eine gewisse Ordnungsfunktion, alle Gläubiger sollen gleichmäßig befriedigt werden, ohne dass der Schuldner einzelne Gläubiger privilegiert[172].

Ein Insolvenzverfahren wird nicht von Amts wegen eingeleitet, sondern gemäß § 13 Abs. 1 InsO nur auf Antrag, den entweder Schuldner oder Gläubiger stellen können. Liegt einer der Insolvenzgründe der §§ 17 bis 19 InsO – Zahlungsunfähigkeit, drohende Zahlungsunfähigkeit oder Überschuldung – vor und wird dementsprechend ein Insolvenzantrag beim nach §§ 2, 3 InsO zuständigen Insolvenzgericht gestellt, so entscheidet der Insolvenzrichter im Eröffnungsverfahren über die Eröffnung des eigentlichen Insolvenzverfahrens[173]. Reicht das Vermögen des Schuldners voraussichtlich nicht aus, um die Verfahrenskosten zu decken, so wird der Antrag mangels Masse abgewiesen, § 26 InsO. Ansonsten wird das Insolvenzverfahren eröffnet und ein Insolvenzverwalter bestellt, § 27 InsO. Bei diesem müssen die Gläubiger nunmehr ihre Forderungen gegen den Schuldner anmelden (§ 174 InsO), und er ist für die Verteilung der Insolvenzmasse zuständig, §§ 187 ff. InsO.

Dem Insolvenzverwalter kommt während des gesamten Insolvenzverfahrens eine Schlüsselfunktion zu. Auch für die Ermittlungsbehörden ist er schon frühzeitig Ansprechpartner. Für die Klärung des sogenannten Anfangsverdachts im Sinne des § 152 Abs. 2 StPO wird häufig dem Insolvenzverwalter ein detaillierter Fragebogen mit der Bitte um nähere Auskünfte zum Insolvenzverfahren übermittelt[174].

171 *Frege/ Keller/ Riedel* Kap. 1 Rn. 2; Nerlich/ Römermann InsO/ *Becker* § 1 Rn. 23.
172 *Frege/ Keller/ Riedel* Kap. 1 Rn. 1; Nerlich/ Römermann InsO/ *Becker* § 1 Rn. 22 f.
173 Dannecker/ Knierim/ *Dannecker/ Hagemeier* Rn. 102.
174 *Tetzlaff* NZI 2005, 316 (317).

2. Der Insolvenzverwalter als tragende Säule des Insolvenzverfahrens

Bei der Tätigkeit als Insolvenzverwalter handelt es sich um einen Beruf *sui generis* und somit um ein eigenständiges Berufsbild[175]. Als Insolvenzverwalter ist gemäß § 56 Abs. 1 S. 1 InsO eine für den jeweiligen Einzelfall geeignete, insbesondere geschäftskundige und von den Gläubigern und dem Schuldner unabhängige natürliche Person zu bestellen. Die Bestellung erfolgt durch das Insolvenzgericht, vgl. §§ 56 Abs. 1, 27 Abs. 1 S. 1 InsO.

Die Tatbestandsmerkmale „Geschäftskunde" und „geeignet für den Einzelfall" sind auslegungsbedürftig[176]. Es existieren *de lege lata* keine gesetzlichen Vorgaben an Ausbildung und Qualifikation von Insolvenzverwaltern[177], wohl aber zahlreiche Empfehlungen verschiedener Kommissionen und Vereine[178]. Das Merkmal der Geschäftskunde wird im Einzelfall unter Berücksichtigung der fachlichen Qualifikation des Insolvenzverwalters, seiner Büroorganisation und den jeweiligen individuellen Fallgegebenheiten geprägt[179]. Dabei sind juristische und betriebswirtschaftliche Kenntnisse von besonderer Bedeutung, weshalb in der Praxis überwiegend Rechtsanwälte, Steuerberater und Wirtschaftsprüfer als Insolvenzverwalter bestellt werden[180]. So kann in einem Fall eher ein Rechtsanwalt, in einer anders gelagerten Konstellation eher ein Wirtschaftsprüfer oder Steuerberater über die nötige Sachkunde verfügen[181]. Es ist nach der Person selbst zu differenzieren[182].

Überdies sind der Grund der Insolvenz und der Tätigkeitsbereich beziehungsweise die Branche des Insolvenzschuldners für die Auswahl des Insolvenzverwalters relevant[183], außerdem die Betriebsgröße, da der Insolvenzverwalter entsprechende Kapazitäten (Büro, Personal) für die Abwicklung der Insolvenz benötigt[184].

---

175 BVerfG NZI 2004, 574 (576).

176 Braun InsO/ *Blümle* § 56 Rn. 29; Frankfurter Kommentar InsO/ *Jahntz* § 56 Rn. 6.

177 Braun InsO/ *Blümle* § 56 Rn. 32; *Römermann* NJW 2002, 3729 (3731).

178 Uhlenbruck InsO/ *Zipperer* § 56 Rn. 17 m.w.N.

179 Braun InsO/ *Blümle* § 56 Rn. 36; Schmidt InsO/ *Ries* § 56 Rn. 12, 15.

180 Andres/ Leithaus InsO/ *Andres* § 56 Rn. 5; Schmidt InsO/ *Ries* § 56 Rn. 16; Uhlenbruck InsO/ *Zipperer* § 56 Rn. 18.

181 Braun InsO/ *Blümle* § 56 Rn. 37 ff.

182 Braun InsO/ *Blümle* § 56 Rn. 30.

183 Andres/ Leithaus InsO/ *Andres* § 56 Rn. 5; Münchener Kommentar InsO/ *Graeber* § 56 Rn. 21.

184 Andres/ Leithaus InsO/ *Andres* § 56 Rn. 5; BeckOK InsO/ *Göcke* § 56 Rn. 21; Münchener Kommentar InsO/ *Graeber* § 56 Rn. 62 ff.

Persönliche Kriterien sind die fachliche Qualifikation, die ein gewisses Maß an praktischer Erfahrung erfordert, und das Verhalten des Insolvenzverwalters[185], ebenso seine Seriosität und Bonität[186].

Das Amt des Insolvenzverwalters ist zudem ein höchstpersönliches, dementsprechend muss er die insolvenztypischen Aufgaben selbst erledigen[187], wenngleich er auch Aufgaben delegieren kann (und muss) und auf Hilfe durch qualifizierte Dritte angewiesen ist[188].

Der Insolvenzverwalter muss zudem unabhängig sein, und zwar nicht nur im konkreten Verfahren, sondern generell[189]. Er wird weder im alleinigen Interesse des Schuldners noch im alleinigen Interesse der Gläubiger tätig; er nimmt vielfältige Aufgaben wahr und ist in Erfüllung seiner Pflichten allen Verfahrensbeteiligten gleichermaßen verantwortlich[190]. Er muss vor allem auch wirtschaftlich unabhängig sein und darf kein wirtschaftliches Interesse an der Insolvenzmasse, also keine Gläubigerposition haben[191]. Unabhängigkeit wird demnach bei Insolvenzverwaltern gegenüber anders definiert als bei Rechtsanwälten, welche sich ausschließlich ihren Mandanten verpflichten[192] und parteiisch sind. Besteht die Gefahr, dass der Insolvenzverwalter aus Sicht eines vernünftig abwägenden, mit dem Sachverhalt vertrauten Gläubigers nicht als unabhängig erscheint, muss seine Bestellung unterbleiben[193]. Auf etwaige Sachverhalte, welche Anlass zur Befürchtung seiner Befangenheit bieten, muss der Insolvenzverwalter das Gericht unaufgefordert hinweisen[194]. Besteht eine solche Gefahr der Interessenkollision, darf die entsprechende Person nicht als Insolvenzverwalter bestellt werden[195]. Dabei gilt § 45 BRAO zwar nicht direkt, aber dessen Wertung findet

---

185 Andres/ Leithaus InsO/ *Andres* § 56 Rn. 5; Braun InsO/ *Blümle* § 56 Rn. 31.

186 Andres/ Leithaus InsO/ *Andres* § 56 Rn. 5.

187 Ausführlich zur Höchstpersönlichkeit des Amtes und zur Delegationsbefugnis Uhlenbruck InsO/ *Zipperer* § 56 Rn. 20 ff. m.w.N.

188 Uhlenbruck InsO/ *Zipperer* § 56 Rn. 20.

189 Braun InsO/ *Blümle* § 56 Rn. 40 ff.; 49 f.; Uhlenbruck InsO/ *Zipperer* § 56 Rn. 25; *Frind* ZInsO 2014, 119 (124).

190 Braun InsO/ *Blümle* § 56 Rn. 50; Schmidt InsO/ *Ries* § 56 Rn. 23; Uhlenbruck InsO/ *Zipperer* § 56 Rn. 25; *Frind* ZInsO 2014, 119 (124).

191 Braun InsO/ *Blümle* § 56 Rn. 50; Uhlenbruck InsO/ *Zipperer* § 56 Rn. 25; *Graeber* NZI 2002, 345.

192 Braun InsO/ *Blümle* § 56 Rn. 50.

193 Braun InsO/ *Blümle* § 56 Rn. 41; Uhlenbruck InsO/ *Zipperer* § 56 Rn. 25.

194 Braun InsO/ *Blümle* § 56 Rn. 43.

195 Andres/ Leithaus InsO/ *Andres* § 56 Rn. 4.

entsprechende Anwendung[196]. Außerdem gelten für Insolvenzverwalter, die zeitgleich anderen beruflichen Tätigkeiten nachgehen, zusätzlich die einschlägigen berufsrechtlichen Regelungen[197].

Die Gläubiger haben nunmehr auch die Möglichkeit der Einflussnahme auf die Bestellung eines bestimmten Insolvenzverwalters, § 56 a InsO. Die Vorschrift wurde durch das Gesetz zur weiteren Erleichterung der Sanierung von Unternehmen vom 07.12.2011 eingefügt und ist am 01.03.2012 in Kraft getreten[198]. Seitdem darf der Insolvenzverwalter auch vom Schuldner oder einzelnen Gläubigern vorgeschlagen werden, ohne dass er dadurch „disqualifiziert"[199] wird, vgl. § 56 Abs. 1 S. 3 Nr. 1 InsO[200]. Damit wurden die Rechte der Gläubiger im Insolvenzverfahren gestärkt.

Im Hinblick auf die gemäß § 56 Abs. 1 S. 1 InsO geforderte Unabhängigkeit des Insolvenzverwalters ist die Regelung des § 56 Abs. 1 S. 3 Nr. 2 InsO jedoch besonders kritisch zu sehen. Hiernach darf ein als Rechtsanwalt tätiger Insolvenzverwalter einen potenziellen Insolvenzschuldner im Vorfeld über allgemeine Belange eines Insolvenzverfahrens beraten.

In derartigen Konstellationen erlangt der Rechtsanwalt zunächst im Rahmen seines Mandates Informationen vom späteren Insolvenzschuldner, über welche er gemäß § 43 a Abs. 2 BRAO, § 203 Abs. 1 Nr. 2 StGB zur Verschwiegenheit verpflichtet ist. Wird derselbe Rechtsanwalt dann zum Insolvenzverwalter für das einschlägige Verfahren bestellt, so wechselt er die Rolle und kann in dieser Funktion sogar verpflichtet sein, Informationen weiterzugeben, bezüglich derer er aus dem Mandatsverhältnis zur Verschwiegenheit verpflichtet ist.

Neben einer möglichen Verletzung der anwaltlichen Verschwiegenheitspflichten kann in derartigen Mandatskollisionsfällen auch ein Verstoß gegen § 43 a Abs. 4 BRAO und sogar eine Strafbarkeit wegen Parteiverrats gemäß § 356 StGB drohen. Zudem droht eine Verletzung des Umgehungsverbotes des § 12 BORA bei Auftreten zugleich als Rechtsanwalt und als Insolvenzverwalter[201]. Ferner besteht ein Konflikt mit den anwaltlichen Tätigkeitsverboten des § 45 Abs. 1 Nr. 3, Abs. 2 BRAO, wenn der Rechtsanwalt vor oder auch erst im

---

196 Andres/ Leithaus InsO/ *Andres* § 56 Rn. 4.

197 Braun InsO/ *Blümle* § 56 Rn. 45 f.

198 Gesetz zur weiteren Erleichterung der Sanierung von Unternehmen vom 07.12.2011, BGBl. 2011 I, 2583.

199 Braun InsO/ *Blümle* § 56 Rn. 72 ff.

200 Gesetz zur weiteren Erleichterung der Sanierung von Unternehmen vom 07.12.2011, BGBl. 2011 I, 2582.

201 BGH NJW 2015, 3241.

Anschluss an die insolvenzrechtliche Tätigkeit gegen Träger des verwalteten Vermögens vorgegangen ist/ vorgeht[202].

Wie dieses Spannungsverhältnis aufzulösen ist, ließ der Gesetzgeber bei der Konzeption des § 56 Abs. 1 S. 3 Nr. 2 InsO leider offen, obgleich im Rahmen der Beratungen im Bundestag seinerzeit eben diese Kritik geäußert wurde, die Problematik mithin bekannt war[203].

Um diesen Konflikt zumindest zu minimieren, sollte der Begriff „beraten" in diesem Zusammenhang sehr restriktiv ausgelegt und teleologisch dahingehend reduziert werden, dass „beraten" vielmehr als „aufklären" verstanden wird. Eine entsprechende Änderung des Gesetzeswortlauts wäre für die Zukunft, auch im Hinblick auf das Gebot der Normklarheit des Art. 20 Abs. 3 GG, wünschenswert.

Der Rechtsanwalt darf lediglich darlegen, wie ein Insolvenzverfahren generell durchgeführt wird, was die Voraussetzungen und Rechtsfolgen sind und welche Risiken für Schuldner im Allgemeinen bestehen.

Darüber hinaus sollte das Mandatsverhältnis zwingend aufgehoben werden, bevor die Tätigkeit als Insolvenzverwalter aufgenommen wird. Allerdings gilt die Verschwiegenheitspflicht der Rechtsanwälte auch nach Beendigung des Mandatsverhältnisses fort[204]. Sofern dies möglich ist, sollte eine vollständige Trennung zwischen beiden Tätigkeiten erfolgen, die auch eine getrennte Aktenführung umfasst.

Schlussendlich muss der potenzielle Insolvenzschuldner selbst entscheiden, ob er sich einem Rechtsanwalt anvertrauen kann und will, der möglicherweise später als Insolvenzverwalter nicht mehr zur Verschwiegenheit, sondern sogar zur Aussage verpflichtet ist. Auf diese drohenden Folgen und die Tatsache, dass nur eingeschränkt beraten werden darf, muss der Schuldner vor Mandatsaufnahme ausdrücklich hingewiesen werden.

Dies gilt sowohl im Interesse des Rechtsanwaltes, sich nicht selbst rechtswidrig zu verhalten, als auch im Interesse des Insolvenzschuldners vor späterer Geheimnisoffenbarung gegen seinen Willen.

3. Rechtliche Stellung des Insolvenzverwalters

Stellung und Befugnisse des Insolvenzverwalters während des Insolvenzverfahrens sind in Literatur und Rechtsprechung teilweise umstritten.

---

202 Braun InsO/ *Blümle* § 56 Rn. 75 ff.

203 BT-Drs. 17/7511, 30.

204 Feuerich/ Weyland BRAO/ *Träger* § 43 a Rn. 18.

Die ständige Rechtsprechung des Reichsgerichts sowie des Bundesgerichtshofes folgt der Amtstheorie[205], ebenso die überwiegende Ansicht in der Literatur[206].

Hiernach ist der Insolvenzverwalter Amtsträger und erhält seine Legitimation unmittelbar aufgrund gesetzlicher Regelungen. Er handelt allerdings in Erfüllung der ihm auferlegten gesetzlichen Verpflichtungen nicht hoheitlich, sondern materiell-rechtlich wie prozessual im eigenen Namen, mit Wirkung für und gegen die Masse[207]. Der Insolvenzverwalter hat folglich keine staatliche Macht[208]. Mit Eröffnung des Insolvenzverfahrens wird ihm gemäß § 80 Abs. 1 InsO die Verwaltungs- und Verfügungsbefugnis übertragen[209]. Gleichwohl bleibt der Schuldner Träger der Rechte und Pflichten und haftet für Verbindlichkeiten mit der Insolvenzmasse[210]. Das Verwaltungs- und Verfügungsrecht des Insolvenzverwalters berechtigt ihn der Gläubigergemeinschaft gegenüber zu allen Maßnahmen, die dem Insolvenzzweck, der größtmöglichen und gleichmäßigen Befriedigung der Insolvenzgläubiger, dienen[211]. *Ries* ergänzt die Amtstheorie dahingehend, dass der Insolvenzverwalter zugleich Organ der Rechtspflege werde[212].

Die eher zivilrechtlich orientierte Organtheorie, wonach der Insolvenzverwalter als Vertretungsorgan (im Sinne des § 31 BGB) einer rechtlich verselbständigten Insolvenzmasse handele, ist abzulehnen[213]. Schließlich bleibt der

---

205 RGZ 29, 29 (29 ff.); 35, 28 (31); 52, 330 (331 ff.); BGHZ 88, 331 (334); 100, 346 (351); BGH ZInsO 2006, 260; NZI 2008, 261.

206 Andres/ Leithaus InsO/ *Andres* § 56 Rn. 16; Heidelberger Kommentar InsO/ *Kayser* § 80 Rn. 14; Kübler/ Prütting/ Bork InsO/ *Lüke* § 80 Rn. 37; Mohrbutter/ Ringstmeier InsR/ *Mohrbutter* § 6 Rn. 38; Zöller ZPO/ *Vollkommer* Vor § 50 Rn. 19; Nerlich/ Römermann InsO/ *Wittkowski/ Kruth* § 80 Rn. 38; Uhlenbruck InsO/ *Mock* § 80 Rn. 60.

207 Schmidt InsO/ *Ries* § 56 Rn. 58; Schmidt InsO/ *Sternal* § 80 Rn. 19.

208 BVerfG NZI 2006, 453 (454); Münchener Kommentar InsO/ *Graeber* § 56 Rn. 142; Nerlich/ Römermann InsO/ *Römermann/ Delhaes* Vor § 56 Rn. 8; Uhlenbruck InsO/ *Mock* § 80 Rn. 59.

209 Andres/ Leithaus InsO/ *Andres* § 56 Rn. 16; Frankfurter Kommentar InsO/ *Wimmer-Amend* § 80 Rn. 10.

210 Schmidt InsO/ *Sternal* § 80 Rn. 19.

211 Frankfurter Kommentar InsO/ *Wimmer-Amend* § 80 Rn. 10, 27; Schmidt InsO/ *Sternal* § 80 Rn. 15.

212 Schmidt InsO/ *Ries* § 56 Rn. 58; *ders.* in FS Runkel, 93 (98 f.); ebenso bezüglich vorläufigem Insolvenzverwalter gemäß § 21 InsO *Ries* ZInsO 2013, 1612 (1618).

213 *Bötticher* ZZP 71 (1958), 314 (318 ff.); *ders.* ZZP 77 (1964), 55 ff.; *Stürner* ZZP 94 (1981), 263 (287 ff.).

Schuldner weiterhin Eigentümer der Insolvenzmasse, nur eben ohne Verwaltungs- und Verfügungsbefugnis, vgl. §§ 21 Abs. 2 S. 1 Nr. 2, 80 Abs. 1 InsO.

Insbesondere früher wurde zudem die sogenannte Vertretertheorie diskutiert, wonach der Insolvenzverwalter zum Organ des Rechtsträgers, mithin des Schuldners selbst wird[214]. Hiergegen spricht jedoch § 60 Abs. 1 S. 1 InsO, nach dessen Inhalt der Insolvenzverwalter allen Beteiligten gegenüber haftet und eben nicht nur dem Schuldner. Der Insolvenzverwalter hat gerade nicht einseitig die Interessen des Schuldners zu vertreten, wie etwa ein Rechtsanwalt, sondern für bestmögliche Befriedigung der Insolvenzgläubiger zu sorgen. Darüber hinaus entwickelten andere Autoren die sogenannte „neue" Vertretertheorie[215], wie *Schmidt* sie bezeichnete, oder auch die „Theorie vom neutralen Handeln"[216], wonach die Verwaltung der Insolvenzmasse als fremdes Vermögen kein Handeln des Insolvenzverwalters im eigenen Interesse darstellt, sondern neutral ist[217].

Für die heute überwiegend vertretene Amtstheorie spricht, dass der Insolvenzverwalter gemäß § 116 S. 1 Nr. 1 ZPO im Prozess „Partei kraft Amtes" ist und so auch im Urteil aufgeführt wird. Zudem kann der Schuldner als Zeuge vernommen werden, woraus sich schließen lässt, dass er keine Partei ist. Denn als Zeuge in eigener Sache wäre eine Vernehmung nur eingeschränkt möglich, vgl. §§ 445 ff. ZPO.

4. *Verschwiegenheitspflicht des Insolvenzverwalters?*

Es stellt sich weiterhin die Frage, ob Insolvenzverwalter Täter des § 203 StGB sein und sich wegen der Verletzung von Privatgeheimnissen strafbar machen können.

Ohne irgendeine Begründung zählen manche Vertreter in der Literatur den Insolvenzverwalter zum Täterkreis des § 203 Abs. 1 Nr. 3 StGB[218].

So wünschenswert diese Auffassung aus Sicht des Schuldners auch ist, Voraussetzung dafür wäre aber, dass dem Insolvenzverwalter ein Geheimnis in

---

214 *Ballerstedt* AcP 1951, 501 (525 ff.); *Lent* ZZP 62 (1941), 129 ff. So im Ergebnis auch schon *Bley* ZZP 62 (1941), 111 ff.

215 *Schmidt* KTS 1984, 345 (360 ff.); *ders.* KTS 1991, 211 (212 ff.); *ders.* NJW 1995, 911 (912 ff.); *ders.* KTS 2001, 373 (374 ff.); zustimmend Thomas/ Putzo ZPO/ *Hüßtege* § 51 Rn. 29.

216 *Dölle* FS Fritz Schulz, 272 ff.

217 Nerlich/ Römermann InsO/ *Delhaes/ Römermann* Vor §§ 56 - 79 Rn. 10.

218 Nerlich/ Römermann InsO/ *Delhaes/ Römermann* Vor §§ 56 - 79 Rn. 12; Uhlenbruck InsO/ *Mock* § 80 Rn. 59.

Ausübung eines der in § 203 StGB genannten Berufe bekannt wird. In dieser abschließenden Auflistung ist der Insolvenzverwalter jedoch nicht genannt[219].

Bruder begründet eine § 203 StGB entsprechende Verschwiegenheitspflicht des Insolvenzverwalters mit dessen Stellung im Insolvenzverfahren[220]. Gemäß der Amtstheorie[221] habe der Insolvenzverwalter als Partei kraft Amtes die Verwaltungs- und Verfügungsbefugnis des Vermögensinhabers in eigenem Namen und aus eigenem Recht[222]; hierbei handele es sich um ein privates Amt[223]. In dieser Position erhalte der Insolvenzverwalter eine Vielzahl von Informationen, sowohl vom Insolvenzschuldner als auch von Dritten[224]. Diesen umfassenden Informationsmöglichkeiten müsse die Pflicht des Insolvenzverwalters zur Verschwiegenheit gegenüberstehen; dies ergebe sich bereits aus der Art des ihm vom Gesetzgeber anvertrauten Amtes[225].

Für eine solche sanktionsbewehrte Verschwiegenheitspflicht des Insolvenzverwalters gibt es keinerlei Anhaltspunkte im Gesetz. Der mögliche Wortsinn markiert jedoch die äußerste Grenze zulässiger Rechtsfortbildung[226]. Die Anwendung eines Rechtssatzes auf einen nicht vom Gesetzeswortlaut erfassten Sachverhalt zu Ungunsten des Täters verstößt gegen Art. 103 Abs. 2 GG und ist daher ausgeschlossen[227]. Der Insolvenzverwalter ist kein tauglicher Täter des § 203 StGB[228].

Es spricht folglich einiges dafür, dass eine möglicherweise gebotene Verschwiegenheitspflicht des Insolvenzverwalters nur durch eine Erweiterung des § 203 StGB durch den Gesetzgeber statuiert werden kann.

Bei Insolvenzverwaltern, welche zugleich als Rechtsanwalt, Wirtschaftsprüfer oder Steuerberater tätig sind, könnte sich eine Strafbarkeit zwar aus § 203 Abs. 1

---

219 BeckOK StGB/ *Weidemann* § 203 Rn. 17; *Fischer* StGB § 203 Rn. 17; Kindhäuser/ Neumann/ Paeffgen StGB/ *Kargl* § 203 Rn. 32; Lackner/ Kühl StGB/ *Heger* § 203 Rn. 4.

220 Wimmer u.a. HB InsR/ *Bruder* II. A. Rn. 47; so schon *Bork* ZIP 2007, 793 (795 ff.).

221 Siehe hierzu bereits oben Hauptteil B.II.3., 54 ff.

222 So Wimmer u.a. HB InsR/ *Bruder* II. A. Rn. 46 unter Verweis auf die ständige Rechtsprechung des BGH, siehe etwa BGH ZIP 1984, 82 (83).

223 Wimmer u.a. HB InsR/ *Bruder* II. A. Rn. 46.

224 Wimmer u.a. HB InsR/ *Bruder* II. A. Rn. 47.

225 Wimmer u.a. HB InsR/ *Bruder* II. A. Rn. 47; so schon *Bork* ZIP 2007, 793 (795 ff.); ablehnend hingegen *Deckenbrock/ Fleckner* ZIP 2005, 2290 (2291 ff.).

226 *Fischer* StGB § 1 Rn. 21.

227 BVerfGE 14, 174 (185); 25, 269 (285); 26, 41 (42); 71, 108 (115); 73, 206 (235).

228 BeckOK StGB/ *Weidemann* § 203 Rn. 17; Graf/ Jäger/ Wittig/ *Dannecker* § 203 Rn. 30 ff.; Kindhäuser/ Neumann/ Paeffgen StGB/ *Kargl* § 203 Rn. 32; Lackner/ Kühl StGB/ *Heger* § 203 Rn. 4.

Nr. 3 StGB ergeben. Nach Auffassung der Rechtsprechung muss in derartigen Fällen aber zwischen den verschiedenen Tätigkeiten differenziert werden, so dass sich eine Geheimhaltungspflicht des jeweiligen Berufes nicht auf die Tätigkeit als Insolvenzverwalter erstrecke[229].

Diese Auffassung ist indessen kritisch zu bewerten. Denn aus Sicht des sich offenbarenden Schuldners ist es jedenfalls nicht immer eindeutig erkennbar, dass er sich seinem Gegenüber in der konkreten Situation ausschließlich in dessen Funktion als Insolvenzverwalter und gerade nicht als Rechtsanwalt äußert. Überdies ist der Schuldner gemäß § 97 Abs. 1 S. 1, 2 InsO zur vollumfänglichen Mitwirkung und Auskunftserteilung im Insolvenzverfahren verpflichtet, und zwar auch strafrechtlich belastende Auskünfte betreffend. Dieser insolvenzrechtliche Selbstbelastungszwang müsste dann aber zumindest umfassend von etwaigen Strafverfahren abgegrenzt werden. Stattdessen drohen diese Informationen unter Umgehung der schuldnerischen Selbstbelastungsfreiheit gleichwohl in das Strafverfahren eingeführt zu werden, und zwar durch die Zeugenaussage des Insolvenzverwalters.

Sofern es um die Preisgabe von Geheimnissen im Rahmen der Zeugenaussage des Insolvenzverwalters im Strafverfahren geht, würde eine Verschwiegenheitspflicht allein – selbst, wenn sie bestünde – den Schuldner im Strafverfahren nicht zwingend vor einer Zeugenaussage des Insolvenzverwalters schützen. Hierfür bedürfte es vielmehr zusätzlich eines strafprozessualen Zeugnisverweigerungsrechts für den Insolvenzverwalter.

De lege lata fällt der Insolvenzverwalter nicht in den persönlichen Anwendungsbereich des § 203 StGB; er ist demnach nicht zur Verschwiegenheit bezüglich der ihm anvertrauten oder bekannt gewordenen Tatsachen verpflichtet.

5. *Der Gemeinschuldnerbeschluss und die Entstehung des § 97 Abs. 1 S. 3 InsO*

Der Gemeinschuldnerbeschluss des Bundesverfassungsgerichts aus dem Jahr 1981[230] war maßgeblich für die Einführung des Verbotes des § 97 Abs. 1 S. 3 InsO. Das Gericht hatte über die Verfassungsbeschwerde eines Gemeinschuldners zu befinden, welcher in einem auf Antrag des Konkursverwalters anberaumten Vernehmungstermin die Aussage mit der Begründung verweigerte, dass in Bezug auf das Beweisthema ein Ermittlungsverfahren wegen des Verdachts des Konkursvergehens anhängig sei und er sich durch die Beantwortung der Fragen

---

229 So LG Ulm NJW 2007, 2056 (2057) m. Anm. *Schork*.
230 BVerfGE 56, 37.

möglicherweise selbst einer strafbaren Handlung bezichtigen müsse[231]. Daraufhin hatte das Konkursgericht Beugehaft angeordnet; die sofortige Beschwerde des Gemeinschuldners blieb ohne Erfolg. Hiergegen wehrte er sich mit der Verfassungsbeschwerde, die als unbegründet zurückgewiesen wurde. Den schutzwürdigen Belangen des Gemeinschuldners werde dadurch hinreichend Rechnung getragen, dass etwaige Selbstbezichtigungen einem strafrechtlichen Verwertungsverbot unterliegen würden. Das Gericht argumentierte wie folgt:

Die Auskunftsperson könne infolge ihrer rechtlich vorgeschriebenen Auskunftspflichten in die Konfliktsituation geraten, sich entweder selbst einer strafbaren Handlung zu bezichtigen oder durch eine Falschaussage gegebenenfalls ein neues Delikt zu begehen oder aber wegen ihres Schweigens Zwangsmitteln ausgesetzt zu werden. Somit tangiere die erzwingbare Auskunftspflicht sowohl die Handlungsfreiheit wie auch das Persönlichkeitsrecht gemäß Art. 2 Abs. 1 GG. Ferner berühre der Zwang zur Selbstbezichtigung die Menschenwürde. Gleichwohl gebe es „kein ausnahmsloses Gebot, daß niemand zu Auskünften […] gezwungen werden darf, durch die er eine von ihm begangene strafbare Handlung offenbart". Hierfür existierten vielmehr verschiedene Schutzvorkehrungen, je nach Rolle der Auskunftsperson und Zweckbestimmung der Auskunft.

Dieser Schutz hänge auch davon ab, ob die Auskunft Teil eines durch freien Willensentschluss übernommenen Pflichtenkreises sei. Am weitesten reiche der Schutz gegen Selbstbezichtigungen für Zeugen, Prozessparteien und insbesondere Beschuldigte im Strafverfahren. Das Schweigerecht des Beschuldigten werde in der Rechtsprechung „als selbstverständlicher Ausdruck einer rechtsstaatlichen Grundhaltung bezeichnet, die auf dem Leitgedanken der Achtung vor der Menschenwürde beruhe"[232]. Für den Gemeinschuldner könne jedoch nicht derselbe Maßstab gelten wie für Beschuldigte[233]. Denn er solle nicht durch seine Aussage zur eigenen Verurteilung beitragen, sondern stehe zu den von ihm geschädigten Gläubigern in einem besonderen Pflichtenverhältnis. Im Konkurs sei er einer der wichtigsten Informationsträger, eine unterlassene Mitwirkung würde zu Lasten seiner Gläubiger und nicht zu seinen eigenen Lasten gehen. Den gesetzlich besonders ausgestalteten Mitwirkungspflichten entnehme die herrschende Auffassung, dass der Gemeinschuldner uneingeschränkt auskunftspflichtig sei und

231 Hierzu und zum gesamten nachfolgenden Abschnitt: BVerfGE 56, 37.

232 So wörtlich BVerfGE 56, 37 (43) unter Verweis auf BVerfGE 38, 105 (113) und BGHSt 14, 358 (364).

233 BVerfGE 56, 37 (48) (auch zu der weiteren Darstellung der Entscheidungsgründe).

den Interessen der Gläubiger der Vorrang vor seinem Interesse an einem Schutz gegen erzwungene Selbstbezichtigungen gebühre.

Diese Auslegung der konkursrechtlichen Vorschriften sei verfassungsrechtlich nicht zu beanstanden. Die durch Art. 2 Abs. 1 GG gewährleistete Rechtsposition finde ihre Grenzen an den Rechten anderer; das Grundrecht gebiete daher keinen lückenlosen Schutz gegen Selbstbezichtigungen. Das Grundgesetz habe die Spannung – Individuum-Gemeinschaft – im Sinne der Gemeinschaftsbezogenheit und Gemeinschaftsgebundenheit der Personen entschieden; der einzelne müsse sich daher Schranken seiner Handlungsfreiheit gefallen lassen. Unzumutbar und mit der Menschenwürde unvereinbar wäre nur ein Zwang, sich durch die eigene Aussage strafrechtlicher Verfolgung und Sanktionen auszusetzen. Insofern bestünde ein Schutz durch Art. 2 Abs. 1 GG gegen staatliche Eingriffe; dieser greife indessen nicht bei Auskünften zur Erfüllung eines berechtigten Informationsbedürfnisses[234].

Auch wenn danach der Gemeinschuldner kein Aussageverweigerungsrecht beanspruchen könne, so greife doch ein Zwang zur Selbstbezichtigung in das durch Art. 2 Abs. 1 GG geschützte Persönlichkeitsrecht ein. Die Anordnung von Zwangsmitteln könne daher im Einzelfall als unverhältnismäßig zu beanstanden sein. Die Auskunftspflicht des Gemeinschuldners bedürfe daher einer Ergänzung durch ein strafrechtliches Verwertungsverbot[235]. Denn „der bloße Umstand, daß dem Gemeinschuldner im Interesse seiner Gläubiger eine uneingeschränkte Auskunftspflicht zuzumuten ist, rechtfertigt es nicht, daß er zugleich zu seiner Verurteilung beitragen muss und daß die staatlichen Strafverfolgungsbehörden weitergehende Möglichkeiten erlangen als in anderen Fällen der Strafverfolgung“[236].

Die insoweit bestehende Gesetzeslücke zu schließen obliege nunmehr dem Gesetzgeber, zumal nur er das Verwertungsverbot näher ausgestalten und durch Offenbarungsverbote absichern könne. Bis zu einer gesetzlichen Regelung müssten die Gerichte die Lücke durch ergänzende Auslegung schließen. Eine Ergänzung der konkursrechtlichen Mitwirkungspflichten um ein Verwertungsverbot in Anlehnung an die in § 136 a StPO und in § 393 Abs. 2 AO bereits vorgesehenen Verwertungsverbote stehe im Einklang damit, dass dem Gemeinschuldner in einem strafrechtlichen Verfahren wegen begangener Konkursdelikte ohnehin ein Schweigerecht zustehe[237].

---

234 BVerfGE 56, 37 (48 f.).
235 BVerfGE 56, 37 (50) unter ausdrücklicher Zustimmung zu *Uhlenbruck* JR 1971, 445 ff.
236 So wörtlich BVerfGE 56, 37 (51).
237 So abschließend BVerfGE 56, 37 (51 f.).

Zwischen dem Gemeinschuldnerbeschluss des Bundesverfassungsgerichts im Jahr 1981 und der Umsetzung durch den Gesetzgeber vergingen einige Jahre[238]. Dabei stammten erste Reformvorschläge für eine Neuregelung des Konkursrechts bereits aus dem Jahr 1978[239]. Der damalige Justizminister setzte eine Kommission ein, aus welcher 1985 der Vorschlag hervorging, die Mitwirkungspflichten des § 100 KO (a.F.) zu einer allgemeinen Mitwirkungs- und Auskunftspflicht des Schuldners auszubauen. Eine solche Pflicht wurde 1988 im Diskussionsentwurf auch verankert; sie enthielt gemäß den Vorgaben des Bundesverfassungsgerichts ein Verwertungsverbot für die entsprechenden Auskünfte des Schuldners[240].

In dem darauffolgenden Referentenentwurf wurde dieses Verbot abgeschwächt, indem eine Verwertung nicht pauschal verboten wurde, sondern nunmehr die Zustimmung des Schuldners voraussetzte[241]. Dieses Verwertungsverbot wurde 1992 in den Regierungsentwurf übernommen[242]. Der Bundesbeauftragte für Datenschutz regte nachfolgend die Erweiterung zu einem Verwendungsverbot an, damit eine Auskunft des Schuldners ohne dessen Zustimmung auch nicht als Ansatz für weitere Ermittlungen dienen könne[243]. Mit dieser Maßgabe wurde das heutige Verwendungsverbot des § 97 Abs. 1 S. 3 InsO in die Insolvenzordnung vom 05.10.1994 aufgenommen[244]. Auf die Normierung eines ergänzenden Offenbarungsverbotes wurde seinerzeit ohne nähere Begründung verzichtet. Der Gesetzgeber wollte wohl vor allem nicht riskieren, durch ein zusätzliches Offenbarungsverbot die strafrechtliche Verfolgung von Insolvenzdelikten zu stark einzuschränken.

6. *Das Insolvenzgeheimnis, § 97 Abs. 1 S. 3 InsO*

Die Regelungen des § 97 InsO sollen eine sachgerechte und effektive Durchführung des Insolvenzverfahrens fördern[245]. Allerdings herrscht sowohl hinsichtlich des Tatbestandes als auch über die Rechtsfolgen des Verbotes gemäß § 97 Abs. 1 S. 3 InsO Uneinigkeit.

---

238 Vgl. ausführlich zur Entstehungsgeschichte sowie der Situation vor Inkrafttreten der Insolvenzordnung *Bömelburg*, 49 ff. m.w.N.

239 *Bömelburg*, 57.

240 Vgl. *Bömelburg*, 57.

241 Vgl. *Bömelburg*, 58.

242 BT-Drs. 12/ 2443, 142 (zu § 109).

243 BT-Drs. 12/ 7302, 166 (zu § 109).

244 Vgl. BGBl. I 1994 Nr. 70 vom 18.10.1994, 2866.

245 Braun InsO/ *Kroth* § 97 Rn. 1.

Gemäß § 97 Abs. 1 S. 3 InsO dürfen Auskünfte des Schuldners, welche eine strafrechtliche Relevanz haben, nur mit dessen Zustimmung im Strafverfahren verwendet werden. Diese Regelung soll das notwendige Korrektiv gegenüber den Auskunftspflichten des Schuldners gemäß § 97 Abs. 1 S. 1, 2 InsO bilden, welche gemäß § 98 InsO auch mit Zwang durchgesetzt werden können. Vom Schutzbereich ausgeklammert sollen hingegen – entsprechend der Begründung des Gesetzgebers[246] – Tatsachen sein, welche den Behörden bereits bekannt waren[247] oder (später) anderweitig bekannt werden[248]. Alle Erkenntnisquellen, welche sich unabhängig von der pflichtgemäßen Auskunft des Schuldners erschließen, sollen Grundlage weiterer Ermittlungen sein dürfen[249]. Dies können Tatsachen sein, welche den Ermittlungsbehörden auf anderem Wege vor Auskunftserteilung bekannt wurden, beispielsweise im Rahmen einer Strafanzeige von Gläubigern oder anderen Dritten oder Angaben des Schuldners in einer eidesstattlichen Versicherung[250]. Ebenso sollen vorsätzlich falsche und demgemäß nicht schützenswerte Angaben des Schuldners aus dem Anwendungsbereich fallen[251].

a) Auskunft im Sinne des § 97 Abs. 1 S. 3 InsO

Grundsätzlich wird die Auskunftspflicht des Schuldners gemäß § 97 Abs. 1 S. 1 InsO weit gefasst[252]. Gegenstand der Auskunft sind alle rechtlichen, wirtschaftlichen und tatsächlichen Verhältnisse, die für das Insolvenzverfahren in irgendeiner Weise von Bedeutung sein können[253]. Sie ist vom Schuldner persönlich zu erteilen[254], weshalb sich dieser gemäß § 97 Abs. 3 S. 1 InsO auf Anordnung des Insolvenzgerichts jederzeit zur Verfügung zu halten hat.

---

246 BT-Drs. 12/ 2443, 142 (zu §§ 109 - 111).

247 HB WiStR/ *Wegner* Teil 7, Kapitel 2 Rn. 17; Münchener Kommentar InsO/ *Stephan* § 97 Rn. 17; *Bömelburg*, 141 - 145; *Weyand* ZInsO 2001, 108 (109).

248 LG Potsdam BeckRS 2009, 05070; Uhlenbruck InsO/ *Zipperer* § 97 Rn. 14; *Hohnel* NZI 2005, 152 (153); *Weyand* ZInsO 2015, 1949 (1950).

249 *Bittmann/ Rudolph* wistra 2001, 81 (82).

250 *Bömelburg*, 144.

251 Müller-Gugenberger/ *Richter* § 76 Rn. 35; Münchener Kommentar InsO/ *Stephan* § 97 Rn. 16; *Bömelburg*, 143; *Bader* NZI 2009, 416 (420); *Bittmann/Rudolph* wistra 2001, 81 (84); *Diversy* ZInsO 2005, 180 (183); *Richter* wistra 2000, 1 (3); *Weyand* ZInsO 2015, 1949 (1951).

252 Vgl. statt aller Hamburger Kommentar InsO/ *Herchen/ Morgen* § 97 Rn. 10 ff.

253 St. Rspr., s. etwa BGH BeckRS 2012, 24886.

254 Frankfurter Kommentar InsO/ *Wimmer-Amend* § 97 Rn. 13; Hamburger Kommentar InsO/ *Herchen/ Morgen* § 97 Rn. 14; Heidelberger Kommentar InsO/ *Schmidt* § 97 Rn. 11; Uhlenbruck InsO/ *Zipperer* § 97 Rn. 6.

aa) Form der Auskunft: mündlich oder auch schriftlich?

Es herrscht jedoch Uneinigkeit darüber, wie genau der Begriff der Auskunft definiert und was im Einzelnen darunter gefasst wird. So enthält § 97 Abs. 1 S. 1 InsO keine Vorgaben darüber, in welcher Form die Auskunft vom Schuldner zu erteilen ist. Nach einhelliger Auffassung erfolgt die Auskunftserteilung in der Regel mündlich[255]. Dies ist zwar nicht ausdrücklich normiert, hierfür sprechen aber die Regelungen zur Durchsetzung der Auskunftspflicht, insbesondere die Versicherung der Richtigkeit und Vollständigkeit an Eides Statt zu Protokoll gemäß § 98 Abs. 1 S. 1 InsO sowie die Vorführung; sie sind alle auf mündliche Mitteilungen ausgelegt[256].

Darüber hinaus umfasst die Auskunftspflicht aber auch das Zusammenstellen sachdienlicher Unterlagen sowie eventuell notwendige Nachforschungen nach vorhandenen Unterlagen[257]. Die Auskunft kann mithin auch schriftlich erfolgen. Es ist zudem möglich, ausdrücklich eine andere Form der Auskunftserteilung (z.B. Anfertigung von Vermerken) zu vereinbaren, sofern die schriftliche Auskunftserteilung für das Insolvenzverfahren sinnvoll erscheint[258]. Hat der Schuldner beispielsweise längere Zeit nicht Buch geführt, so kann ihm sogar auferlegt werden, schriftliche Aufzeichnungen über den Umfang der laufenden Geschäfte anzufertigen und dem Insolvenzverwalter zur Verfügung zu stellen[259].

Die Auskunftspflicht des § 97 Abs. 1 S. 1 InsO kann daher sowohl mündlich als auch schriftlich erfüllt werden. Der bloß formale Unterschied beider Mitteilungsformen stellt nach *Stephan* kein taugliches Abgrenzungskriterium dar[260]. Ein Schuldner, der die gefragten Informationen mündlich mitteilt, darf zudem nicht besser stehen als derjenige, welche diese Informationen schriftlich zusammenstellt.

---

255 Braun InsO/ *Kroth* § 97 Rn. 7; Frankfurter Kommentar InsO/ *Wimmer-Amend* § 97 Rn. 13; Heidelberger Kommentar InsO/ *Schmidt* § 97 Rn. 8; Münchener Kommentar InsO/ *Stephan* § 97 Rn. 22; Schmidt InsO/ *Jungmann* § 97 Rn. 10; Uhlenbruck InsO/ *Zipperer* § 97 Rn. 6.

256 Statt aller Hamburger Kommentar InsO/ *Herchen/ Morgen* § 97 Rn. 15.

257 Heidelberger Kommentar InsO/ *Schmidt* § 97 Rn. 8; Uhlenbruck InsO/ *Zipperer* § 97 Rn. 6.

258 Frankfurter Kommentar InsO/ *Wimmer-Amend* § 97 Rn. 13; Graf-Schlicker InsO/ *Voß* § 97 Rn. 1; Schmidt InsO/ *Jungmann* § 97 Rn. 11.

259 Schmidt InsO/ *Jungmann* § 97 Rn. 10.

260 Münchener Kommentar InsO/ *Stephan* § 97 Rn. 18 a.

bb) Verwertbarkeit von Unterlagen des Insolvenzschuldners: „Asyl für Geschäftsunterlagen“[261]?

Sofern die Auskunft schriftlich erfolgt, stellt sich sodann die Frage, ob damit auch Unterlagen des Schuldners als Auskunft zu werten und infolgedessen der strafrechtlichen Verwertung entzogen sind.

Dabei muss differenziert werden zwischen denjenigen Geschäftsunterlagen, zu deren Führung der Schuldner gesetzlich verpflichtet ist (nachfolgend Pflichtunterlagen), und den vom Schuldner freiwillig für eigene Zwecke angefertigten Unterlagen. Allerdings werden Pflichtunterlagen und (sonstige) Geschäftsunterlagen in den bisherigen Diskussionen meist gleichgesetzt.

Bittmann und *Rudolph* befürchten, dass ein zu weitreichender Schutz nach § 97 Abs. 1 S. 3 InsO zu einem „Asyl für Geschäftsunterlagen“[262] führe. Deshalb seien in Fällen, in denen erst die Auskunft des Insolvenzschuldners dem Insolvenzverwalter den Weg zu den Geschäftsunterlagen oder deren konkreten Inhalt gewiesen habe, „zwar der Inhalt der Auskunft, also der Weg zur Erkenntnisquelle nicht verwendbar, nicht aber auch die Quelle selbst, also die Geschäftsunterlagen“[263].

Dies wird mit dem Zweck der Vorschrift begründet, wonach zwar verhindert werden solle, dass Auskunftspflichtige im Insolvenzverfahren gezwungen werden, Beweise gegen sich selbst für ein Strafverfahren zu schaffen. Darauf beschränke sich zugleich aber auch der Zweck. Es werde nicht beabsichtigt, „dem Insolvenzschuldner die Möglichkeit zu schaffen, durch Auskunftserteilung auch die Verwertung inhaltsgleicher Unterlagen zu verhindern“[264].

Dabei räumen *Bittmann* und *Rudolph* selbst ein, dass der Regierungsentwurf[265] den Zweck sehr wohl weiter fasste.

Weder dem Gemeinschuldnerbeschluss noch der Regelung des § 97 InsO lässt sich entnehmen, ob Pflichtunterlagen, namentlich sind dies Bilanzen, Buchhaltungsunterlagen, Belege sowie Geschäftsbriefe[266], der strafrechtlichen Verwertung zugänglich sind. *Bittmann* und *Rudolph* sprechen insofern zutreffend von der „Konturenlosigkeit der gesetzlichen Regelung“[267].

---

261 *Bittmann/ Rudolph* wistra 2001, 81 (82).

262 *Bittmann/ Rudolph* wistra 2001, 81 (82).

263 *Bittmann/ Rudolph* wistra 2001, 81 (82). Insoweit in Übereinstimmung mit *Richter* wistra 2000, 1.

264 *Bittmann/ Rudolph* wistra 2001, 81 (82).

265 BT-Drs. 12/2443, 142; BT-Drs. 12/7302, 166.

266 Müller-Gugenberger/ *Richter* § 76 Rn. 37.

267 *Bittmann/ Rudolph* wistra 2001, 81.

Des Weiteren sei nur die Auskunft selbst unverwertbar, die (unter Umständen gleichlautenden) Unterlagen des Schuldners unterlägen demgegenüber keinem Verwendungsverbot[268], unabhängig davon, ob sie sich beim Insolvenzverwalter oder noch in den Händen des Schuldners befinden.

Bittmann spricht in diesem Zusammenhang von einer mittelbaren Fernwirkung, welche das Verwendungsverbot gerade nicht statuiere[269]. Etwas Anderes solle nur gelten, wenn diese Geschäftsunterlagen erst durch die Auskunft des Schuldners überhaupt bekannt oder erst infolge seiner Erklärungen verständlich beziehungsweise strafrechtlich relevant geworden sind[270].

In seinem Praxishinweis spricht sich *Weyand* dafür aus, Geschäftsunterlagen vom Schutz des § 97 Abs. 1 S. 3 InsO auszuklammern[271]. Er schlägt aber vor, dass der Schuldner durchaus Kooperationsbereitschaft signalisieren solle, die entsprechenden Unterlagen jedoch nur auf Aufforderung des Gerichts und nach Androhung von Zwangsmaßnahmen aushändigen solle, beziehungsweise auch nur verhalten Auskünfte erteilen solle, sofern er hierzu angehalten werde[272].

Mit dieser Vorgehensweise würde der Ablauf des Insolvenzverfahrens erheblich erschwert und zu Lasten der Insolvenzgläubiger verzögert. Zudem stellt es für den Schuldner eine Herausforderung dar, einzuschätzen, wie wenig Kooperationsbereitschaft er signalisieren darf, ohne gegen die ihm obliegenden Mitwirkungspflichten zu verstoßen. Denn diese verpflichten den Schuldner auch eigenständig, ohne Aufforderung vom Insolvenzgericht oder Insolvenzverwalter, am Insolvenzverfahren mitzuwirken und die erforderlichen Informationen zur Verfügung zu stellen.

In diesem Sinne empfiehlt *Püschel* eine Präventivverteidigung auf der Grundlage des § 97 Abs. 1 S. 3 InsO: Der Schuldner solle durch frühzeitige, umfassende Angaben im Insolvenzverfahren die Einleitung eines Ermittlungsverfahrens vermeiden[273]. Somit würde dem Zweck des Insolvenzverfahrens, der Haftungsverwirklichung, genügt und der Schuldner zugleich effektiv vor strafrechtlicher Selbstbelastung geschützt[274].

---

268 *Weyand* ZInsO 2015, 1949 (1951). Zustimmend *Bittmann* § 1 Rn. 20; *Richter* wistra 2000, 1 (4).

269 *Bittmann* § 1 Rn. 20 unter Verweis auf *Bader* NZI 2009, 416 (419).

270 Münchener Kommentar InsO/ *Stephan* § 97 Rn. 18 a; *Hefendehl* wistra 2003, 1 (9).

271 *Weyand* ZInsO 2015, 1949 (1950 ff.). So bereits *Weyand* ZInsO 2008, 24 (25 ff.).

272 *Weyand* ZInsO 2015, 1949 (1952).

273 *Püschel* FS AG StrafR, 772.

274 *Püschel* FS AG StrafR, 766, 772.

Das Landgericht Stuttgart sowie diverse Autoren vertreten die Auffassung, Unterlagen, zu deren Führung der Schuldner aufgrund handelsrechtlicher Bestimmungen verpflichtet war, seien nicht vom Anwendungsbereich des § 97 Abs. 1 S. 3 InsO erfasst[275]; sie stellten ohne weitere Erläuterungen des Schuldners schon keine Auskunft dar[276]. Vielmehr seien Pflichtunterlagen Teil der Mitwirkungspflicht nach § 97 Abs. 2 InsO.

In diesem Kontext lehnt *Bieneck* die formale Unterscheidung zwischen geschützten Auskunftspflichten nach § 97 Abs. 1 S. 3 InsO einerseits und nicht geschützten sonstigen Mitwirkungspflichten nach § 97 Abs. 2, 3 InsO andererseits ab[277]. Zwar werde in § 22 Abs. 3 InsO eine entsprechende Unterscheidung gemacht. Diese spezielle Regelung betreffe indes nur das Verhältnis zwischen dem Schuldner und dem schwachen vorläufigen Insolvenzverwalter und könne nicht „zum allgemeinen strukturellen Grundsatz erhoben werden"[278]. Außerdem lasse diese Vorgehensweise außer Acht, dass der Beweiswert der Pflichtunterlagen nichts anderes sei als „die Verkörperung der geschützten Angaben des Schuldners"[279].

Seine Auffassung, dass sämtliche Unterlagen des Schuldners vor strafrechtlicher Verwertung geschützt seien, begründet *Bieneck* daher mit der Struktur, die er in § 97 InsO sieht: Die Vorschrift regele die Mitwirkungspflichten des Schuldners, zu denen auch die Auskunftspflicht sowie ergänzend die Unterstützungspflicht nach § 97 Abs. 2 InsO als „generalklauselartige flankierende Obliegenheit" gehöre; Absatz 3 habe ausdrücklich nur Hilfsfunktion[280]. Es sei bei dieser Struktur entscheidend, dass der Insolvenzverwalter die für ihn relevanten Informationen in wesentlichen Teilen aus den Buchführungs- und Bilanzunterlagen entnehme, sie seien für das Insolvenzverfahren von zentraler Bedeutung.

---

275 Wenn auch mit der Terminologie „Geschäftsunterlagen" LG Stuttgart NZI 2001, 498; *Richter* wistra 2000, 1 (4); Heidelberger Kommentar InsO/ *Kayser* § 97 Rn. 15 f.; *Brand/ Kanzler* wistra 2014, 334 (336 f.); *Uhlenbruck* NZI 2002, 401 (405); *Weyand* ZInsO 2015, 1949 (1951).

276 *Bömelburg*, 139 f.; *Brand/ Kanzler* wistra 2014, 334 (336 f.); *Weyand* ZInsO 2001, 108 (109).

277 Müller-Gugenberger 2011/ *Bieneck* § 75 Rn. 72. A.A. aber nunmehr Müller-Gugenberger/ *Richter* § 76 Rn. 39 - 42, der die Buchführungsunterlagen des Schuldners den Pflichten nach § 97 Abs. 2, 3 InsO zuordnet und deren strafrechtliche Verwertbarkeit bejaht.

278 So wörtlich Müller-Gugenberger 2011/ *Bieneck* § 75 Rn. 72.

279 So wörtlich Müller-Gugenberger 2011/ *Bieneck* § 75 Rn. 72.

280 So wörtlich Müller-Gugenberger 2011/ *Bieneck* § 75 Rn. 73.

Ihren Inhalt nicht zu den nach § 97 Abs. 1 InsO geschützten Informationen zu zählen würde die Vorschrift weitestgehend leerlaufen lassen. Dies könne nur schwer dem gesetzgeberischen Willen entsprechen, die Selbstbelastungsfreiheit des Schuldners zu schützen. Deshalb hätte er die Pflichten zur Vorlage der Buchhaltungs- und Bilanzunterlagen ausdrücklich erwähnen müssen, wenn er sie aus dem Schutz des Verwendungsverbotes ausklammern wollte[281].

Unterlagen, zu deren Führung keine gesetzliche Verpflichtung besteht, dürften ohnehin nach deren Aushändigung an den Insolvenzverwalter ohne Zustimmung des Schuldners weder unmittelbar noch mittelbar im Strafverfahren verwertet werden[282]. Die Vorlage sei in einem solchen Fall einer mündlichen Auskunftserteilung gleichzustellen, da andernfalls derjenige Schuldner, welcher bestimmte Umstände im Vorfeld dokumentiert, schlechter stünde gegenüber jenem, der sie erst im Insolvenzverfahren (womöglich sogar erst auf Anfrage) mündlich nachträgt[283].

Bieneck ist im Ergebnis zuzustimmen, dass sämtliche Unterlagen des Schuldners vor strafrechtlicher Verfolgung geschützt sein müssen. Die hiervon abweichende Auffassung, Geschäftsunterlagen des Schuldners seien der (bloßen) Mitwirkungspflicht des § 97 Abs. 2 InsO zuzuordnen und stellten somit keine Auskunft des Schuldners dar, überzeugt nicht. Sofern man annimmt, dass die Auskunft des Schuldners grundsätzlich auch schriftlich erfolgen kann, er mitunter sogar ausdrücklich dazu angewiesen wird, müssen auch seine Geschäftsunterlagen, die er dem Insolvenzverwalter übergibt, als Auskunft gewertet werden.

Insofern führt auch *Püschel* zutreffend an, dass die Gegenansicht durch eine bloße formale Unterscheidung der geschützten Auskunft die Reichweite der Selbstbelastungsfreiheit verkenne[284]. Diese sei nicht auf Aussagen beschränkt, sondern erfasse den Schutz vor jeglichem Zwang, als Beweismittel gegen sich selbst zu fungieren. So stelle auch die erzwungene Vorlage belastender Urkunden einen Verstoß gegen die Selbstbelastungsfreiheit dar[285]. Dementsprechend sei für den Strafprozess anerkannt, dass der Beschuldigte nicht der Editionspflicht des § 95 Abs. 1 StPO unterliege[286]. Ordnungs- und Zwangsmittel zur Erzwingung der Herausgabe der Unterlagen dürften nach § 95 Abs. 2 S. 2 StPO auch bei

281 Müller-Gugenberger 2011/ *Bieneck* § 75 Rn. 73.

282 *Hefendehl* wistra 2003, 1, (9).

283 *Hefendehl* wistra 2003, 1, (9).

284 *Püschel* FS AG StrafR, 769.

285 *Püschel* FS AG StrafR, 769 mit Verweis auf EGMR NJW 2002, 499.

286 *Püschel* FS AG StrafR, 769.

Personen, welche gemäß § 55 StPO zur Auskunftsverweigerung berechtigt sind, nicht festgesetzt werden[287].

Die Begründung einiger Autoren, die handelsrechtliche Verpflichtung zur Führung bestimmter Unterlagen legitimiere zugleich deren strafrechtliche Verwertung, überzeugt ebenfalls nicht. Diese handelsrechtlichen Pflichten erstrecken sich bereits nur auf den Kaufmann (§ 1 HGB), mithin nicht auf alle Insolvenzschuldner gleichermaßen. Außerdem können einfachgesetzliche Vorschriften wie die §§ 238 ff. HGB ein Grundrecht wie die Selbstbelastungsfreiheit nur ausdrücklich einschränken, was ersichtlich nicht erfolgt ist[288]. Überdies bestehen diese Buchführungspflichten insbesondere zu handelsrechtlichen Zwecken und sollen nicht dem Insolvenzverwalter die Durchführung eines Insolvenzverfahrens oder gar den Strafverfolgungsbehörden ihre Ermittlungen erleichtern. Somit beeinflussen etwaige handelsrechtliche Verpflichtungen die strafrechtliche Verwertbarkeit von Geschäftsunterlagen nicht. Vielmehr sind sowohl Pflichtunterlagen als auch sonstige Geschäftsunterlagen des Insolvenzschuldners als Auskunft im Sinne des § 97 Abs. 1 S. 3 InsO zu qualifizieren und demgemäß vom Verwendungsverbot erfasst[289].

Unterlagen, welche der Schuldner für eigene Zwecke erstellt hat, sind erst recht als Auskunft im Sinne des § 97 Abs. 1 S. 3 InsO zu werten und demnach vom Verwendungsverbot erfasst. Auch hier gilt das oben bereits Gesagte: Ein Schuldner, der bereits im Vorfeld umfassend dokumentiert, darf gegenüber demjenigen, welcher seine Gedanken nicht schriftlich festhält, nicht schlechter gestellt werden. Überdies können häufig gerade die persönlich angefertigten Unterlagen strafrechtlich relevante Inhalte aufweisen und müssen im Hinblick auf die Selbstbelastungsfreiheit des Schuldners besonders geschützt werden.

Dies bedeutet indes nicht, dass sämtliche Unterlagen des Schuldners der strafrechtlichen Verwertung gänzlich entzogen sind. Das Verwendungsverbot wirkt nicht grenzenlos. Die Unterlagen des Schuldners werden erst dadurch zur Auskunft im Sinne des § 97 Abs. 1 S. 3 InsO, dass er sie dem Insolvenzverwalter im Rahmen seiner Pflichten nach § 97 Abs. 1 S. 1 InsO übergibt. So bleibt es den Ermittlungsbehörden unbenommen, nach den allgemeinen Regeln der

---

287 *Püschel* FS AG StrafR, 769.

288 Müller-Gugenberger 2011/ *Bieneck* § 75 Rn. 75.

289 So nimmt auch *Uhlenbruck* NZI 2002, 402 (404) bei Pflichtunterlagen ein Verwendungsverbot an, wenn der Insolvenzverwalter die notwendigen Auskünfte vom Schuldner erfragt, um sich eigene Nachforschungen zu ersparen.

Strafprozessordnung eine Durchsuchung in den Geschäftsräumen des Schuldners durchzuführen und die dort beschlagnahmten Unterlagen auszuwerten[290].

Die Gefahr, dass taktisch gut beratene Schuldner sich einer strafrechtlichen Verfolgung dadurch entziehen, dass sie bereits bei der ersten Befragung durch den vorläufigen Insolvenzverwalter ein umfassendes „Geständnis" ablegen und sämtliche Unterlagen an ihn herausgeben, ist hinzunehmen, wenn die (strafprozessuale) Selbstbelastungsfreiheit für Insolvenzschuldner nicht völlig illusorisch werden soll.

cc) Verwertbarkeit der Insolvenzakte?

Im Hinblick auf die Selbstbelastungsfreiheit des Schuldners stellt sich überdies die Frage, ob die Insolvenzakte Grundlage strafrechtlicher Ermittlungen sein darf, oder ob sie dem Insolvenzgeheimnis gemäß § 97 Abs. 1 S. 3 InsO unterliegt.

Die Insolvenzakte kann für das Strafverfahren aber nur dann gesperrt sein, wenn sie ebenfalls als Auskunft des Schuldners im Sinne des § 97 Abs. 1 S. 3 InsO zu qualifizieren ist.

Allerdings enthält sie alle Informationen aus dem Insolvenzverfahren, mithin auch Informationen über etwaige strafbare Handlungen des Schuldners, welche dieser gegenüber dem Insolvenzverwalter – womöglich unter Zwang und in Annahme des schützenden Verwendungsverbotes – offenbart hat. Darüber kommen die Ermittlungsbehörden jedenfalls mittelbar an die Auskünfte des Schuldners heran, indem sie alles, was in die Berichte des Insolvenzverwalters eingeflossen ist, der Insolvenzakte im eigenen Haus beziehungsweise im Gericht entnehmen können – und der Schuldner erhält hiervon nicht einmal Kenntnis, geschweige denn, dass er der Verwertung entsprechend § 97 Abs. 1 S. 3 InsO zustimmt. Eine entsprechende Verwertung der Insolvenzakte im Strafverfahren scheint daher bedenklich.

Unter Verweis auf die Entscheidung des Landgerichts Stuttgart vom 21.07.2000[291] hält *Weyand* das Heranziehen der Insolvenzakte für strafrechtliche Ermittlungen, insbesondere zur Begründung eines Anfangsverdachtes, für zulässig[292]. Und auch das Landgericht Bonn[293] zweifelte in seiner Entscheidung eine strafrechtliche Verwertbarkeit der Insolvenzakte nicht einmal an. Als alternative

---

290 Siehe hierzu bereits oben Hauptteil A, 21 ff.

291 LG Stuttgart NZI 2001, 498.

292 *Weyand* ZInsO 2001, 108 (109).

293 LG Bonn NZI 2017, 410.

und weniger einschneidende Ermittlungsmethode zur Durchsuchung zähle „zuvorderst die Beiziehung der Insolvenzakte“[294].

Bittmann und *Rudolph*[295] begründen demgegenüber die Verwertbarkeit sämtlicher Informationen aus der Insolvenzakte – auch zur Herleitung eines Anfangsverdachtes gemäß § 152 Abs. 2 StPO – damit, dass sie dem Verwendungsverbot jegliche Vorauswirkung[296] absprechen.

Teilweise wird das Beiziehen der Insolvenzakte – im Ergebnis zutreffend, wenn auch ohne Diskussion darüber, ob sie überhaupt eine Auskunft des Schuldners darstellt – abgelehnt[297]. § 97 Abs. 1 S. 3 InsO verbiete bereits die Verwendung der Auskünfte, nicht nur deren Verwertung[298]. Dies gelte jedoch nur, sofern es sich um geschützte Angaben des Schuldners handelt, deren Verwertung für strafrechtliche Zwecke seiner Zustimmung bedarf. Auskünfte Dritter oder andere Informationen des Insolvenzverwalters aus der Insolvenzakte dürften dagegen grundsätzlich im Strafverfahren genutzt werden.

Richter plädiert daher dafür, dass die Insolvenzakte nicht den Ermittlungsakten im engeren Sinne zugeführt wird, sondern von den Strafverfolgungsbehörden als Beiakte geführt werden sollte[299]. Somit könne jederzeit die Zustimmung des Schuldners zu deren Verwertung eingeholt werden und eine Abgrenzung sei ohne weiteres möglich[300].

Andere Autoren erachten die Beiziehung der Insolvenzakten durch die Strafverfolgungsbehörden und deren systematische Auswertung hinsichtlich etwaiger insolvenzstrafrechtlicher Verdachtsmomente zudem mangels Ermächtigungsgrundlage für illegal[301]. Einer solchen Ermächtigungsgrundlage bedürfe es aber, da durch die Beiziehung der Insolvenzakte das Recht des Schuldners auf informationelle Selbstbestimmung tangiert werde und die Gefahr der Verletzung seiner Persönlichkeitsrechte bestehe[302].

---

294 So wörtlich LG Bonn NZI 2017, 410 (413).

295 *Bittmann/ Rudolph* wistra 2001, 81 (85).

296 Näher zur Vorauswirkung des § 97 Abs. 1 S. 3 InsO unten Hauptteil B.II.6.c)bb), 80 ff.

297 HB WiStR/ *Wegner* Teil 7, Kapitel 2 Rn. 18; LG Stuttgart NZI 2001, 498; *Kemperdick* ZinsO 2013, 1116 (1117); *Püschel/ Paradissis* ZInsO 2015, 1786 (1788).

298 HB WiStR/ *Wegner* Teil 7, Kapitel 2 Rn. 18; *Kemperdick* ZinsO 2013, 1116 (1117).

299 *Richter* wistra 2000, 440.

300 *Richter* wistra 2000, 440.

301 *Püschel/ Paradissis* ZInsO 2015, 1786 (1788); vgl. zur Notwendigkeit von Ermächtigungsgrundlagen für sogenannte Vorermittlungen *Senge* FS Hamm 701 (710).

302 *Püschel/ Paradissis* ZInsO 2015, 1786 (1788).

Vermittelnd wird vorgeschlagen, die Auskünfte des Schuldners, welche dem Schutz des Insolvenzgeheimnisses unterliegen, in der Insolvenzakte kenntlich zu machen oder diese vor Übermittlung an die Staatsanwaltschaft zu entfernen[303].

Dieser Vorschlag ist jedoch ebenso unpraktikabel wie derjenige von *Richter*. Dem Insolvenzgericht fehlt überdies die notwendige strafrechtliche Sachkunde, zudem wird die Kompetenzverteilung verschoben[304]. Erst das Strafgericht entscheidet in der Hauptverhandlung über die endgültige Verwertbarkeit von Beweisen[305].

Zwar hat *Richters* Vorschlag den Vorteil, dass es den Ermittlungsbehörden möglich bleibt, eine Zustimmung des Schuldners zur Verwertung der Auskünfte einzuholen. Es besteht aber zugleich die Gefahr, dass sich die Auskünfte des Schuldners bereits in der Sphäre der Behörden befinden und diese rein faktisch Zugang dazu haben. Somit wird es im Strafverfahren umso schwieriger, darzulegen, aus welcher Quelle die Ermittler die fraglichen Informationen erlangt haben. Dem Strafverteidiger ist damit die Möglichkeit eröffnet, die Herkunft jedes belastenden Beweises in der Hauptverhandlung anzuzweifeln. Damit wäre im Ergebnis weder dem Beschuldigten noch den Strafverfolgungsbehörden gedient: Denn die Selbstbelastungsfreiheit ist durch die Präsenz der Auskünfte bei der Staatsanwaltschaft bereits erheblich gefährdet; eine erfolgreiche Ermittlung mit anschließender Verurteilung ist wegen der umfangreichen „Angriffsmöglichkeiten" des Verteidigers ebenfalls gefährdet.

Im Hinblick auf die bedrohten Grundrechte des Insolvenzschuldners, insbesondere seine Selbstbelastungsfreiheit, muss die Insolvenzakte daher für die strafrechtliche Ermittlung vollständig gesperrt sein.

dd) Abgrenzung nach Freiwilligkeit?

Weiterhin herrschen kontroverse Meinungen darüber, ob sich hinsichtlich der strafrechtlichen Verwertbarkeit von Unterlagen etwas ändert, wenn diese freiwillig ausgehändigt wurden. So sollen nach Auffassung mancher Autoren nur erzwungene Auskünfte vom Verbot des § 97 Abs. 1 S. 3 InsO erfasst sein, eine freiwillige Auskunftserteilung falle demgegenüber nicht in den Anwendungsbereich der Regelung[306].

---

303 Vgl. *Bader* NZI 2009, 416; *Bömelburg*, 143; *Hohnel* NZI 2005, 152.

304 *Hefendehl* wistra 2003, 1 (4 f.); *Richter* wistra 2000, 440.

305 *Richter* wistra 2000, 440.

306 *Weyand* ZInsO 2015, 1949 (1950); *Diversy* ZInsO 2005, 180 (184); Münchener Kommentar InsO/ *Stephan* § 97 Rn. 17; *Uhlenbruck* NZI 2002, 401 (404).

Auch in diesem Zusammenhang wird die Sorge geäußert, es könne ein „Asyl für Geschäftsunterlagen“[307] entstehen, indem der taktisch geschickte Schuldner die fraglichen Unterlagen mit der Absicht, sie der strafrechtlichen Verwertung zu entziehen, dem Insolvenzverwalter freiwillig aushändigt[308]. Auch aus diesem Grund sollen diejenigen Unterlagen des Schuldners nicht vom Schutzbereich des Insolvenzgeheimnisses erfasst sein, welche dieser freiwillig, also ohne ausdrückliche Aufforderung des Gerichts, übergebe[309].

Grundsätzlich ist zuzustimmen, dass bei freiwillig erteilten Auskünften die Selbstbelastungsfreiheit des Schuldners (mangels Zwangs) nicht tangiert ist. Fraglich ist demgegenüber, ob es eine solche freiwillige Auskunftserteilung im Insolvenzverfahren überhaupt gibt beziehungsweise geben kann. Denn jedes Wissen um das Bestehen der Auskunftspflicht stellt bereits mittelbar einen Zwang für den Schuldner dar[310]. Zudem räumt *Uhlenbruck* ein, dass es zweifelhaft sei, was im Einzelfall als „freiwillig“ anzusehen sei[311].

Sobald sich also der Schuldner in Kenntnis der Auskunftsverpflichtung offenbart, greife das Verwendungsverbot des § 97 Abs. 1 S. 3 InsO ein; insoweit müsse das staatliche Strafverfolgungsinteresse gegenüber der Selbstbelastungsfreiheit zurücktreten[312].

Bei konsequenter Anwendung dieser Auffassung liefe eine Abgrenzung nach dem Merkmal der Freiwilligkeit in den meisten Fällen wegen der Kenntnis des Schuldners von der Auskunftspflicht leer. Denn selbst der ersten Befragung des Schuldners durch den vorläufigen Insolvenzverwalter oder das Insolvenzgericht geht die Antragstellung voran; in diesem Antrag wird der Insolvenzschuldner bereits über die Auskunftspflicht in Kenntnis gesetzt.

Auch unter Wertungsgesichtspunkten überzeugt die Abgrenzung nach der Freiwilligkeit einer Auskunftserteilung nicht. Der Schuldner ist verpflichtet, von sich aus eigenständig zu einer möglichst vollständigen Aufklärung der Sachlage im Insolvenzverfahren beizutragen. Dann ist es jedoch unbillig, ihn infolgedessen nicht am Schutz des Verwendungsverbotes partizipieren zu lassen[313].

---

307 *Bittmann/ Rudolph* wistra 2001, 81 (82), siehe bereits oben Hauptteil B.II.6.a)bb), 64 ff.

308 So auch Berliner Kommentar InsO/ *Blersch* § 97 Rn. 6.

309 Münchener Kommentar InsO/ *Stephan* § 97 Rn. 17; *Diversy* ZInsO 2005, 180 (184); *Weyand* ZinsO 2015, 1949 (1950).

310 Zustimmend *Uhlenbruck* NZI 2002, 401 (404 f.).

311 *Uhlenbruck* NZI 2002, 401 (404).

312 *Uhlenbruck* NZI 2002, 401 (405).

313 *Brand/ Kanzler* wistra 2014, 334 (337); ähnlich bereits *Bömelburg*, 112.

Eine strafrechtlich relevante Auskunft darf daher nur mit Zustimmung des Schuldners genutzt werden, unabhängig davon, ob dieser sie freiwillig oder unfreiwillig erteilt hat.

Die Möglichkeit für den gut beratenen Schuldner, durch taktische Manöver strafrechtlich relevante Unterlagen den Strafverfolgungsbehörden vorzuenthalten, indem diese dem Insolvenzverwalter überlassen werden, ist aus Sicht der Strafverfolgungsbehörden unbefriedigend und stellt zudem den weniger gut beratenen Schuldner bedeutend schlechter. Gleichwohl hat der Gesetzgeber ebendiese Möglichkeit bei der Formulierung des Verwendungsverbotes bewusst in Kauf genommen[314]. Außerdem sollten auch hier das Ziel des Insolvenzverfahrens und die berechtigten Interessen der Insolvenzgläubiger nicht aus dem Blick verloren werden. Denn die erfolgreiche Verwertung der Masse zur Befriedigung der Gläubiger setzt einen kooperativen Schuldner voraus, der bereit ist, dem Insolvenzverwalter sämtliche relevanten Auskünfte zu erteilen und seine Geschäftsunterlagen offenzulegen.

Überdies bleibt auch bei anderen strafprozessualen Beweisverboten das Motiv des Beschuldigten unberücksichtigt; vielmehr wird das Verhalten der Ermittlungsbehörden auf Rechtmäßigkeit geprüft.

ee) Schweigen als (geschützte) Auskunft?

Aus dem Schweigen des Schuldners während des Insolvenzverfahrens sollen Schlüsse für das Strafverfahren gezogen werden dürfen, und zwar unabhängig davon, ob das Insolvenzgericht hiergegen mit Zwangsmitteln vorgegangen ist[315]. Denn geschützt sei nur derjenige, der tatsächlich Angaben tätigt[316]. Das Schweigen des Schuldners falle deshalb nicht unter § 97 Abs. 1 S. 3 InsO[317].

Laut *Bittmann* und *Rudolph* finde eine Kollision mit dem strafprozessualen Schweigerecht nicht statt, „da die Straftat, derentwegen ermittelt wird, im Schweigen während des Insolvenzverfahren besteht, dieses strafbare Schweigen also nicht etwa Teil des Strafprozesses ist“[318].

---

314 Nachw. bei *Bömelburg*, 142.

315 Müller-Gugenberger 2011/ *Bieneck* § 75 Rn. 69.

316 Müller-Gugenberger/ *Richter* § 76 Rn. 36; *Bömelburg*, 143; *Richter* wistra 2000, 1 (3); *Bittmann/ Rudolph* wistra 2001, 81 (83); *Diversy* ZInsO 2005, 180 (183); *Weyand* ZInsO 2015, 1949 (1951); *Bader* NZI 2009, 416 (420); Münchener Kommentar InsO/ *Stephan* § 97 Rn. 16 m.w.N.

317 *Bittmann/ Rudolph* wistra 2001, 81 (83).

318 So wörtlich (wenngleich irreführend) *Bittmann/ Rudolph* wistra 2001, 81 (83).

Es ist schwer verständlich, warum die Selbstbelastungsfreiheit des Insolvenzschuldners, welche in der Insolvenz ohnehin weitestgehend aufgehoben ist[319], hinsichtlich seines Rechts zu schweigen auch im Strafverfahren eingeschränkt werden sollte. Vielmehr muss diesbezüglich strikt zwischen der Selbstbelastungsfreiheit im Insolvenzverfahren und der Selbstbelastungsfreiheit im Strafverfahren differenziert werden. Mag auch die Verweigerung der Mitwirkung in der Insolvenz sanktionsbewehrt sein, so läuft dieses Schweigen gleichwohl ausschließlich insolvenzrechtlichen Vorschriften zuwider. Im Strafverfahren muss das Schweigen für den Beschuldigten ausnahmslos frei von Nachteilen bleiben[320].

Das Insolvenzgericht hat zudem weitreichende Befugnisse, das (unrechtmäßige) Schweigen des Schuldners im Insolvenzverfahren zu brechen, sogar mit Haft (§ 98 InsO). Damit ist eine etwaige Verweigerung des Schuldners, am Verfahren mitzuwirken, jedoch auch abgegolten.

In einem Strafverfahren gegen ebendiesen Schuldner darf sein Schweigen in der Insolvenz ihm nicht zum Nachteil gereichen. Andernfalls liefe seine Selbstbelastungsfreiheit auch im Strafverfahren faktisch leer.

Die Begründung, eine Auskunft sei eben nur eine tatsächliche Entäußerung, verkennt, welcher Gedanke der Regelung des § 97 Abs. 1 S. 3 InsO zugrunde liegt. Das Verwendungsverbot ist aufgrund des Gemeinschuldnerbeschlusses des Bundesverfassungsgerichts vom Gesetzgeber normiert worden, um die Selbstbelastungsfreiheit des Schuldners zu gewährleisten[321]. Er sollte also gerade vor erzwungener Selbstbelastung im Strafverfahren geschützt werden. Hinsichtlich des allgemeinen strafprozessualen Grundsatzes *nemo tenetur se ipsum accusare* ist indes anerkannt, dass das Schweigen des Beschuldigten diesem nicht zum Nachteil gereichen darf. Teil der Selbstbelastungsfreiheit ist mithin gerade die Nichtäußerung. Dementsprechend darf der Fall nicht anders bewertet werden, wenn es sich um das Schweigen im Insolvenzverfahren handelt. Eine Auskunft kann auch in der Verweigerung derselben gesehen werden. Somit ergibt sich ein Schutz bereits aus § 97 Abs. 1 S. 3 InsO.

Selbst wenn man das Schweigen nicht als Auskunft im Sinne des § 97 Abs. 1 S. 3 InsO qualifiziert, ergibt sich ein entsprechender Schutz des Insolvenzschuldners jedenfalls unmittelbar aus der verfassungsrechtlich garantierten Selbstbelastungsfreiheit, vgl. Art. 20 Abs. 3 GG.

---

319 Siehe hierzu bereits oben Hauptteil B.I.2.c), 34 ff.

320 Vgl. BGHSt 25, 365 (368); BGH StV 2008, 236; KG Berlin NJW 2010, 2900; Satzger/ Schluckebier/ Widmeier StPO/ *Beulke* Einl. Rn. 150.

321 Münchener Kommentar InsO/ *Stephan* § 97 Rn. 18 a; *Bömelburg*, 141 ff.

ff) Zusammenfassung

Im Interesse der Selbstbelastungsfreiheit des Insolvenzschuldners, welche der Regelung des § 97 Abs. 1 S. 3 InsO zugrunde liegt, ist der Begriff der Auskunft weit zu fassen. Somit ist auch die schriftliche Auskunftserteilung möglich. Infolgedessen sind sämtliche Unterlagen des Schuldners, welche dieser in Erfüllung seiner Auskunftspflicht an den Insolvenzverwalter übergeben hat, als Auskunft zu verstehen und damit strafrechtlich unverwertbar. Ebenso stellt die Insolvenzakte eine (mittelbare) Auskunft des Insolvenzschuldners dar und muss für die Strafverfolgungsbehörden gesperrt sein. Die Abgrenzung zwischen freiwillig erteilten Auskünften und erzwungenen Auskünften ist ungeeignet. Wegen des umfassenden verfassungsrechtlichen Schutzes des Schuldners muss auch sein Schweigen in der Insolvenz gemäß § 97 Abs. 1 S. 3 InsO als Auskunft geschützt sein.

b) Verwendungsverbot auch für pflichtgemäße Mitwirkung nach § 97 Abs. 2, 3 InsO?

Darüber hinaus ist umstritten, ob sich das Verwendungsverbot auch auf die pflichtgemäße Mitwirkung des Insolvenzschuldners (§ 97 Abs. 2, 3 InsO) erstreckt.

Eine Auslegung des § 97 Abs. 1 S. 3 InsO nach dem Wortlaut und der Systematik zeige nach Auffassung einiger Autoren, dass sowohl Handlungen wie auch Angaben, welche der Schuldner in Verwirklichung seiner allgemeinen Mitwirkungspflichten gemäß § 97 Abs. 2, 3 InsO vornimmt, nicht dem Verwendungsverbot unterlägen[322].

Die Vertreter der Gegenauffassung begründen die Anwendung des Verbotes nach § 97 Abs. 1 S. 3 InsO mit den Grundsätzen, welche das Bundesverfassungsgericht in seinem Gemeinschuldnerbeschluss[323] aufgestellt hat: Aus der Erfüllung insolvenzrechtlicher Pflichten jedweder Art gewonnene Erkenntnisse müssen dem ermittlungsbehördlichen Zugriff versperrt bleiben[324]. Dies gebiete die verfassungsrechtliche Grundlage und Herleitung des Verwendungsverbotes aus dem Verbot der unfreiwilligen Selbstbelastung[325].

Der Wortlaut bildet allerdings stets die Begrenzung jedweder Auslegung; in dieser Hinsicht ist § 97 Abs. 1 S. 3 InsO jedoch eindeutig, indem ausdrücklich

322 So *Richter* wistra 2000, 1 (4); ebenso *Weyand* ZInsO 2015, 1948 (1949).

323 BVerfGE 56, 37.

324 HB WiStR/ *Wegner* Teil 7, Kapitel 2 Rn. 20.

325 Münchener Kommentar InsO/ *Stephan* § 97 Rn. 18 a; *Bömelburg*, 141 ff.

auf „Verpflichtungen nach Satz 1“ Bezug genommen wird. Damit bezieht sich das Verwendungsverbot lediglich auf die pflichtgemäße Auskunft.

Für die weiteren Mitwirkungspflichten des Schuldners in den Absätzen 2 und 3 hat der Gesetzgeber keine Verpflichtung entsprechend derjenigen des § 97 Abs. 1 S. 2 InsO eingeführt (*arg. e contrario*), so dass der Schuldner im Rahmen der Erfüllung dieser Pflichten keine strafrechtlich relevanten Tatsachen offenbaren muss. Daher bedurfte es – jedenfalls scheinbar – keines Pendants zu § 97 Abs. 1 S. 3 InsO.

Darüber hinaus folgt auch aus seiner Selbstbelastungsfreiheit, dass der Schuldner nicht verpflichtet ist, Beweise gegen sich selbst zu liefern; in jedem Falle ist der Schuldner nicht verpflichtet, belastendes Material preiszugeben.

So argumentiert *Püschel,* dass es bereits die Selbstbelastungsfreiheit gebiete, den Schutz des § 97 Abs. 1 S. 3 InsO auf die erzwingbaren Mitwirkungshandlungen des § 97 Abs. 2 InsO zu erstrecken[326]. Eine solche verfassungs- und menschenrechtskonforme extensive Auslegung entspreche zugleich dem unmissverständlich artikulierten Willen des historischen Gesetzgebers, der durch § 97 InsO einen möglichst wirksamen und weitreichenden Schutz des Schuldners vor Sanktionen gewährleisten wollte[327].

Wenn man also in der Praxis anerkennt, dass der Schuldner, anders als bei den Auskunftspflichten des § 97 Abs. 1 S. 1 InsO, im Rahmen von § 97 Abs. 2, 3 InsO gerade nicht zur Mitteilung auch strafrechtlich relevanter Tatsachen verpflichtet ist, und dies so handhabt, bedarf es auch keiner erweiternden Konstruktion, nach der auch die Pflichten gemäß § 97 Abs. 2, 3 InsO vom Schutz des § 97 Abs. 1 S. 3 InsO erfasst werden.

Allerdings kann der Schuldner gemäß § 98 InsO zur Mitwirkung nach § 97 Abs. 2, 3 InsO gezwungen werden. Fraglich ist, ob auch diese erzwungene Mitwirkung in der Praxis dort endet, wo die strafprozessuale Selbstbelastungsfreiheit des Schuldners tangiert würde.

Dieses Problem erkennen auch *Bittmann* und *Rudolph* an. Dass sich das Verbot des § 97 Abs. 1 S. 3 InsO nicht auf pflichtgemäße Handlungen nach Abs. 2 und 3 erstrecke, ändere nichts an dem Konflikt zwischen Mitwirkungspflicht und Selbstbelastungsfreiheit; so könne bei der Mitwirkungspflicht gemäß § 97 Abs. 2 InsO ein verfassungsunmittelbares Verwertungsverbot nach den

---

326 *Püschel* FS AG StrafR, 770.

327 So wörtlich *Püschel* FS AG StrafR, 770.

Grundsätzen des Gemeinschuldnerbeschlusses des Bundesverfassungsgerichts greifen, welches allerdings nicht durch eine Fernwirkung ergänzt werde[328].

Diese Lösung scheint sachgerecht. Unter Berücksichtigung der Systematik und des Wortlautes des § 97 InsO wird die Selbstbelastungsfreiheit des Insolvenzschuldners auch im Kontext der Pflichten nach § 97 Abs. 2, 3 InsO beachtet.

c) *Wirkung des Insolvenzgeheimnisses: § 97 Abs. 1 S. 3 InsO als selbständiges Beweisverwendungsverbot*

Es herrscht zwar weitestgehend Konsens darüber, dass es sich beim Insolvenzgeheimnis um ein selbstständiges Beweisverwendungsverbot handelt[329]; so ist auch in § 97 Abs. 1 S. 3 InsO ausdrücklich von einem „Verwendungsverbot" die Rede. Jedoch beschränkt sich die Einigkeit auf die Terminologie, ansonsten ist bezüglich der Wirkung des Verbotes vieles umstritten. Es wird diskutiert, ob dem Verwendungsverbot Fernwirkung und sogar Vorauswirkung zukommt.

aa) Fernwirkung des Verbotes?

Grundsätzlich ist ein Verwendungsverbot mehr als ein strafprozessuales Verwertungsverbot[330]: beim Verwertungsverbot darf im Strafprozess eine vom Schuldner erteilte Auskunft selbst nicht verwertet werden; das Verwendungsverbot bedeutet dagegen, dass die erteilte Auskunft auch nicht als Grundlage für weitere Ermittlungen mit dem Ziel der Schaffung selbständiger Beweismittel eingesetzt werden darf[331]. Verwendungsverbote ergeben sich als Ausprägung des Grundrechts auf informationelle Selbstbestimmung[332]. Hierbei handelt es sich um Regelungen, welche den Verwendungszweck der Datenerhebung festlegen und bestimmen, ob, beziehungsweise zu welchen anderen Zwecken die

---

328 *Bittmann/ Rudolph* wistra 2001, 81 (83). Zustimmend Müller-Gugenberger 2011/ *Bieneck* § 75 Rn. 77.

329 Müller-Gugenberger/ *Richter* § 76 Rn. 30; HB WiStR/ *Wegner* Teil 7, Kapitel 2 Rn. 15; Münchener Kommentar InsO/ *Stephan* § 97 Rn. 16; *Bader* NZI 2009, 416; *Uhlenbruck* NZI 2002, 401 (403); *Bittmann/ Rudolph* wistra 2001, 81 (84); *Richter* wistra 2000, 1 (3); *Weyand* ZinsO 2001, 108.

330 Münchener Kommentar InsO/ *Stephan* § 97 Rn. 16; Meyer-Goßner/ Schmitt StPO/ *Schmitt* Einl. Rn. 57 d, allerdings ausdrücklich offengelassen, wie sich dies im Einzelnen bei § 97 Abs. 1 S. 3 InsO auswirkt.

331 So ausdrücklich bezüglich § 97 Abs. 1 S. 3 InsO *Uhlenbruck* NZI 2002, 401 (403) unter Verweis auf *Bittmann/ Rudolph* wistra 2001, 81 (82); *Richter* wistra 2000, 1 (3); *Weyand* ZinsO 2001, 108 (109).

332 BVerfGE 65, 1.

erhobenen Daten genutzt werden dürfen[333]. Sie stellen somit die Rechtsgrundlage für eine zweckgemäße Nutzung der Daten dar; ein Verstoß gegen Verwendungsregelungen durch Nutzung der Daten für ein Strafverfahren verletzt damit unmittelbar gesetzliche Vorschriften[334]. Der Terminus des Verwendungsverbotes stammt aus dem Datenschutzrecht und ist daher im Sinne des Bundesdatenschutzgesetzes zu begreifen[335].

Übertragen auf das Insolvenzgeheimnis heißt dies, dass die Auskunftspflicht des Insolvenzschuldners nur so weit gehen darf, wie der Zweck des Insolvenzverfahrens dies erfordert[336]. Der insolvenzrechtliche Zweck einer möglichst weitgehenden Feststellung und effektiven Verwertung des Schuldnervermögens, aus dem die Auskunftspflicht des Schuldners folgt, ist mit der erteilten Auskunft erfüllt; eine strafrechtliche Verfolgung geht über diesen Zweck hinaus und wäre mithin rechtswidrig[337].

Die strafprozessuale Nutzung der Auskünfte zu Lasten des Schuldners soll – so die Theorie – ohne seine Zustimmung vollständig gesperrt sein. Dies ist in der Praxis leider nicht immer zutreffend, was besonders daran deutlich wird, dass Insolvenzverwalter regelmäßig als Zeugen im Strafverfahren gegen Insolvenzschuldner aussagen und auch Unterlagen des Schuldners sowie die Insolvenzakte für die Strafverfolgungsbehörden zugänglich sind[338].

Wenngleich mittlerweile weitestgehend Konsens darüber besteht, dass das Verwendungsverbot des § 97 Abs. 1 S. 3 InsO Fernwirkung entfaltet, so besteht dennoch Uneinigkeit darüber, wie sich dies auf die Anwendung und Auslegung des Insolvenzgeheimnisses auswirkt.

So weist *Blersch* darauf hin, dass dem Verbot bei konsequenter Umsetzung der gesetzgeberischen Intention eine Fernwirkung beigemessen werde, welche dem Vorbild der nordamerikanischen „*fruit of the poisonous tree*"-Doktrin zukomme[339]. Somit würden nicht nur schon mittelbar erlangte Beweisergebnisse dem Verbot unterfallen, sondern „alle sich daraus ergebenden Ermittlungsansätze im Keim erstickt werden"[340]. Dies hätte das „absurde Ergebnis zur Folge,

333 *Eisenberg* StPO Rn. 335.

334 *Eisenberg* StPO Rn. 335.

335 *Püschel* FS AG StrafR, 763 f.

336 Münchener Kommentar InsO/ *Stephan* § 97 Rn. 16 spricht in diesem Zusammenhang auch von einem „Fernwirkungsverbot".

337 Münchener Kommentar InsO/ *Stephan* § 97 Rn. 16.

338 Siehe schon oben Hauptteil B.II.6.a), 62 ff.

339 Berliner Kommentar InsO/ *Blersch* § 97 Rn. 6.

340 Berliner Kommentar InsO/ *Blersch* § 97 Rn. 6.

dass ein mit hoher krimineller Energie ausgestatteter Schuldner lediglich bei seiner ersten Befragung durch den vorläufigen Insolvenzverwalter beziehungsweise das Insolvenzgericht ein umfassendes ‚Geständnis' ablegen müsste, um sich auf diese Weise unter Berücksichtigung des angeblich erwünschten Verwertungsverbotes faktisch einer Strafverfolgung gänzlich zu entziehen."[341]

Jungmann erachtet zwar in § 97 Abs. 1 S. 3 InsO ein umfassendes Beweisverwendungsverbot mit vollständiger Fernwirkung[342]. Gleichzeitig sieht aber auch er die Grenze erreicht, „wenn der Schuldner mit seiner Informationserteilung lediglich in den Genuss des § 97 Abs. 1 S. 3 InsO gelangen und eine Bestrafung verhindern will"[343].

Diese Problematik wurde bereits oben[344] angesprochen. Schon die Frage, ob es sich bei den Geschäftsunterlagen überhaupt um „Auskünfte" handelt, wurde mit dem Schutzzweck des § 97 Abs. 1 S. 3 InsO bejaht. Wenngleich die Befürchtung *Jungmanns* durchaus berechtigt scheint, so bleibt doch fraglich, wie diese Grenze in der Praxis ermittelt werden, wann also dem Schuldner der Schutz des § 97 Abs. 1 S. 3 InsO verwehrt bleiben soll. Hierüber schweigt auch *Jungmann* sich aus. Es wird jedenfalls für die Ermittlungsbehörden sehr schwierig, wenn nicht unmöglich sein, die Motive des Schuldners für dessen Auskunftserteilung festzustellen, geschweige denn nachzuweisen. Überdies spielt auch bei anderen strafprozessualen Beweisverboten die Intention des Beschuldigten grundsätzlich keine Rolle; es wird auf das rechtmäßige oder rechtswidrige Vorgehen der Ermittlungsbehörden abgestellt.

Deshalb muss das Risiko, dass sich manche Schuldner mithilfe des § 97 Abs. 1 S. 3 InsO der Strafverfolgung gänzlich entziehen, hingenommen und eine Fernwirkung des Verbotes entsprechend dem gesetzgeberischen Willen[345] anerkannt werden[346].

---

341 Berliner Kommentar InsO/ *Blersch* § 97 Rn. 6.

342 Schmidt InsO/ *Jungmann* § 97 Rn. 14.

343 So wörtlich Schmidt InsO/ *Jungmann* § 97 Rn. 14.

344 Siehe oben zu Hauptteil B.II.6.a)bb) 64 ff.

345 BT-Drs. 12/ 2443, 142 (zu § 109); BT-Drs. 12/7302, 166 (zu § 109).

346 So auch Heidelberger Kommentar InsO/ *Schmidt* § 97 Rn. 19; Müller-Gugenberger 2011/ *Bieneck* § 75 Rn. 63; Uhlenbruck InsO/ *Zipperer* § 97 Rn. 8; *Weyand* ZInsO 2001, 108 (109).

bb) Frühwirkung des Verbotes: Begründung eines Anfangsverdachtes gemäß § 152 Abs. 2 StPO?

Die Frühwirkung von Beweisverboten ist ebenso umstritten. Uneinigkeit herrscht bereits bezüglich der Terminologie. So unterscheidet *Kasiske* zwischen „Frühwirkung“ von Beweisverboten, bei denen es um die Frage der Begründung eines Anfangsverdachtes für eine andere Straftat geht, und „Vorauswirkung“ von Beweisverboten, bei denen es um die Nutzung von Beweismitteln in demselben Verfahren geht[347]. *Schmitt* spricht ausschließlich von „Frühwirkung“, ohne Differenzierung[348], *Gössel* verwendet dagegen lediglich den Begriff der „Vorauswirkung“, ebenfalls ohne weitere Differenzierung[349].

Inhaltlich geht es aber stets um die Frage, ob Tatsachen, die einem Beweisverwertungsverbot unterliegen, zur Begründung strafprozessualer Maßnahmen wie einer Durchsuchung (§§ 102 ff. StPO) oder auch der Bejahung eines Anfangsverdachts zur Verfahrenseinleitung (§ 152 Abs. 2 StPO) herangezogen werden dürfen[350].

Diese Frage „gehört letztlich in den Kontext der [...] Fernwirkung von Beweisverwertungsverboten, da die Anerkennung vorauswirkender Beweisverwertungsverbote schließlich bedingen würde, dass die ihnen unterfallenden Beweismittel nicht zum Ansatzpunkt weiterer Ermittlungen gemacht werden dürfen“[351]. Anerkannt ist, dass die einem Beweisverwertungsverbot unterfallenden Beweismittel im Ermittlungsverfahren nicht als solche verwendet werden dürfen, weder durch Vorhalt gegenüber dem Beschuldigten noch im Rahmen der Verdachtsbegründung zur Erwirkung strafprozessualer Zwangsmaßnahmen[352].

Mit der Frage einer etwaigen Vorauswirkung des § 97 Abs. 1 S. 3 InsO befasste sich das Landgericht Stuttgart in seinem Beschluss vom 21.07.2000[353]. Danach diene das Verwendungsverbot einerseits dazu, den Anforderungen des Gemeinschuldnerbeschlusses gerecht zu werden, andererseits solle damit erreicht

---

347 *Kasiske* JURA 2007, 16 (23).

348 Meyer-Goßner/ Schmitt StPO/ *Schmitt* Einl. Rn. 57 e.

349 Löwe-Rosenberg StPO/ *Gössel* Einl. L Rn. 197 ff.

350 Löwe-Rosenberg StPO/ *Gössel* Einl. L Rn. 197; Meyer-Goßner/ Schmitt StPO/ *Schmitt* Einl. Rn. 57 e; Satzger/ Schluckebier/ Widmaier StPO/ *Beulke* Einl. Rn. 281 m.w.N.; *Kasiske* JURA 2007, 16 (23).

351 So wörtlich Satzger/ Schluckebier/ Widmaier StPO/ *Beulke* Einl. Rn. 281.

352 Satzger/ Schluckebier/ Widmaier StPO/ *Beulke* Einl. Rn. 281 m.w.N.

353 LG Stuttgart NZI 2001, 498 (498 f.).

werden, dass die Gläubiger als Beteiligte am Insolvenzverfahren umfassende und bestmögliche Kenntnis von der Lage der Gesellschaft erhalten[354].

Nach der Auffassung des Landgerichts Stuttgart führe ein Beweisverwendungsverbot grundsätzlich zu einem Beweisermittlungsverbot, da die strafprozessuale Maßnahme oder auch die Begründung des Anfangsverdachtes gemäß § 152 Abs. 2 StPO auf Tatsachen gestützt werde, welche vom Beweisverwendungsverbot erfasst sind[355]. Es verstoße gegen das Verhältnismäßigkeitsgebot, Beweismittel zu erheben, welche nicht ins Strafverfahren eingebracht werden dürfen[356].

Fraglich ist, ob sich im Rahmen des Insolvenzgeheimnisses etwas anderes ergibt, wenn man die in § 97 Abs. 1 S. 1 InsO statuierte Auskunftspflicht als Rechtsgrundlage für eine rechtmäßige Erhebung der Informationen anerkennt.

Dies gilt indes nur für eine zweckgemäße Nutzung der Informationen; eine zweckfremde, namentlich strafrechtliche Nutzung ist demgegenüber nicht von der Ermächtigungsgrundlage erfasst[357].

Allerdings ziehen einige Verfasser aus dem Wortlaut des § 97 Abs. 1 S. 3 InsO den Schluss, das Insolvenzgeheimnis schütze lediglich vor der Verwendung der Informationen „im" Strafverfahren, also erst ab dem Zeitpunkt der Einleitung des Ermittlungsverfahrens. Daher sei es zulässig, den gemäß § 152 Abs. 2 StPO erforderlichen Anfangsverdacht auf Erkenntnisse zu stützen, welche auf der – an sich geschützten – Auskunft des Schuldners basieren[358]. Hierfür spreche auch der Regierungsentwurf; dort heißt es in der Begründung zu § 109 InsO, die Auskunft des Schuldners dürfe ohne dessen Zustimmung auch nicht als Ansatz für weitere Ermittlungen dienen[359]. „Weitere" Ermittlungen setzten jedoch voraus, dass überhaupt Ermittlungen geführt werden, ein entsprechendes Ermittlungsverfahren also bereits eingeleitet ist. Dabei handele es sich auch nicht um ein redaktionelles Versehen des Gesetzgebers[360].

---

354 LG Stuttgart NZI 2001, 498 (499).

355 So ausdrücklich LG Stuttgart NZI 2001, 498 (499) unter Bezugnahme auf *Gössel* NStZ 1998, 126 m.w.N.

356 LG Stuttgart NZI 2001, 498 (499).

357 So auch *Püschel* FS AG StrafR, 761 ff.

358 *Diversy* ZInsO 2005, 180 (182); *Hefendehl* wistra 2003, 1 (6). So auch *Bader* NZI 2009, 416 (420); *Weyand* ZInsO 2016, 441 (442). So im Ergebnis auch *Bittmann/ Rudolph* wistra 2001, 81 (85).

359 BT-Drs. 12/ 7302, 166 (zu § 109).

360 *Diversy* ZInsO 2005, 180 (182).

Diese Auslegung ist indes zu eng und verdreht die gesetzgeberische Intention, den Schuldner möglichst umfassend vor erzwungener Selbstbelastung im Strafverfahren zu schützen. Wenngleich die Formulierung „weitere Ermittlungen“[361] unglücklich ist, so wird aus der Begründung insgesamt doch deutlich, dass der Gesetzgeber den Schutz des Schuldners nicht auf das bereits eingeleitete Strafverfahren beschränken wollte. So plädiert auch *Uhlenbruck* für ein Beweiserhebungsverbot infolge des § 97 Abs. 1 S. 3 InsO[362]. Denn nur durch Anerkennung eines solchen Beweiserhebungsverbotes werde dem gesetzlichen Schuldnerschutz Genüge getan.

Ein anderes Ergebnis wäre schließlich auch inkonsequent und widersprüchlich, wollte der Gesetzgeber den Schuldner doch umfassend vor der strafrechtlichen Nutzung der im Insolvenzverfahren getätigten Auskünfte schützen.

Vielmehr verbietet das Insolvenzgeheimnis jegliche Verwendung schuldnerischer Informationen und gerade nicht nur deren Verwertung[363]. Eine Verwertung zur Begründung eines Anfangsverdachtes aus Angaben des Schuldners ist eben auch eine strafrechtliche Verwendung dieser Informationen und daher abzulehnen[364].

Somit dürfen die Auskünfte nur von den Strafverfolgungsbehörden erhoben werden, soweit der Schuldner zugestimmt hat und § 97 Abs. 1 S. 3 InsO demgemäß nicht (mehr) entgegensteht.

d) Verwertung zu Gunsten des Beschuldigten?

Ferner sollen Erkenntnisse ohne Zustimmung des Schuldners strafrechtlich verwertet werden dürfen, wenn sie zu seinen Gunsten wirken[365]. Dies ist strafprozessual unbedenklich, da es sich bei den durch § 97 Abs. 1 S. 3 InsO geschützten Informationen um grundsätzlich rechtmäßig – nämlich nach § 97 Abs. 1 S. 1, 2 InsO – erlangte Beweise handelt und das Verbot des § 97 Abs. 1 S. 3 InsO lediglich die zweckfremde Nutzung derselben im späteren Strafverfahren verhindern soll, sofern der Schuldner dieser nicht zugestimmt hat. Von § 97 Abs. 1 S. 3 InsO geschützte Tatsachen, welche den Schuldner im Strafverfahren entlasten, verletzen demgegenüber gerade nicht die

---

361 BT-Drs. 12/ 7302, 166 (zu § 109).

362 *Uhlenbruck* NZI 2002, 401 (405).

363 HB WiStR/ *Wegner* Teil 7, Kapitel 2 Rn. 18; *Richter* wistra 2000, 1 (3).

364 So auch LG Stuttgart NZI 2001, 498; HB WiStR/ *Wegner* Teil 7, Kapitel 2 Rn. 18; *Kemperdick* ZInsO 2013, 1116 (1117); *Püschel* FS AG StrafR, 764; *Richter* wistra 2000, 1 (3).

365 Müller-Gugenberger/ *Richter* § 76 Rn. 34; *Bömelburg*, 143. A.A. hingegen HB WiStR/ *Wegner* Teil 7, Kapitel 2 Rn. 15.

Selbstbelastungsfreiheit; auch andere Verfahrensmaxime wie das Recht auf ein faires und rechtsstaatliches Verfahren werden hierdurch mangels rechtswidriger Beweisgewinnung nicht verletzt.

Diese Situation ist auch anders gelagert als die von der Rechtsprechung praktizierte Widerspruchslösung[366] zur Geltendmachung (sonstiger) strafprozessualer Beweisverwertungsverbote. Denn im Gegensatz zu ebendiesen Beweisverwertungsverboten enthält das Verwendungsverbot des § 97 Abs. 1 S. 3 InsO bereits die Möglichkeit der Zustimmung des Schuldners als Voraussetzung für eine Verwertung der durch Zwang erlangten belastenden Beweismittel für strafrechtliche Zwecke. Lediglich bei einer Verwertung zu seinen Gunsten entfällt dieses Erfordernis. Demgegenüber muss der Beschuldigte bei der Geltendmachung anderer Beweisverwertungsverbote, in Fällen rechtswidrig erlangter Beweismittel, erst (rechtzeitig!) widersprechen, um überhaupt den Schutz dieser Verbote auszulösen. Dieses Vorgehen verkürzt den Schutz des Beschuldigten und seine Mitwirkungsmöglichkeiten im Strafverfahren erheblich, höhlt ihn mitunter gänzlich aus. Im Rahmen des § 97 Abs. 1 S. 3 InsO wird der Schuldner grundsätzlich vor einer belastenden Verwertung im Strafverfahren geschützt und nur dann, wenn eine Verletzung der Selbstbelastungsfreiheit nicht droht, wird dieses Zustimmungserfordernis gelockert. Das Regel-Ausnahme-Verhältnis ist somit diametral entgegengesetzt zu demjenigen der anderen strafprozessualen Beweisverwertungsverbote.

e) Wirkung der Zustimmung des Insolvenzschuldners

Eine einmal erteilte Zustimmung zur Verwertung sei unwiderruflich[367]. Dies geböten die Praktikabilität sowie die Prozessökonomie. Die Fernwirkung des Verbotes sei zu einem späteren Zeitpunkt praktisch nicht mehr abgrenzbar[368]. Ein Beschuldigter könne sich nicht in dem einen Moment für eine Verwertung aussprechen und in einem anderen Moment doch wieder dagegen.

Bei dieser Betrachtungsweise wird indes die Schwierigkeit der Umsetzung eines solchen Widerrufs zulasten des Beschuldigten und seiner Selbstbelastungsfreiheit gelöst. Allein die Praktikabilitätsschwierigkeiten können eine Verkürzung der Beschuldigtenrechte nicht legitimieren. Zudem sind sogar

366 BGHSt 38, 214 (225); vgl. ferner BGHSt 50, 364 f.; 58, 100 (101).

367 Müller-Gugenberger/ *Richter* § 76 Rn. 33; Münchener Kommentar InsO/ *Stephan* § 97 Rn. 17; HB WiStR/ *Wegner* Teil 7, Kapitel 2 Rn. 15; *Diversy* ZInsO 2005, 180 (183).

368 Müller-Gugenberger 2011/ *Bieneck* § 75 Rn. 66 unter Verweis auf *Stürner* NJW 1981, 1758.

Geständnisse widerrufbar[369], so dass diese Ansicht auch unter Wertungsgesichtspunkten nicht überzeugt.

Durch einen Widerruf der Zustimmung wäre zwar das gesamte Strafverfahren gefährdet und würde sich erheblich verzögern, was einen Konflikt mit dem Beschleunigungsgebot des Art. 6 Abs. 1 S. 1 EMRK darstellt. Eine Verfahrensverzögerung dürfte für den Insolvenzschuldner jedoch gegenüber einer drohenden langjährigen Haftstrafe das weitaus geringere Übel darstellen.

f) Umgehungstatbestände

Das Verwendungsverbot des § 97 Abs. 1 S. 3 InsO verbietet Umgehungshandlungen; unzulässig ist also auch jede mittelbare Verwendung einer Aussage nach § 97 InsO im Strafverfahren.

Bereits infolge des Verwendungsverbotes sind den Ermittlungsbehörden Hürden gesetzt: Sie müssen ihre Beweiskette in der Hauptverhandlung ohne solche Beweise bilden, „die ausschließlich in Angaben des Schuldners beruhen“[370]. Gleichwohl sind den Strafverfolgungsbehörden damit nicht sämtliche Ermittlungsmöglichkeiten genommen. Wie bereits oben dargestellt dürfen Tatsachen, welche den Behörden bereits bekannt waren oder später anderweitig bekannt werden, im Strafverfahren, mithin auch in der Hauptverhandlung verwertet werden[371].

Daher dürften die Ermittlungsbehörden dieses Verbot auch nicht umgehen, indem sie Informationen vom Insolvenzverwalter einholen und dadurch behaupten können, die fraglichen Beweise stammten gerade nicht ausschließlich aus Auskünften des Schuldners.

Eine solche mittelbare Verwendung von Auskünften droht in ganz besonderem Maße durch die Zeugenaussage des Insolvenzverwalters. Selbst wenn der Insolvenzverwalter grundsätzlich Zeuge im Strafverfahren des Schuldners sein kann[372], so dürfte er auf keinen Fall den Inhalt der geschützten Auskünfte des Schuldners preisgeben[373]. Die Beweislast dafür, dass Erkenntnisse eines Strafverfahrens nicht aus einer Auskunft des Schuldners nach § 97 Abs. 1 InsO erlangt wurden, obliege den Behörden; im Zweifel bleibe die streitige Auskunft unverwertbar[374].

---

369 Münchener Anwaltshandbuch StV/ *Deckers* § 45 Rn. 118 ff.

370 *Bader* NZI 2009, 416 (419).

371 Siehe oben Hauptteil B.II.6., 61 ff.

372 Zur Problematik siehe bereits oben A., 14 ff.

373 Münchener Kommentar InsO/ *Stephan* § 97 Rn. 17.

374 Münchener Kommentar InsO/ *Stephan* § 97 Rn. 17.

Diese Hürden würden die strafrechtlichen Ermittlungsmöglichkeiten – bei konsequenter Umsetzung – erheblich einschränken. Allerdings machen sich die Strafverfolgungsbehörden die unsichere Rechtslage, insbesondere dahingehend, was als geschützte Auskunft nach § 97 Abs. 1 S. 3 InsO qualifiziert wird, zugute: Sie haben zum einen Zugang zu Auskünften des Insolvenzschuldners in den Insolvenzakten; zum anderen erhalten sie Zugriff auf Unterlagen, welche der Schuldner an den Insolvenzverwalter übergeben hat, indem diese entweder freiwillig vom (kooperationsbereiten) Insolvenzverwalter an die Ermittlungsbehörden herausgegeben oder bei diesem beschlagnahmt werden. Dies verdeutlicht die Schutzbedürftigkeit des Insolvenzschuldners, zumal die Intention dieser gesetzlichen Neuregelung darin bestand, die Selbstbelastungsfreiheit des Schuldners zu stärken.

Trotz der Existenz des § 97 Abs. 1 S. 3 InsO besteht in der strafrechtlichen Praxis eine große Schutzlücke[375]. Ohne klare gesetzliche Vorgaben, was der Insolvenzverwalter aussagen darf und was nicht, muss dieser bei jeder einzelnen Frage entscheiden, ob seine Aussage zulässig ist oder ob die Selbstbelastungsfreiheit des Schuldners berührt wird. Zudem obliegt es grundsätzlich dem Gericht, über die Verwertbarkeit von Beweisen zu befinden. Das Gericht hat aber wiederum möglicherweise gar nicht die notwendige Tatsachenkenntnis, um erkennen zu können, ob es sich um Informationen handelt, welche den Auskünften des Schuldners entstammen, oder aber um solche, die der Insolvenzverwalter anderweitig erlangt hat. Zwar klingt es aus Schuldnersicht erst einmal gut, dass die Behörden die Beweislast für die Herkunft einer Information tragen. Praktikabel ist diese Vorgehensweise jedoch nicht. Denn es dürften in einer Vielzahl der Fälle „Zweifel" an der Herkunft einer Information bestehen; dann aber müsste bei konsequenter Umsetzung des soeben Gesagten nahezu immer von einer Verwertung abgesehen werden. Eine Überführung des Schuldners im Strafverfahren wäre fast unmöglich.

Nach Auffassung des Landgerichts Stuttgart genügt überdies in einer Vielzahl der Fälle, jedenfalls bei Unternehmerinsolvenzen, die allgemeine „kriminalistische Erfahrung" der Ermittlungsbehörden für die Begründung eines Anfangsverdachtes im Sinne des § 152 Abs. 2 StPO. Auf dieser Grundlage können sodann strafprozessuale Ermittlungsmaßnahmen in zulässiger Weise beantragt werden[376].

375 *Hohnel* NZI 2005, 152 (153).
376 LG Stuttgart NZI 2001, 498 (499).

Dem Schuldner droht somit in vielfacher Hinsicht eine Umgehung des ihm nach § 97 Abs. 1 S. 3 InsO gewährten Schutzes.

g) Zusammenfassung

Die obigen Darstellungen zeigen die Uneinigkeit in Rechtsprechung und Literatur über den konkreten Inhalt, die Reichweite und nicht zuletzt die praktische Anwendung des Beweisverwendungsverbotes gemäß § 97 Abs. 1 S. 3 InsO.

Dabei divergieren die Meinungen von einer sehr restriktiven Auslegung der Norm mit der Folge einer weitreichenden strafprozessualen Verwendbarkeit der schuldnerischen Auskünfte bis hin zu einem weitreichenden Verwendungsverbot im Interesse des Beschuldigten. Nach dem bisherigen Diskussionsstand sollen zwar Umgehungshandlungen unzulässig sein. Es wird jedoch offengelassen, wie diese in der Strafrechtspraxis tatsächlich verhindert werden.

Zutreffend, wenngleich leider wenig erfreulich das Resümee von *Uhlenbruck*:

„Da sich die Gerichte im Übrigen mit der Gewährleistung des Schuldnerschutzes bei erzwungenen Aussagen ebenso schwer tun wie die Staatsanwaltschaften, bleibt dem Schuldner letztlich nichts anderes übrig, als selbst dafür Sorge zu tragen, dass die Gerichte den verfassungsmäßig garantierten Schutz bei erzwungenen Auskünften beachten.“[377]

III. Zwischenergebnis

Ebenfalls *Uhlenbruck* hatte schon lange vor Einführung des Insolvenzgeheimnisses zutreffend festgestellt:

„Letztlich erscheint es ohne Einführung einer Schutzvorschrift oder Anerkennung eines beschränkten Beweisverwertungsverbotes wenig sinnvoll, den Gemeinschuldner [...] für bis zu sechs Monate[...] in Beugehaft zu nehmen, um ihn zu einer eidlichen Aussage zu zwingen, zu der er aus rechtsstaatlichen Gründen weder im Besteuerungs- noch im Strafverfahren verpflichtet ist. Dies hieße letztlich nichts anderes, als ihn vor die Wahl zu stellen: Beugehaft, Strafhaft oder Meineid bzw. Falsche Versicherung an Eidesstatt.“[378]

Diese Situation hat sich aus Schuldnersicht auch durch die Einführung des § 97 Abs. 1 S. 3 InsO nicht (wesentlich) verbessert.

Mit dem Gemeinschuldnerbeschluss hatte das Bundesverfassungsgericht seinerzeit erstmalig versucht, den Konflikt zwischen der Auskunftspflicht des

377 So wörtlich *Uhlenbruck* NZI 2002, 401 (406).
378 *Uhlenbruck* JR 1995, 445 (448).

Schuldners und seiner Selbstbelastungsfreiheit (im Strafverfahren) zu lösen[379]. Das Gericht hatte sich für ein Beweisverwertungsverbot hinsichtlich der vom Schuldner erzwungenen strafrechtlich belastenden Auskünfte ausgesprochen. Nach dem Sondervotum von *Heußner* sollte dieses Verwertungsverbot um ein Offenbarungsverbot ergänzt werden[380]. Das Bundesverfassungsgericht wollte nur die Verwertung der erzwungenen Auskünfte des Schuldners in einem anschließenden Strafverfahren verhindern, die Auskunftspflicht und deren Erzwingbarkeit jedoch unberührt lassen[381]. Laut *Heußner* sollte der Schutz jedoch schon deutlich vorher ansetzen und bereits die (zweckfremde) Weitergabe der erzwungenen strafrechtlich belastenden Informationen unterbunden werden[382].

Der Gesetzgeber wollte zunächst den Vorschlag des Bundesverfassungsgerichts entsprechend dem Gemeinschuldnerbeschluss umsetzen und neben der Auskunftspflicht eine strafrechtliche Verwertung nur mit Zustimmung des Schuldners erlauben, ansonsten also ein strafprozessuales Verwertungsverbot normieren[383].

Noch während des Gesetzgebungsverfahrens erfolgte auf Empfehlung des Bundesbeauftragten für Datenschutz eine Änderung in Verwendungsverbot (§ 97 Abs. 1 S. 3 InsO), also ein Beweisverwertungsverbot mit Fernwirkung[384]. Allerdings hatte der Gesetzgeber schon im Zuge des Verfahrens ausgeführt:

„Auf der anderen Seite hindert das Verbot nicht die Verwertung von Tatsachen, die der Strafverfolgungsbehörde bereits bekannt waren“[385].

Die Umsetzung der Ziele des Gemeinschuldnerbeschlusses ist nicht gelungen. Bis heute existieren zahlreiche Unklarheiten bezüglich der genauen Anwendung und Auslegung des § 97 Abs. 1 S. 3 InsO.

Besonders kontrovers wird darüber diskutiert, was unter den Begriff der Auskunft zu fassen ist und wie weitreichend das Verwendungsverbot (auch in zeitlicher Hinsicht) wirken soll. Dabei muss für einen umfassenden Schuldnerschutz der Begriff der Auskunft weit gefasst werden und auch mittelbare Auskünfte des Schuldners einschließen. Insbesondere müssen sämtliche Geschäftsunterlagen des Insolvenzschuldners, welche dieser dem Insolvenzverwalter in Erfüllung seiner Auskunftspflicht überlassen hat, dem Schutz des Verwendungsverbotes unterfallen. Zudem darf die Insolvenzakte den Strafverfolgungsbehörden nicht

379 BVerfGE 56, 37.
380 *Heußner* NJW 1981, 1433.
381 BVerfGE 56, 37 (50 ff.).
382 *Heußner* NJW 1981, 1433.
383 BT-Drs. 12/ 2443, 142 (zu § 109).
384 Vgl. BGBl I 1994, 2866.
385 Vgl. *Bömelburg*, 59.

zugänglich sein, auch nicht zur Begründung eines Anfangsverdachtes gemäß § 152 Abs. 2 StPO.

Darüber hinaus gibt es zahlreiche Umgehungsmöglichkeiten für die Strafverfolgungsbehörden: Seien es Durchsuchungen der Geschäftsräume des Insolvenzverwalters, die Beschlagnahme dort befindlicher Gegenstände und Unterlagen, welcher der Schuldner aufgrund seiner Auskunftspflicht an diesen herausgegeben hat, oder die Vernehmung des Insolvenzverwalters in Strafverfahren gegen Insolvenzschuldner. Vor allem ist hier die „Beiziehung der Insolvenzakte"[386] zu erwähnen, eine ebenso geräuscharme wie effektive Umgehung des Insolvenzgeheimnisses.

Die Rechtsprechung offenbart bisher große Schwierigkeiten im praktischen Umgang mit dem Insolvenzgeheimnis. Und auch die Handhabung sonstiger Beweisverbote seitens der Strafverfolgungsbehörden und Gerichte zeigt die sukzessive Schwächung der Rechte des Beschuldigten aufgrund des Bestrebens von Ermittlungsbehörden und Judikatur, das Strafverfolgungsinteresse bestmöglich zu realisieren.

Im Hinblick auf den „Boom der Insolvenzdelikte"[387] bei gleichzeitiger Schwierigkeit in der strafrechtlichen Verteidigungspraxis[388] erscheint ein strafprozessuales Zeugnisverweigerungsrecht für Insolvenzverwalter (ergänzt um ein Durchsuchungs- und Beschlagnahmeverbot sowie eine Verschwiegenheitspflicht) aus verfassungsrechtlicher Sicht unabdingbar.

C. Zeugnisverweigerungsrechte neben den §§ 52 ff. StPO – aktuelle Ansätze in Rechtsprechung und Literatur

Sowohl in der Rechtsprechung als auch in der Literatur wurden verschiedene Versuche unternommen, nicht ausdrücklich normierte Zeugnisverweigerungsrechte zu begründen, um ein rechtsstaatliches (Straf-)Verfahren zu gewährleisten.

I. Nicht normierte Zeugnisverweigerungsrechte in der Judikatur

Das Bundesverfassungsgericht hat sich in seiner wegweisenden Sozialarbeiter-Entscheidung[389] mit der Frage befasst, ob sich ein Zeugnisverweigerungsrecht

---

386 Vgl. LG Bonn NZI 2017, 410 (413) sowie hierzu oben Hauptteil B.II.6.a)cc), 69 ff.
387 *Püschel* FS Rissing, 471 (471 ff.).
388 Vgl. *Weyand* ZInsO 2015, 1948 (1949).
389 BVerfGE 33, 367.

für Personen herleiten lässt, welche nicht im Katalog des § 53 StPO aufgelistet sind.

Die ordentlichen Gerichte haben anhand dessen weitere Zeugnisverweigerungsrechte für verschiedene Berufsangehörige entwickelt, indes mit dogmatisch (ebenso) fragwürdiger Ableitung.

1. Die Sozialarbeiter-Entscheidung des Bundesverfassungsgerichts

Über die Regelung des § 53 Abs. 1 Nr. 3 StPO (a.F.) hinaus kann im Einzelfall nach Auffassung des Bundesverfassungsgerichts ausnahmsweise und unter ganz besonders strengen Voraussetzungen eine Begrenzung des Zeugniszwangs unmittelbar aus der Verfassung folgen[390].

a) Verfassungsunmittelbares Zeugnisverweigerungsrecht gemäß Art. 2 Abs. 1 i.V.m. Art. 1 Abs. 1 GG als Gebot des Persönlichkeitsschutzes

Mit seinem Beschluss vom 19. Juli 1972 hat der zweite Senat des Bundesverfassungsgerichts den Boden dafür bereitet, das Enumerationsprinzip des § 53 Abs. 1 Nr. 3 StPO (a.F.) ausnahmsweise zu durchbrechen. Im Einzelfall und unter ganz besonders engen Voraussetzungen könne eine Begrenzung des Zeugniszwangs unmittelbar aus der Verfassung folgen, wenn unabhängig von der Berufszugehörigkeit des Zeugen dessen Vernehmung wegen der Eigenart des Beweisthemas in den durch Art. 2 Abs. 1 i.V.m. Art. 1 Abs. 1 GG grundrechtlich geschützten Bereich der privaten Lebensgestaltung des einzelnen, insbesondere seine Intimsphäre, eingreifen würde[391].

Gegenstand des Verfahrens war eine Vorlage nach Art. 100 Abs. 1 S. 1 GG zur verfassungsrechtlichen Prüfung des § 53 Abs. 1 Nr. 3 StPO (a.F.) insoweit, als darin zwar Ärzten und Hebammen, nicht aber auch Psychologen, Sozialpädagogen, Sozialarbeitern, Eheberatern und anderen auf psychotherapeutischem Gebiet tätigen Personen ein Zeugnisverweigerungsrecht eingeräumt wird.

Das vorlegende Amtsgericht bejahte zunächst den abschließenden Charakter des § 53 Abs. 1 Nr. 3 StPO (a.F.). Soweit damit jedoch den vorgenannten Personengruppen ein Zeugnisverweigerungsrecht vorenthalten werde, sei die Bestimmung verfassungswidrig[392]. Sie verstoße gegen Art. 1 Abs. 1 GG, weil es der Menschenwürde widerspreche, dass ein Unbeteiligter etwas über das

---

390 BVerfGE 33, 367 (Leitsatz). Bestätigt von BVerfGE 44, 353 (378); 76, 363 (387 f.); BVerfG NJW 1979, 1286; NStZ 1988, 418.

391 BVerfGE 33, 367 (374).

392 BVerfGE 33, 367 (369 f.).

Seelenleben des Ratsuchenden erfahre. Außerdem verletze der Zeugniszwang auch Art. 2 Abs. 1 GG: Die Klärung von Fragen seelischer Art könne wesentlich zur Persönlichkeitsentfaltung beitragen; daran aber wäre der Klient gehindert, wenn er wüsste, dass sein Berater das Besprochene nicht zu verschweigen brauche[393].

Auf eine überdies mögliche Verletzung von Art. 3 Abs. 1 GG ging das Amtsgericht in seiner Entscheidung nicht ein.

Das Bundesverfassungsgericht bejaht die Zulässigkeit der Vorlage und führt in diesem Zusammenhang (also noch vor der Entscheidung über die Vorlage) aus, dass im Einzelfall durchaus eine Begrenzung des Zeugniszwangs unmittelbar aus der Verfassung folgen könne[394].

§ 53 StPO enthalte lediglich eine generalisierende Aussage des Gesetzgebers darüber, bei welchen Berufen der Schutz des Vertrauensverhältnisses das Allgemeininteresse an der Aufklärung von Straftaten überwiege. Dies hindere den Richter jedoch nicht, den Schutz der Persönlichkeitssphäre im konkreten Fall ausnahmsweise stärker zu berücksichtigen, als dies dem an typischen Fallgruppen orientierten Gesetzgeber möglich sei[395]. Eine solche Einschränkung des Zeugniszwangs im Hinblick auf Art. 2 Abs. 1 i.V.m. Art. 1 Abs. 1 GG könne jeweils nur als Ergebnis einer vom Richter vorzunehmenden konkreten und fallorientierten Abwägung zwischen den Belangen der Strafrechtspflege und den Geheimhaltungsinteressen des Einzelnen festgestellt werden. In diese Abwägung seien beispielsweise Art und Schwere der in Rede stehenden Straftat, die Höhe der Straferwartung, das Vorhandensein anderer Aufklärungsmöglichkeiten, die Bedeutung des Beweisthemas für die Beurteilung der Tat-, Schuld- oder Strafmaßfrage und die Intensität des durch die Zeugenvernehmung bewirkten Eingriffs in die Privatsphäre des Betroffenen einzubeziehen[396]. Allerdings werde – so schränkt das Bundesverfassungsgericht sogleich ein – der Richter nur äußerst selten, etwa bei der Verfolgung bloßer Bagatelldelikte oder Ordnungswidrigkeiten mit geringer Bedeutung, Veranlassung haben, eine verfassungsrechtliche Begrenzung des Zeugniszwangs außerhalb der strafprozessualen Normen des einfachen Rechts überhaupt in Betracht zu ziehen[397].

393 BVerfGE 33, 367 (370).
394 BVerfGE 33, 367 (374).
395 BVerfGE 33, 367 (374 f.).
396 BVerfGE 33, 367 (375).
397 BVerfGE 33, 367 (375).

Zur eigentlichen Vorlagefrage führt der Senat aus, § 53 Abs. 1 Nr. 3 StPO (a.F.) sei, soweit Sozialarbeitern ein Zeugnisverweigerungsrecht nicht eingeräumt werde, mit dem Grundgesetz vereinbar[398].

Es verstoße nicht gegen das aus Art. 2 Abs. 1 i.V.m. Art. 1 Abs. 1 GG folgende Recht des ratsuchenden Klienten auf Achtung seiner Privatsphäre, wenn der Sozialarbeiter im Strafverfahren auch hinsichtlich solcher Tatsachen dem Zeugniszwang unterliegt, die ihm in seiner beruflichen Eigenschaft anvertraut oder bekannt geworden sind[399]. Denn nicht der gesamte Bereich des privaten Lebens stehe unter dem absoluten Schutz dieser Grundrechte[400]. Vielmehr müsse der „gemeinschaftsbezogene und gemeinschaftsgebundene Bürger"[401] staatliche Maßnahmen, die im überwiegenden Interesse der Allgemeinheit unter strikter Wahrung des Verhältnismäßigkeitsgebots getroffen werden, grundsätzlich hinnehmen, soweit sie nicht den unantastbaren Bereich privater Lebensgestaltung beeinträchtigten[402]. Zwar erfahre der Sozialarbeiter im Rahmen seiner Beratung Tatsachen aus der privaten Lebenssphäre des Klienten; allerdings seien diese Tatsachen nicht dem schlechthin unantastbaren Bereich zuzuordnen, denn schließlich verlasse der Einzelne diesen innersten Bereich freiwillig, indem er sich anderen – vorliegend dem Sozialarbeiter – mitteile[403].

Den Angehörigen bestimmter Heil- und Beratungsberufe, deren Berufsbild durch die Begründung höchstpersönlicher, grundsätzlich keine Offenbarung duldender Vertrauensverhältnisse gekennzeichnet wird, habe der Gesetzgeber nicht nur eine Schweigepflicht auferlegt (§ 300 Abs. 1 StGB (a.F.)), sondern darüber hinaus ein strafprozessuales Zeugnisverweigerungsrecht eingeräumt (§ 53 Abs. 1 Nr. 3 StPO (a.F.)), das eine Ausnahme vom Grundsatz der uneingeschränkten Zeugnispflicht jedes Staatsbürgers darstelle[404].

Der Sozialarbeiter hingegen übe keinen Beruf aus, für dessen Gesamtbild die Begründung höchstpersönlicher, grundsätzlich keine Offenbarung duldender Vertrauensverhältnisse kennzeichnend wäre[405]. Eine solche Erwartung – der Sozialarbeiter werde Tatsachen aus der Privatsphäre des Betreuten gegenüber jedermann in der Regel verschweigen – sei seitens des Hilfe- und Ratsuchenden

---

398 BVerfGE 33, 367 (376).
399 BVerfGE 33, 367 (376).
400 BVerfGE 33, 367 (376).
401 BVerfGE 27, 1 (7).
402 BVerfGE 33, 367 (376 f.).
403 BVerfGE 33, 367 (377).
404 BVerfGE 33, 367 (378).
405 BVerfGE 33, 367 (378).

dementsprechend nicht mit dem Berufsbild des Sozialarbeiters verbunden[406]. Für diese Beurteilung spreche auch die Tatsache, dass es bislang an einem klar umrissenen Berufsbild des Sozialarbeiters mangele[407]. Dessen Berufsausübung sei weder Gegenstand besonderer Gesetze noch werde sie geprägt von den Vorschriften einer allgemeinen Berufsordnung oder ungeschriebenen Regeln standesgemäßen Verhaltens[408].

Doch selbst in Bereichen, in denen der Sozialarbeiter beratend tätig werde, unterscheide sich die damit verbundene Vertrauensbeziehung erheblich von dem Verhältnis des Ratsuchenden zu den in § 53 Abs. 1 Nr. 3 StPO (a.F.) genannten Berufsangehörigen[409]. So hätten jene eine unabhängige und eigenverantwortliche Stellung inne, welche es in dieser Form für den Sozialarbeiter nicht gebe. Dieser sei in der Regel als Beamter oder Angestellter im öffentlichen Dienst oder bei einem Verband der freien Wohlfahrtspflege beschäftigt. Was er in Ausübung seiner Tätigkeit von dem Klienten erfahre, unterliege somit zwangsläufig der Verfügungsbefugnis seines Dienstherren oder Arbeitgebers; das Vertrauen des Hilfesuchenden gelte daher weniger der Person des Sozialarbeiters als vielmehr der jeweiligen Institution, die hinter ihm stehe[410].

Weiterhin hat das Bundesverfassungsgericht eine Verletzung des Gleichheitssatzes abgelehnt und hierzu ausgeführt[411]:

„Jede Ausdehnung des strafprozessualen Zeugnisverweigerungsrechts auf neue Personengruppen schränkt aber die Beweismöglichkeiten der Strafverfolgungsbehörden zur Erhärtung oder Widerlegung des Verdachts strafbarer Handlungen ein und beeinträchtigt deshalb möglicherweise die Findung einer materiell richtigen und gerechten Entscheidung. Angesichts des rechtsstaatlichen Postulats der Aufrechterhaltung einer funktionsfähigen Strafrechtspflege bedarf die Einräumung von Aussageverweigerungsbefugnissen aus beruflichen Gründen stets einer besonderen Legitimation, um vor der Verfassung Bestand zu haben.“[412]

In diesem Zusammenhang betont das Gericht noch einmal die Bedeutung von Ausbildung, Berufsregelungen, Standesaufsicht und Berufsgerichten als Rechtfertigung für die Einschränkung von Zeugniszwang und Strafverfolgung[413].

406 BVerfGE 33, 367 (379).
407 BVerfGE 33, 367 (379).
408 BVerfGE 33, 367 (380).
409 BVerfGE 33, 367 (381).
410 BVerfGE 33, 367 (381).
411 BVerfGE 33, 367 (382).
412 BVerfGE 33, 367 (383).
413 BVerfGE 33, 367 (383 f.).

Dadurch werde gewährleistet, dass von der gewährten Aussageverweigerungsbefugnis kein unangemessener Gebrauch gemacht werde, sie vielmehr nur in Anspruch genommen wird, wenn es die Wahrung des Berufsgeheimnisses unabdingbar erfordert und höherwertige Interessen des Gemeinwohls nicht entgegenstehen[414].

Die Ungleichbehandlung zwischen Sozialarbeitern auf der einen Seite und den Berufsgeheimnisträgern des § 53 Abs. 1 Nr. 3 StPO (a.F.) auf der anderen Seite erfolge auch nicht willkürlich[415]:

Bereits bei den Vorarbeiten zum Dritten Strafrechtsänderungsgesetz von 1953 habe man sich bewusst gegen die Einbeziehung des Sozialarbeiters (damals noch als „Fürsorger" bezeichnet) entschieden. Zwar sei die Tätigkeit als Sozialarbeiter heute staatlich anerkannt. Als zulässiger Differenzierungsgrund genüge jedoch nach wie vor, dass die Vertrauensbeziehung zwischen dem Sozialarbeiter und seinem Klienten wesentlich anders geartet sei als das Verhältnis des Einzelnen zu den Angehörigen der in § 53 Abs. 1 Nr. 3 StPO (a.F.) genannten Berufsgruppen. Für Sozialarbeiter gebe es weder eine allgemeine Berufsordnung noch einen anerkannten Berufskodex. Darüber hinaus obliege ihnen auch keine materiellrechtliche Geheimhaltungspflicht[416].

Nach alledem eröffnet der zweite Senat damit zwar abstrakt die Möglichkeit eines verfassungsunmittelbaren Zeugnisverweigerungsrechts – für Sozialarbeiter – über die Enumeration des § 53 Abs. 1 Nr. 3 StPO (a.F.) hinaus. Die Vorlagefrage, ob § 53 StPO in seiner damaligen Fassung wegen des Ausschlusses der Sozialarbeiter von der Enumeration des § 53 StPO verfassungswidrig sei, wird indes verneint.

b) Methodische Bedenken und Kritik aus der Literatur

Diese Vorgehensweise des Bundesverfassungsgerichts stößt in der Literatur auf heftige Kritik, insbesondere werden methodische Bedenken geäußert.

Kühne bemängelt, dass es sich um eine ergebnisgeleitete Entscheidung handele, welche den Gesetzgeber entlaste, indem dieser nicht (erneut) weitere Berufsangehörige in die Bestimmungen der § 53 StPO und § 203 StGB aufnehmen müsse[417]. Zugleich werde den Interessen der Sozialarbeiter mit der Möglichkeit der Ableitung eines Zeugnisverweigerungsrechts unmittelbar aus Art. 2 Abs. 1

414 BVerfGE 33, 367 (384).

415 Hierzu sowie zum gesamten nachfolgenden Absatz BVerfGE 33, 367 (384 ff.).

416 BVerfGE 33, 367 (384 ff.).

417 *Kühne* JuS 1973, 685 (687).

i.V.m. Art. 1 Abs. 1 GG ausreichend Rechnung getragen[418]. Allerdings stelle das Gericht der eigentlichen Prüfung des § 53 Abs. 1 Nr. 3 StPO (a.F.) auf Verfassungsmäßigkeit bereits die mögliche Ableitung eines Zeugnisverweigerungsrechts unmittelbar aus der Verfassung voran; bei gleichzeitiger Bestätigung des enumerativen Charakters der Norm sei dies dogmatisch nicht haltbar[419]. Diese Argumentation sei widersprüchlich, wenn das Gericht zwar die Verfassungsmäßigkeit des § 53 Abs. 1 Nr. 3 StPO (a.F.) betont und dessen Exklusivität bestätigt, zugleich aber eine Ableitung zusätzlicher Zeugnisverweigerungsrechte für mitunter verfassungsrechtlich geboten erachte[420].

Nach *Jung* bedeute jedes entgegen § 53 Abs. 1 Nr. 3 StPO eingeräumte Zeugnisverweigerungsrecht eine Änderung ebendieser Bestimmung[421].

Rüping erachtet die Vorgehensweise des Bundesverfassungsgerichts, Sozialarbeitern dann ein (zusätzliches) Zeugnisverweigerungsrecht unmittelbar aus der Verfassung herzuleiten, wenn beispielsweise Aussagen die Intimsphäre betreffen, für kaum praktikabel[422]. *Hanack* kritisiert insbesondere die in der Entscheidung entwickelten Abwägungskriterien, da es diesen an Präzision fehle und sie dem Richter damit bei der Entscheidung des Einzelfalls keine hinreichend klaren Vorgaben böten[423].

Das Bundesverfassungsgericht habe sich *Baier* zufolge im vorliegenden Fall auch nicht einer erweiternden Auslegung bedient, sondern es habe die gesetzlich vorgesehene Exklusivität der Norm durchbrochen[424].

Weiterhin äußert *Baier* Bedenken, dass durch eine zu extensive Anwendung des Verhältnismäßigkeitsgrundsatzes auch auf Normen, welche nicht ausdrücklich darauf verweisen, die Entscheidungen des Gesetzgebers konterkariert zu werden drohten[425]. Zudem wären sonst diejenigen strafprozessualen Normen, in denen der Verhältnismäßigkeitsgrundsatz ausdrücklich Erwähnung gefunden hat, überflüssig[426]. Weiterhin mahnt *Baier*, dass Maximen wie die Gewaltenteilung, die Rechtsstaatlichkeit sowie Klarheit im Bereich der Eingriffsnormen

---

418 *Kühne* JuS 1973, 685 (687).
419 *Kühne* JuS 1973, 685 (687).
420 *Kühne* JuS 1973, 685 (687).
421 *Jung* MSchrKrim 1974, 258 (262).
422 *Rüping* Rn. 176.
423 *Hanack* JR 1980, 434 (435).
424 *Baier*, 209 f.; *ders.* JR 1999, 495 (498).
425 *Baier*, 210 ff.; *ders.* JR 1999, 495 (498 f.).
426 *Baier*, 211; *ders.* JR 1999, 495 (499) verweist u.a. auf §§ 81 Abs. 2 S. 2, 81 c Abs. 4, 110 a Abs. 1 S. 4 StPO.

nicht von der Rechtsprechung durchbrochen werden dürften, auch nicht vom Bundesverfassungsgericht. Das Vorgehen gefährde überdies die Rechtssicherheit und ebne zugleich den Weg, Verfahrensnormen der Strafprozessordnung zugunsten von Verhältnismäßigkeitserwägungen zu verdrängen. Die Frage der Verhältnismäßigkeit und die korrespondierende Abwägung oblägen ausschließlich dem Gesetzgeber. Nur dort, wo Auslegung möglich sei, dürfe und müsse der Verhältnismäßigkeitsgrundsatz Berücksichtigung finden. Seien die Grenzen der Auslegung indes überschritten, so könne das gewünschte Ergebnis nicht einfach im Rahmen einer Abwägung über die Verhältnismäßigkeit herbeigeführt werden[427].

Zudem verletze die Vorgehensweise des Bundesverfassungsgerichts die Wesentlichkeitstheorie[428]. Denn die Frage, ob und wem ein Zeugnisverweigerungsrecht zuzugestehen ist, sei eine für die Verwirklichung der Grundrechte wesentliche Entscheidung, die nur der Gesetzgeber treffen könne. Hiergegen lasse sich auch nicht einwenden, dass es sich um eine zusätzliche, den Grundrechten dienende Privilegierung handele. Insbesondere für den Angeklagten sei die Ausgestaltung des Verfahrens stets grundrechtsrelevant, da dieser infolge der getroffenen Entscheidung Eingriffe in Freiheit und Eigentum befürchten müsse[429].

„Angesichts des herausragenden Einflusses der Verfahrensvorschriften auf die Entscheidung, die sich in der Existenz absoluter Revisionsgründe zeigt (§ 338 StPO), bildet die Anerkennung eines Zeugnisverweigerungsrechts eine grundlegende Aussage, die ausschließlich dem Gesetzgeber zukommt.“[430]

Daher plädiert *Baier* für eine Erweiterung des Kataloges der Zeugnisverweigerungsberechtigten durch den parlamentarischen Gesetzgeber[431].

Rengier moniert hingegen, die Gründe für diese Entscheidung des Bundesverfassungsgerichts seien nicht erkennbar[432]. Er deutet diese so: „Anscheinend soll die enumerative Gesetzgebungstechnik nur der generellen Gewährung eines Zeugnisverweigerungsrechts unmittelbar aus der Verfassung an einen ungenannten Berufsstand insgesamt entgegenstehen, nicht aber die Einräumung

427 *Baier* JR 1999, 495 (499).
428 *Baier*, 212 f.; *ders.* JR 1999, 495 (499).
429 *Baier*, 213; *ders.* JR 1999, 495 (500).
430 *Baier*, 213; *ders.* JR 1999, 495 (500).
431 *Baier* JR 1999, 495 (500).
432 *Rengier*, 107.

eines prozessualen Schweigerechts im konkreten Einzelfall, unabhängig von der Berufszugehörigkeit, verbieten“[433].

Hierbei werde jedoch die Absicht verkannt, durch das Enumerationsprinzip des § 53 StPO nicht nur ein Zeugnisverweigerungsrecht für bestimmte Personengruppen abschließend zu regeln, sondern damit zugleich jedwedes sonstige Zeugnisverweigerungsrecht für (andere) Einzelpersonen in Einzelfällen auszuschließen[434]. Werde entgegen diesem Prinzip ein solches dennoch gewährt, bedeute diese Durchbrechung der Enumeration die Veränderung der Bestimmung[435]. Indem sich künftig möglicherweise vermehrt Zeugen auf ein Verweigerungsrecht unmittelbar aus der Verfassung berufen, drohten Strafverfahren nicht nur unsicherer zu werden, sondern auch langwieriger: Entweder könne die Aufhebung des Urteils wegen unterlassener Einvernahme eines präsenten Beweismittels gemäß § 244 Abs. 2 StPO im Fall der Anerkennung eines solchen Zeugnisverweigerungsrechts drohen oder aber das Verfahren würde auf unbestimmte Zeit ausgesetzt, damit das Bundesverfassungsgericht die streitigen Einzelfragen klären kann[436]. Zudem rügt auch *Rengier*, dass der Gesetzgeber nun gerade nicht in Zugzwang gerate und eine an sich verfassungsrechtlich ungenügende Norm (vorerst) weiterhin unverändert bestehen bleibe[437].

Daher hätte das Gericht nach Auffassung *Rengiers* statt der erfolgten Durchbrechung der Exklusivität des § 53 Abs. 1 Nr. 3 StPO (a.F.) konsequenterweise die Regelung für verfassungswidrig erklären müssen[438].

Aller Kritik zum Trotz gibt es auch Stimmen in der Literatur, welche die Entscheidung des Bundesverfassungsgerichts begrüßen[439]. *Kreuzer* schließt sich jedenfalls im Hinblick auf eine ausnahmsweise Gewährung eines Zeugnisverweigerungsrechts für Sozialarbeiter der Sichtweise des Bundesverfassungsgerichts an[440]. *Würtenberger* stimmt dem Bundesverfassungsgericht dahingehend zu, dass es einer verfassungsrechtlichen Legitimation für die Gewährung eines Zeugnisverweigerungsrechtes bedürfe[441]. Diese sei seiner Auffassung zufolge

---

433 *Rengier*, 107 mit Verweis auf BVerfGE 33, 367 (374 f.) und BVerfGE 38, 319 (325).

434 *Rengier*, 107.

435 *Rengier*, 107.

436 *Rengier*, 108.

437 *Rengier*, 108; so auch *Kühne* JuS 1973, 685 (687).

438 *Rengier*, 107 f. So im Ergebnis auch *Baier*, 209 f; *ders.* JR 1999, 495 (498).

439 *Eisenberg* StPO Rn. 1100; Meyer-Goßner/ Schmitt StPO/ *Schmitt* § 53 Rn. 2; Löwe-Rosenberg StPO/ *Ignor*/ *Bertheau* Vor § 48 Rn. 19; KMR StPO/ *Neubeck* Vor § 48 Rn. 14; Karlsruher Kommentar StPO/ *Senge* § 53 Rn. 2; *Pfeiffer* StPO § 53 Rn. 1.

440 *Kreuzer* § 20 Rn. 86.

441 *Würtenberger* JZ 1973, 784 (786).

gegeben, wenn Ärzte, Psychologen und Sozialarbeiter bei einer Therapie „gleichrangig“ zusammenarbeiten, wobei er offenlässt, was unter einer solchen „gleichrangigen“ Zusammenarbeit konkret zu verstehen ist[442].

c) Stellungnahme

Nach überwiegender Auffassung in der Literatur löst die Sozialarbeiter-Entscheidung des Bundesverfassungsgerichts die Problematik der Verwertbarkeit persönlicher Informationen von Klienten beziehungsweise die Frage nach einem Zeugnisverweigerungsrecht für Sozialarbeiter nicht[443]. *Kühne* bezeichnet die Entscheidung zu Recht als ergebnisgeleitet, systemwidrig und dogmatisch nicht tragbar[444].

Es ist inkonsequent, einerseits den abschließenden Charakter der Enumeration des § 53 Abs. 1 Nr. 3 StPO (a.F.) zu bestätigen, um dann andererseits ein Zeugnisverweigerungsrecht für den angesprochenen Sozialarbeiter im Einzelfall doch unmittelbar aus der Verfassung herzuleiten[445]. Vielmehr ist *Kühne* und *Rengier* darin zuzustimmen, dass diese Vorgehensweise eine Durchbrechung der entsprechenden Enumeration darstellt.

Sollte das Bundesverfassungsgericht den Schutz durch § 53 Abs. 1 Nr. 3 StPO (a.F.) für unzureichend und eine Aufnahme weiterer Berufsangehöriger in den Katalog für verfassungsrechtlich geboten erachten, so ist die Norm für verfassungswidrig zu erklären und ein Handeln des Gesetzgebers zu fordern[446]. Das Bundesverfassungsgericht darf nicht versuchen, eine in seinen Augen rechtswidrige Norm durch die extensive Anwendung des Verhältnismäßigkeitsgrundsatzes zu retten[447].

Hierin liegt ein Verstoß gegen die Gewaltenteilung; das Bundesverfassungsgericht nimmt Aufgaben wahr, welche originär dem Gesetzgeber zustehen[448].

So führte *Rupp* schon 1966 bezüglich der Rechtsfortbildung im Bereich der Beweisverbote zutreffend aus: „Für den Verfassungsjuristen ist [das Verhältnismäßigkeitsprinzip] in erster Linie Kontrollmaßstab zur Prüfung der

---

442 *Würtenberger* JZ 1973, 784 (786).

443 So auch *Baier* 1996, 211 ff.; ebenso JR 1999, 495; *Hanack* JR 1980, 434 (435); *Jung* MSchrKrim 1974, 258; *Kühne* JuS 1973, 685; *Rengier*, 107 f.; *Rüping* Rn. 176.

444 Vgl. *Kühne* JuS 1973, 685 (687).

445 So auch *Kühne* JuS 1973, 685 (687).

446 Ebenso *Baier*, 209 f. und JR 1999, 495 (498).

447 Zutreffend *Baier*, 210 ff.; ebenso JR 1999, 495 (498 f.).

448 So auch *Baier* JR 1999, 495 (499).

Verfassungsmäßigkeit vorhandener Gesetze, nicht aber unmittelbare Rechtsgewinnungsmaxime, um nicht vorhandene Gesetze zu ersetzen"[449].

Und selbst wenn man dem Bundesverfassungsgericht folgen wollte, so ist doch hervorzuheben, dass in der diskutierten Entscheidung keinerlei klare Abwägungskriterien entwickelt wurden, welche dem Richter der ordentlichen Gerichte überhaupt eine praktikable Lösung des Problems ermöglichen[450]. Somit verstößt diese Vorgehensweise auch gegen das verfassungsrechtliche Gebot der Normklarheit nach Art. 20 Abs. 3 GG[451].

Wenngleich *Baier* die Bedeutung dieser Entscheidung in der Praxis als sehr gering einschätzt[452], so bewirkt diese dennoch eine gewisse Rechtsunsicherheit. Weder die ordentlichen Gerichte noch Zeugen, Beschuldigte oder Verteidiger vermögen die Reichweite des Zeugniszwangs nunmehr zu antizipieren. Es ist unklar, wer und vor allem unter welchen Voraussetzungen ein Zeugnisverweigerungsrecht im Einzelfall geltend machen kann.

Durch eine mögliche Verfahrensverzögerung infolge dieser Rechtsunsicherheit[453] wird zudem das europa- und verfassungsrechtliche Beschleunigungsgebot gemäß Art. 6 Abs. 1 S. 1 EMRK, Art. 2 Abs. 1 GG, Art. 20 Abs. 3 GG verletzt.

Ein solches verfassungsunmittelbares Zeugnisverweigerungsrecht gemäß Art. 2 Abs. 1, Art. 1 Abs. 1 GG kommt (auch) für den Insolvenzverwalter nicht in Betracht. Der Insolvenzschuldner offenbart gegenüber dem Insolvenzverwalter grundsätzlich keine Details aus seiner Intimsphäre, sondern teilt diesem alle für das Insolvenzverfahren relevanten Informationen mit. Zu diesen Auskünften zählen ausdrücklich auch strafrechtlich relevante Tatsachen, zu deren Äußerung der Insolvenzschuldner sogar gezwungen werden kann. Diese Informationen sind zwar durchaus dem Bereich der privaten Lebensgestaltung zuzuordnen, jedoch nicht der Intimsphäre. Darüber hinaus begründet das Bundesverfassungsgericht das Zeugnisverweigerungsrecht für den Sozialarbeiter unabhängig von seiner Berufszugehörigkeit unter Bezug auf den Inhalt der erhaltenen Informationen in diesem konkreten Einzelfall. Die vorliegende Arbeit zielt indes darauf ab, eine allgemeingültige Lösung in Form eines strafprozessualen Zeugnisverweigerungsrechts gerade für die Berufsgruppe der Insolvenzverwalter zu finden.

---

449 *Rupp* DJT-Gutachten, 176 mit Verweis auf BVerfGE 7, 377; 11, 30.

450 Dies bemängeln auch *Hanack* JR 1980, 434 (435) und *Rüping* Rn. 176.

451 Vgl. *Baier* JR 1999, 495 (499); *Hanack* JR 1980, 434 (435).

452 *Baier*, 208 f.

453 So auch *Rengier*, 108.

Neben den dogmatischen Bedenken scheidet ein Zeugnisverweigerungsrecht für Insolvenzverwalter gemäß Art. 2 Abs. 1, Art. 1 Abs. 1 GG daher auch aus den oben genannten Gründen aus.

2. *Verfassungsunmittelbare Zeugnisverweigerungsrechte in anderen Entscheidungen des Bundesverfassungsgerichts*

Das Bundesverfassungsgericht hat in diversen weiteren Entscheidungen zur Frage Stellung genommen, ob § 53 Abs. 1 StPO (a.F.) die Zeugnisverweigerungsrechte abschließend regelt[454].

a) Ungleichbehandlung innerhalb des § 53 Abs. 1 StPO (a.F.)

Baier kritisiert die Ungleichbehandlung innerhalb des § 53 StPO (a.F.)[455], indem das Bundesverfassungsgericht Abs. 1 Nr. 3 der Norm als abschließend erkläre[456], Abs. 1 Nr. 5 hingegen keinen abschließenden Charakter zuspreche[457]. Hierfür bestünde keinerlei Rechtfertigung, da der Gesetzgeber in beiden Fällen widerstreitende Interessen abgewogen und sich für einen ganz bestimmten Ausgleich entschieden habe[458].

Diese Ungleichbehandlung begründet der zweite Senat des Bundesverfassungsgerichts in seinem Beschluss vom 28. November 1973[459] wie folgt:

§ 53 Abs. 1 Nr. 5 StPO (a.F.) enthalte keine erschöpfende Regelung[460]. Diese Aussage stehe jedoch mit der zuvor getroffenen Feststellung – § 53 Abs. 1 Nr. 5 StPO (a.F.) sei gültig und mit Art. 5 Abs. 1 S. 2 GG im Einklang[461] – nur scheinbar in Widerspruch[462]. Sie dürfe nicht aus dem Zusammenhang gelöst werden, der ihren Sinngehalt entscheidend bestimme. Danach solle sie nicht auf eine gesetzliche Regelungslücke aufmerksam machen, sondern lediglich klarstellen, dass der Richter, der strafprozessuale Zwangsmaßnahmen erwägt, in seine Prüfung auch die Überlegung einzubeziehen habe, ob die Verfassung die nach dem Strafprozessrecht gegebene Rechtslage im Einzelfall modifiziert.

---

454 BVerfGE 20, 162 (189); 25, 296 (305); 36, 193 (210 f.); 64, 108 (116).
455 *Baier,* 209 f.; *ders.* JR 1999, 495 (498).
456 BVerfGE 33, 367 (374).
457 Vgl. u.a. BVerfGE 25, 296 (305); 64, 108 (116).
458 *Baier,* 209 f.; *ders.* JR 1999, 495 (498).
459 BVerfGE 36, 193.
460 So BVerfGE 36, 193 (211) unter Verweis auf BVerfGE 20, 162 (189); 25, 296 (305).
461 BVerfGE 36, 193 (210).
462 Hierzu und zum gesamten nachfolgenden Absatz BVerfGE 36, 193 (211).

Eine Begrenzung des Aussagezwangs, die über § 53 Abs. 1 Nr. 5 StPO (a.F.) hinausgeht, könne sich nach fallbezogener Abwägung der widerstreitenden Interessen ausnahmsweise unmittelbar aus Art. 5 Abs. 1 S. 2 GG ergeben. Das lasse jedoch die generelle Geltung der typisierenden Gesetzesnorm des einfachen Rechts unberührt und stelle ihre Vollständigkeit als gesetzliche Regelung nicht in Frage[463].

Bereits in seinem SPIEGEL-Urteil zur Verfassungsmäßigkeit der Durchsuchungen in Presseräumen führte das Bundesverfassungsgericht aus, dass die Vorschriften der §§ 53 Abs. 1 Nr. 5, 97 Abs. 5 StPO (a.F.) keine erschöpfende Regelung enthielten. Sie schlössen nicht aus, dass bei der Ausübung des richterlichen Ermessens, ob und in welchem Umfang eine Durchsuchung oder Beschlagnahme angeordnet werden solle, der Schutz des Redaktionsgeheimnisses in stärkerem Maße berücksichtigt werde[464].

Die einschlägigen Vorschriften – §§ 53 Abs. 1 Nr. 5, 97 Abs. 5 StPO (a.F.) – beträfen nur den Fall, dass eine Veröffentlichung strafbaren Inhalts vorliege und deswegen eine Strafverfolgung des Verfassers, Einsenders oder Informanten in Betracht komme, da in derartigen Fällen die Grundsätze der Garantenhaftung griffen[465]. Ein Schutz des Redaktionsgeheimnisses sei demgegenüber nicht vorgesehen, wenn sich die Ermittlungen gegen den verantwortlichen Redakteur oder einen anderen Presseangehörigen als Beschuldigten richten[466]. Der betreffende Presseangehörige dürfe zwar in dieser Eigenschaft jede Aussage verweigern; jedoch unterliegen die Durchsuchung und Beschlagnahme bei ihm keiner Beschränkung, auch soweit sich diese Maßnahmen auf Schriftstücke bezögen, aus denen sich der Name des Informanten ergeben könne[467]. Da die einschlägigen Vorschriften der Strafprozessordnung den Schutz des Redaktionsgeheimnisses jedenfalls teilweise verwirklichten, seien sie als solche mit Art. 5 Abs. 1 S. 2 GG vereinbar[468].

Und auch in einem weiteren Presse-Sachverhalt (Zeugnisverweigerungsrecht von Presseangehörigen über den Auftraggeber einer Chiffreanzeige[469]) betonte das Bundesverfassungsgericht die Möglichkeit, eine Beschränkung des Zeugniszwangs unmittelbar aus den Grundrechten abzuleiten:

463 BVerfGE 36, 193 (211) mit Verweis auf BVerfGE 33, 23 (32; 34); 33, 367 (374 f.).
464 BVerfGE 20, 162 (189). Zustimmend BVerfGE 25, 296 (305).
465 BVerfGE 20, 162 (187 f.). So auch BVerfGE 25, 296 (305).
466 BVerfGE 20, 162 (188).
467 BVerfGE 20, 162 (188 f.).
468 BVerfGE 20, 162 (189).
469 BVerfGE 64, 108.

§ 70 Abs. 1 StPO lasse eine Auslegung der Wendung „ohne gesetzlichen Grund“ dahin zu, dass im Einzelfall die Verweigerung des Zeugnisses auch dann zulässig sein könne, wenn keiner der einfachrechtlich geregelten Tatbestände erfüllt ist, wenn sich aber die Einschränkung des Zeugniszwangs unter Berücksichtigung des Grundsatzes der Verhältnismäßigkeit unmittelbar aus Grundrechten ergebe[470]. § 53 Abs. 1 Nr. 5 StPO (a.F.) könne daher nicht als abschließende Regelung der gesetzlichen Gründe einer Zeugnisverweigerung von Presseangehörigen angesehen werden[471]; die Vorschrift treffe lediglich eine generalisierende Bestimmung darüber, in welchen Fällen typischerweise dem Geheimhaltungsinteresse der Presse als Schutzgut des Art. 5 Abs. 1 S. 2 GG der Vorrang gegenüber dem von § 70 Abs. 1 StPO geschützten, aus dem Rechtsstaatsprinzip abzuleitenden Rechtsgut einer funktionstüchtigen Rechtspflege gebühre[472]. Eine hiernach mögliche Begrenzung des Aussagezwangs, die über § 53 Abs. 1 Nr. 5 StPO (a.F.) hinausgehe, könne sich nach fallbezogener Abwägung der widerstreitenden Interessen ausnahmsweise aus Art. 5 Abs. 1 S. 2 GG ergeben[473].

b) Stellungnahme

Auch hier ergeben sich dogmatische Widersprüche. Das Bundesverfassungsgericht erklärt – in Übereinstimmung zur Rechtsprechung zu § 53 Abs. 1 Nr. 3 StPO (a.F.) – auch § 53 Abs. 1 Nr. 5 StPO (a.F.) als im Einklang mit Art. 5 Abs. 1 S. 2 GG stehend. Anders als bei § 53 Abs. 1 Nr. 3 StPO (a.F.) wird § 53 Abs. 1 Nr. 5 StPO (a.F.) – praktischerweise – nicht für abschließend erklärt. Daher sei eine Herleitung von Zeugnisverweigerungsrechten oder anderen Einschränkungen des Zeugniszwangs unmittelbar aus Art. 5 Abs. 1 S. 2 GG im Einzelfall möglich. Hier besteht somit zumindest nicht der Konflikt, § 53 Abs. 1 Nr. 5 StPO (a.F.) einerseits für abschließend zu erklären und dann gleichwohl ein Zeugnisverweigerungsrecht aus der Verfassung herzuleiten, statt die Norm im Falle eines unzureichenden Schutzes konsequent für verfassungswidrig zu erklären. Warum das Bundesverfassungsgericht die jeweiligen Berufsgruppen unterschiedlich behandelt, lässt sich jedoch nicht nachvollziehen.

---

470 BVerfGE 64, 108 (116) mit Verweis auf BVerfGE 20, 162 (189); 25, 296 (304 f.); 33, 367 (374 f.); 38, 312 (325). Bezüglich der Glaubensfreiheit im Ergebnis ebenso BVerfGE 33, 23 (33 f.).

471 BVerfGE 64, 108 (116) mit Verweis auf BVerfGE 25, 296 (305); 36, 193 (211).

472 BVerfGE 64, 108 (116).

473 BVerfGE 64, 108 (116). So auch schon BVerfGE 36, 193 (211).

Diese uneinheitliche Vorgehensweise könnte aber für die Ableitung eines Zeugnisverweigerungsrechts des Insolvenzverwalters aus § 53 Abs. 1 StPO (a.F.) sprechen. Dies wird im Einzelnen zu zeigen sein.

3. Verfassungsunmittelbare Zeugnisverweigerungsrechte in der Rechtsprechung der ordentlichen Gerichte

In diesem Kontext ergingen zudem einige sehr wenige Entscheidungen der ordentlichen Gerichte[474]. Insbesondere wurden kaum jüngere Entscheidungen mehr veröffentlicht, die sich mit der Frage eines Zeugnisverweigerungsrechts aus den Grundrechten befasst haben[475].

Gleichwohl sollen die einschlägigen Entscheidungen nachfolgend kursorisch dargestellt werden.

a) Anerkennung verfassungsunmittelbarer Zeugnisverweigerungsrechte durch ordentliche Gerichte

Die Resonanz der ordentlichen Gerichte auf die eröffnete Möglichkeit verfassungsunmittelbarer Zeugnisverweigerungsrechte war nicht allzu groß.

Für eine Diplompsychologin, welche sexuell missbrauchte Frauen im Rahmen eines Verbandes betreute, hat das Landgericht Freiburg ein Zeugnisverweigerungsrecht im Rahmen einer verfassungsrechtlichen Abwägung anerkannt[476]. Das Gericht verweist dabei auf die Möglichkeit eines verfassungsunmittelbaren Zeugnisverweigerungsrechts, wobei es ausdrücklich offenlässt, ob ein solches generell für Diplompsychologen, die als Therapeuten tätig sind, gelten soll. Jedenfalls im konkreten Fall – dem mutmaßlichen Missbrauch an der Tochter der Klientin – solle ein solches bejaht werden, da durch die Offenbarung die Intimsphäre sowohl der Klientin als auch ihrer Tochter tangiert würde[477]. Die Abwägung im engeren Sinne falle zugunsten der Geheimhaltungsinteressen aus, da sich die Betroffene lediglich ihrer Mutter gegenüber offenbart hatte und zudem stark traumatisiert war; die Mutter wandte sich sodann an die Psychologin. Demgegenüber war das Strafverfolgungsinteresse sowohl wegen drohender

---

474 BayObLG NJW 1979, 2624; LG Hamburg NStZ 1983, 182; LG Mainz NJW 1988, 1744.

475 Vgl. LG Hamburg NStZ 1983, 182; LG Mainz NJW 1988, 1744; LG Freiburg NJW 1997, 813; OLG Koblenz NStZ-RR 2008, 283, wobei das Gericht ein entsprechendes Zeugnisverweigerungsrecht im dortigen Fall verneint hat.

476 LG Freiburg NJW 1997, 813.

477 LG Freiburg NJW 1997, 813.

Verjährung als auch wegen infolge Zeitablaufs allenfalls anfallender Bewährungsstrafe von untergeordnetem Gewicht[478].

Ein nur partielles Zeugnisverweigerungsrecht unmittelbar aus der Verfassung hatte zuvor das Landgericht Hamburg der Beraterin einer Drogenberatungsstelle zuerkannt[479]. Es ging um eine Sozialpädagogin, die vereinsintern Therapien mit jungen Drogenabhängigen durchführte[480]. Hinsichtlich bestimmter Fragen stehe ihr aufgrund von Art. 2 Abs. 1 und Art. 1 Abs. 1 GG ein Zeugnisverweigerungsrecht zu, nicht aber die pauschale Verweigerung sämtlicher Angaben[481]. Die schutzwürdigen Interessen des Geheimnisträgers überwögen hier hinsichtlich der Preisgabe der „Rahmendaten der Therapie" nicht, da diese mit Einverständnis der Strafverfolgungsbehörden aufgenommen wurde und deren Verlauf für das Schicksal des Ermittlungsverfahrens ausschlaggebend sein sollte[482].

b) Ablehnung verfassungsunmittelbarer Zeugnisverweigerungsrechte durch ordentliche Gerichte

Das Landgericht Mainz hat hingegen für eine in einem Förderverein für Jugendliche beschäftigte Drogenberaterin ein Zeugnisverweigerungsrecht unmittelbar aus der Verfassung abgelehnt[483]. Zwar erkannte auch das Landgericht Mainz die Möglichkeit, ein Zeugnisverweigerungsrecht gemäß der Rechtsprechung des Bundesverfassungsgerichts unmittelbar aus der Verfassung herzuleiten[484]. Im zu entscheidenden Fall sei der Tatvorwurf allerdings vergleichsweise schwer, die Aufklärung (vermutlich) nur durch die streitige Aussage möglich und der Eingriff in das Persönlichkeitsrecht demgegenüber gering gewesen, da es lediglich um die Preisgabe eines Namens und nicht um Beratungsinhalte ging. Infolgedessen fiel die Abwägung zu Lasten des Geheimnisschutzes aus[485].

In gleicher Richtung urteilte das Oberlandesgericht Koblenz im Falle des Mandanten eines Rechtsanwaltes[486]. Wenngleich ein Zeugnisverweigerungsrecht in Einzelfällen unmittelbar aus der Verfassung folgen könne[487], greife dies

478 LG Freiburg NJW 1997, 813 (814).
479 LG Hamburg NStZ 1983, 182.
480 LG Hamburg NStZ 1983, 182.
481 LG Hamburg NStZ 1983, 182.
482 LG Hamburg NStZ 1983, 182 (182 f.).
483 LG Mainz NJW 1988, 1744.
484 LG Mainz NJW 1988, 1744.
485 LG Mainz NJW 1988, 1744 (1745).
486 OLG Koblenz NStZ-RR 2008, 283.
487 OLG Koblenz NStZ-RR 2008, 283 (283 f.).

hier nicht. Die im Rahmen eines Verteidigungsverhältnisses bekannt gewordenen Tatsachen seien nicht dem schlechthin unantastbaren Bereich zuzuordnen, welcher jeglichem Zugriff durch die öffentliche Gewalt entzogen ist, da man diesen Bereich zwangsläufig verlasse, indem man sich einem anderen Menschen gegenüber mitteile[488]. Die grundsätzliche Offenbarungspflicht eines ehemaligen Mandanten im Hinblick auf seinen nunmehr selbst unter Anklage stehenden (ehemaligen) Rechtsanwalt sei nicht unverhältnismäßig, zumal dem Zeugen stets das Auskunftsverweigerungsrecht nach § 55 StPO zustehe[489]. Ein zu § 53 Abs. 1 S. 1 Nr. 3 StPO spiegelbildlicher Schutz sei mit dem Gesetzeszweck der Bestimmung nicht vereinbar und zudem auch nicht erforderlich[490].

Und auch das Bayerische Oberlandesgericht lehnte ein verfassungsunmittelbares Zeugnisverweigerungsrecht im dortigen Fall ab

„Nur äußerst selten – etwa bei der Verfolgung bloßer Bagatelldelikte oder von Ordnungswidrigkeiten geringer Bedeutung – wird danach der Richter Veranlassung haben, eine verfassungsrechtliche Begrenzung des Zeugniszwangs außerhalb der verfahrensgegenständlichen Normen des einfachen Rechts überhaupt in Betracht zu ziehen [...]. Ein solch seltener Fall liegt hier nicht vor.“[491]

c) *Stellungnahme*

Trotz der verschiedenen Konstellationen wird deutlich, dass auch die ordentlichen Gerichte ein verfassungsunmittelbares Zeugnisverweigerungsrecht nur selten zusprechen. Es fällt auf, dass sich die Gerichte zwar – pflichtgemäß – an die Vorgaben des Bundesverfassungsgerichts halten und die Ableitbarkeit eines verfassungsunmittelbaren Zeugnisverweigerungsrechts grundsätzlich bejahen. Es zeichnet sich jedoch keine Tendenz dahingehend ab, von dieser Möglichkeit extensiven Gebrauch zu machen, im Gegenteil. Die Dichte der veröffentlichten Entscheidungen ist derart gering, dass man davon ausgehen kann, dass diese Möglichkeit auch in Zukunft kaum Bedeutung in der Strafrechtspraxis erlangen wird.

In dogmatischer und inhaltlicher Sicht kann auf die Kritik verwiesen werden, welche bereits bezüglich der Rechtsprechung des Bundesverfassungsgerichts vorgebracht wurde[492]. Wenngleich sich die Sozialarbeiter-Entscheidung[493] nur

488 OLG Koblenz NStZ-RR 2008, 283 (284).
489 OLG Koblenz NStZ-RR 2008, 283 (284).
490 OLG Koblenz NStZ-RR 2008, 283 (284).
491 BayOblG NJW 1979, 2624 (2625).
492 Siehe hierzu oben Hauptteil C.I.1.c), 97 ff. und C.I.2.b), 101.
493 BVerfGE 33, 367.

in wenigen Entscheidungen der ordentlichen Gerichte widerspiegelt, so bleiben die dogmatischen Bedenken gegen diese Ableitung direkt aus der Verfassung bestehen.

Markant ist, dass auch im Rahmen der Judikatur der ordentlichen Gerichte kein einziger Fall veröffentlicht wurde, bei dem ein Zeugnisverweigerungsrecht für den Insolvenzverwalter unmittelbar aus der Verfassung erwogen wurde. Eine Auseinandersetzung hat diesbezüglich ausschließlich im Hinblick auf §§ 53 Abs. 1 S. 1 Nr. 3, 97 StPO stattgefunden, und auch dies nur in ungenügendem Maße[494].

Zu Recht resümiert *Baier*: „Angesichts des aus der Bindungswirkung der verfassungsgerichtlichen Rechtsprechung (§ 31 Abs. 1 BVerfGG) resultierenden Zwangs der staatlichen Instanzen zur Beachtung außerordentlicher Zeugnisverweigerungsrechte sollte der Gesetzgeber im Zuge der für geboten erachteten Verbesserung der Rechtsstellung von Zeugen auch den Katalog der Zeugnisverweigerungsrechte überarbeiten und die Rechtsprechung des Bundesverfassungsgerichts ihrer – wie gezeigt praktisch ohnehin geringen – Bedeutung berauben“[495].

4. *Zwischenergebnis*

Die Begründung eines verfassungsunmittelbaren Zeugnisverweigerungsrechtes überzeugt in keiner Hinsicht. Dass das Bundesverfassungsgericht seine eigene Widersprüchlichkeit erkannt hat, ist ihm zwar zugute zu halten, ändert aber nichts am Problem: Nur Einzelfall- und Ausnahme-Entscheidungen stellen keine tragfähige Lösung für ein Zeugnisverweigerungsrecht des Insolvenzverwalters dar.

Zudem haben Bundesverfassungsgericht wie auch ordentliche Gerichte das verfassungsunmittelbare Zeugnisverweigerungsrecht ausschließlich auf den Schutz der Intimsphäre und die Pressefreiheit gestützt (Art. 2 Abs. 1 GG; Art. 5 Abs. 1 S. 2 GG), wohingegen hier die Selbstbelastungsfreiheit des Insolvenzschuldners im Strafverfahren abgesichert werden soll.

Somit gilt das bereits zur Sozialarbeiter-Entscheidung Gesagte: Das verfassungsunmittelbare Zeugnisverweigerungsrecht für Berufsangehörige, die nicht bereits nach § 53 StPO zur Zeugnisverweigerung berechtigt sind, stellt keine allgemeingültige Lösung dar.

---

494 Siehe hierzu oben Hauptteil C.I.3., 102 ff.

495 *Baier* JR 1999, 495 (500).

II. Lösungsvorschläge in der Literatur zum Strafprozess-, Insolvenz- und Verfassungsrecht

In der Literatur wurde die Problematik, die sich aus der eingangs geschilderten Position des Insolvenzverwalters ergibt, nur teilweise erkannt und erörtert. Die erarbeiteten Lösungsansätze sind überwiegend unvollständig oder verkennen das Spannungsverhältnis, welches sich für den Insolvenzverwalter sowie den Insolvenzschuldner als späteren Beschuldigten ergibt.

1. *Ansatz von* Heußner

In seinem Sondervotum zum Gemeinschuldnerbeschluss des Bundesverfassungsgerichts zeigt *Heußner* einen Weg auf, wie effektiv verhindert werden könne, dass der Schuldner verfassungswidrig als Beweismittel gegen sich selbst instrumentalisiert werde[496].

a) Offenbarungsverbot und strafrechtliches Verwertungsverbot

Heußner vertritt die Auffassung, die bloße Ergänzung der damaligen konkursrechtlichen Regelung über die uneingeschränkte Aussagepflicht des Gemeinschuldners sei unter verfassungsrechtlichen Gesichtspunkten nicht ausreichend[497]. Wenn die unter Zwang herbeigeführte Selbstbezichtigung des Gemeinschuldners gegen seinen Willen zweckentfremdet und den Strafverfolgungsbehörden zugeführt werde, so verletze diese Zweckentfremdung bereits dessen Persönlichkeitsrecht aus Art. 2 Abs. 1 GG[498]. Der vorwerfbare Verstoß besteht also nicht erst in einer potenziellen Verwertung im Strafverfahren, sondern vielmehr bereits in der bloßen Weitergabe an Strafverfolgungsbehörden. Denn die Weitergabe der zweckentfremdeten Information sei wegen des im Strafverfahren bestehenden Verwertungsverbotes schon nicht erforderlich, in der Folge unverhältnismäßig und daher unzulässig. Die volle Gewähr dafür, dass die Auskünfte des Gemeinschuldners nicht über die vorgesehenen Zwecke hinaus verfassungswidrig im Strafverfahren verwertet werden, könne nur ein Verbot der Offenbarung an Unbefugte bieten. Nur so könne in einer dem Persönlichkeitsrecht angemessenen Weise verhindert werden, dass durch eine dysfunktionale Weitergabe, auf welche der Gemeinschuldner keinen Einfluss hat,

---

496 *Heußner* NJW 1981, 1433; ähnlich restriktiv, allerdings nicht ausdrücklich im Kontext des § 97 Abs. 1 S. 3 InsO *Bärlein/Pananis/Rehmsmeier* NJW 2002, 1825 (1829 ff.).

497 *Heußner* NJW 1981, 1433.

498 *Heußner* NJW 1981, 1433 in Übereinstimmung mit BVerfGE 56, 37 (50).

sein verfassungsrechtlich abgesichertes Aussageverweigerungsrecht umgangen wird[499].

Erst eine durch ein solches Offenbarungsverbot ergänzte uneingeschränkte Aussagepflicht des Gemeinschuldners erzeuge bei diesem auch das Vertrauen, dass aus seinen Erklärungen keine anderen als konkursrechtliche Konsequenzen gezogen werden; dies fördere damit seine Bereitschaft, im Interesse der Gläubiger wahrheitsgemäße Auskünfte zu geben. Die gegen seinen Willen erfolgende Übermittlung von Informationen aus dem Konkursverfahren, die im Strafverfahren ohnehin nicht verwertet werden dürfen, könne nur zu schwindender Kooperationsbereitschaft führen[500].

Daher ergebe sich bereits aus der Verfassung nicht bloß ein strafrechtliches Verwertungs-, sondern daneben auch ein Offenbarungsverbot gegenüber den Strafverfolgungsbehörden und den Strafgerichten[501].

b) Kritik der Literatur und Judikatur

Ein solches Offenbarungsverbot wird von weiten Teilen der Literatur und auch in der Judikatur bis heute abgelehnt; auch der Gesetzgeber orientierte sich bei der Konzeption des § 97 Abs. 1 S. 3 InsO an dem Votum der Mehrheit der Richter, ohne zu begründen, weshalb kein das Verwertungsverbot ergänzendes Offenbarungsverbot normiert wurde[502].

Gegen ein Offenbarungsverbot führt *Hefendehl* die veränderte Kompetenzverteilung an, denn letztlich hätten die Insolvenzgerichte zu prüfen, ob in den Insolvenzakten – speziell im Gutachten des Insolvenzverwalters – Auskünfte des Schuldners auftauchen, die geeignet sind, einen Straftatverdacht hervorzurufen[503]. Indessen seien die Insolvenzgerichte für eine entsprechende Prüfung gar nicht zuständig, so dass der Gewaltenteilungsgrundsatz durchbrochen werde. Überdies fehle den Insolvenzgerichten hierfür die nötige Sachkunde[504]. Ebenso würde *Hefendehl* zufolge das Problem, Auskünfte des Schuldners nicht immer trennscharf von anderen Inhalten der Insolvenzakte abgrenzen zu können, auch durch ein Offenbarungsverbot nicht gelöst[505].

---

499 *Heußner* NJW 1981, 1433.
500 *Heußner* NJW 1981, 1433.
501 *Heußner* NJW 1981, 1433.
502 Vgl. aktuelle Fassung des § 97 InsO.
503 *Hefendehl* wistra 2003, 1 (5).
504 *Hefendehl* wistra 2003, 1 (5). Zustimmend Münchener Kommentar InsO/ *Stephan* § 97 Rn. 17.
505 *Hefendehl* wistra 2003, 1 (5).

Richter weist ergänzend darauf hin, dass selbst mit Übermittlung der Insolvenzakten an die Staatsanwaltschaften die Verwertbarkeit oder Unverwertbarkeit der Erkenntnisse noch nicht final feststehe[506].

c) Stellungnahme

Der Vorschlag *Heußners* ähnelt der konsequenten Annahme einer Vorauswirkung des heutigen Verwendungsverbotes gemäß § 97 Abs. 1 S. 3 InsO, reicht dabei allerdings noch weiter.

Die Intention *Heußners*, den Schutz des Insolvenzschuldners durch ein Offenbarungsverbot zu stärken, ist zu begrüßen. Dem deutschen Rechtssystem sind Offenbarungsverbote zudem nicht generell fremd[507]. So handelt es sich hierbei in der Regel um konkrete Tatsachen, welche aus Geheimhaltungsgründen nicht an Unbefugte weitergegeben werden dürfen. Dabei bedarf es für die Qualifizierung, welche Informationen geheimhaltungsbedürftig sind, im Gegensatz zur Frage der strafrechtlichen Verwertbarkeit von Informationen keiner juristischen Prüfung.

Doch auch *Heußner* führt nicht näher aus, wie genau ein solches Offenbarungsverbot in der Praxis umgesetzt werden könnte, so dass er die dargestellten Bedenken der fehlenden Praktikabilität nicht ausräumen kann.

Darüber hinaus äußert *Heußner* sich nicht zur Rolle des Insolvenzverwalters (damals noch Konkursverwalters) im Strafverfahren. Er erkennt zwar die Schutzlücke, welche ein bloßes strafprozessuales Verwertungsverbot für den Schutz des Beschuldigten offenließe, nicht aber diejenige Gefährdung der Selbstbelastungsfreiheit, welche mittelbar durch die Vernehmung des Insolvenzverwalters (damals noch Konkursverwalters) als Zeugen im Strafverfahren entsteht (was aber auch seinerzeit nicht Gegenstand des Gemeinschuldnerbeschlusses war). Möglicherweise kann die Idee eines Offenbarungsverbotes aber als Ansatz auch für die Lösung dieser Problematik dienen.

2. Ansatz von Uhlenbruck

Uhlenbruck hatte sich vor Einführung des § 97 Abs. 1 S. 3 InsO sogar gänzlich gegen eine Pflicht des Schuldners zur Auskunftserteilung über strafrechtlich belastende Tatsachen ausgesprochen:

„Es läuft zwingenden rechtsstaatlichen Grundsätzen zuwider, den Gemeinschuldner mit Zwangsmitteln […] zur Auskunft über eigene Straftaten zu veranlassen. [… Das] allgemeine Recht, die Auskunft über eigene strafbare

506 *Richter* wistra 2000, 440.

507 Vgl. nur § 5 TSG; § 1758 BGB; § 23 ArbSchG.

Handlungen und die Mitwirkung bei deren Ermittlungen zu verweigern, [hat] vielmehr Vorrang vor dem gleichfalls schutzwürdigen Interesse der Gläubiger an einer Ermittlung von Konkursmasse.“[508]

Dementsprechend kritisiert er auch, dass die Ermittlungsbehörden und Insolvenzgerichte seit Einführung des § 97 Abs. 1 S. 3 InsO keine überzeugende Methode zur praktischen Umsetzung des Schutzes der Auskünfte des Schuldners gefunden hätten[509].

a) Kenntlichmachung oder Entfernung schuldnerischer Auskünfte

Ausdrücklich sei in § 97 Abs. 1 S. 3 InsO von einem „Verwendungsverbot“ die Rede, was auf eine Formulierung des Rechtsausschusses zurückzuführen sei; ein Verwendungsverbot sei mehr als ein strafprozessuales Verwertungsverbot[510]. Bei konsequenter Umsetzung der gesetzgeberischen Intentionen müsse dem Verwertungsverbot daher entsprechend dem Vorbild der nordamerikanischen „fruit of the poisonous tree“-Doktrin eine Fernwirkung beigemessen werden[511].

Trotz dieser weitreichenden Wirkung des Verwendungsverbotes erkennt *Uhlenbruck* die Schwierigkeiten an, welche sich bei der Umsetzung des Insolvenzgeheimnisses ergäben[512]. Für die Garantie des Schuldnerschutzes in der Praxis müssten *Uhlenbruck* zufolge die Insolvenzgerichte zur Kenntlichmachung oder Entfernung der schuldnerischen Auskünfte aus den Insolvenzakten verpflichtet werden. Nur so könne sichergestellt werden, dass die gemäß § 97 Abs. 1 S. 1, 2 InsO vom Schuldner erteilten Auskünfte nicht dazu missbraucht werden, Ansätze für weitere Ermittlungsmaßnahmen zu schöpfen[513]. Wie genau eine solche Vorgehensweise umgesetzt werden sollte, lässt er hingegen offen. Eine praktikable Lösung zu konstruieren obliege ihm zufolge den Insolvenzgerichten und Ermittlungsbehörden[514].

b) Stellungnahme

Uhlenbruck erkennt zutreffend die Problematik der drohenden Umgehung des Insolvenzgeheimnisses durch die Strafverfolgungsbehörden. Sein Ansatz geht

---

508 *Uhlenbruck* JR 1995, 445 (448).
509 *Uhlenbruck* NZI 2002, 401 (405).
510 *Uhlenbruck* NZI 2002, 401 (403).
511 *Uhlenbruck* NZI 2002, 401 (403) unter Verweis auf *Blersch* (Berliner Kommentar InsO, § 97 Rn. 6).
512 *Uhlenbruck* NZI 2002, 401 (403 ff.).
513 *Uhlenbruck* NZI 2002, 401 (405).
514 *Uhlenbruck* NZI 2002, 401 (405 f.).

jedoch nicht weit genug. Insbesondere die bloße Kenntlichmachung der schuldnerischen Auskünfte gewährleistet noch nicht, dass die Ermittlungsbehörden entsprechende Informationen nicht gleichwohl zur Kenntnis nehmen und sich lediglich einen alternativen Ansatz dorthin suchen. Zwar sollte grundsätzlich angenommen werden, dass sich staatliche Behörden an die rechtlichen Vorgaben halten und die Grenzen zulässiger Beweiserhebung nicht überschreiten. Die umfassende und noch immer ungelöste Debatte über den Umgang mit Beweisverboten im Strafverfahren zeigt jedoch die Notwendigkeit eines effektiven Schutzes verfassungsrechtlich garantierter Rechte des Beschuldigten. Ferner verdeutlicht die große Anzahl gerichtlicher Entscheidungen über Fälle, in denen die Ermittlungsbehörden gerade nicht rechtmäßig vorgegangen sind, die Tatsache, dass nicht zulasten des Schuldners davon ausgegangen werden kann, dass sich strafrechtliche Ermittlungen stets nur im Bereich der rechtmäßigen Beweisgewinnung bewegen.

Darüber hinaus sprechen auch Praktikabilitätserwägungen gegen die Kenntlichmachung sämtlicher Auskünfte des Schuldners in der Insolvenzakte. Insolvenzverfahren können enorm umfangreich sein und zahlreiche Ordner umfassen. Um wirklich sicher zu gehen, nicht gegen das Insolvenzgeheimnis zu verstoßen, müsste der als Zeuge geladene Insolvenzverwalter diese Unterlagen vollständig mit in die Hauptverhandlung nehmen und vor jeder zweifelhaften Antwort seine Unterlagen durchblättern und sich vergewissern, dass er die jeweils gefragten Auskünfte erteilen darf. Hierbei würden die Markierungen zwar vielleicht hilfreich sein; der Umfang von Unterlagen des zugehörigen Verfahrens würde dadurch jedoch nicht geschmälert. Überdies ist es nicht die Aufgabe des Insolvenzverwalters – insofern fehlt es ihm auch an der nötigen Sachkunde –, strafrechtlich belastende Auskünfte des Schuldners als solche zu erkennen.

Eine vollständige Entfernung der schuldnerischen Auskünfte würde den Insolvenzschuldner zwar schon besser schützen als die bloße Kenntlichmachung der entsprechenden Informationen. Doch ist es nicht die Aufgabe des Insolvenzgerichtes, darüber zu befinden, welche Auskünfte des Schuldners strafrechtlich relevant und demzufolge zu entfernen sind. Hierdurch würde eine unzulässige Kompetenzverschiebung erfolgen.

Insbesondere geht *Uhlenbruck* nicht ausdrücklich auf das besondere Spannungsverhältnis ein, in welchem sich der Insolvenzverwalter befindet.

3. *Ansatz von* Bömelburg

Bömelburg befasst sich in ihrer Arbeit lediglich am Rande mit der problematischen Stellung des Insolvenzverwalters als Schnittstelle zwischen dem Insolvenz- und einem potenziellen Strafverfahren.

a) Sonderakte für Auskünfte des Insolvenzschuldners

Sie will den Schutz des Schuldners dadurch gewährleisten, dass der (auch vorläufige) Insolvenzverwalter und das Insolvenzgericht verpflichtet werden, die Auskünfte des Schuldners in einer Sonderakte zu erfassen und die von ihm eventuell vorgelegten Unterlagen zu kennzeichnen[515]. Dabei könne allerdings nicht vom (vorläufigen) Insolvenzverwalter verlangt werden, genau darzulegen, woher welche einzelnen Informationen stammen, und überdies zu beurteilen, ob bestimmte Tatsachen ausschließlich auf der Auskunft des Schuldners beruhen oder diese Erkenntnisse auch von anderweitigen Quellen stammen[516]. Diese notwendige Abgrenzung der Herkunft der jeweiligen Informationen sollten sodann die Ermittlungsbehörden selbstständig vornehmen und entsprechend gekennzeichnete Informationen aus ihren strafrechtlichen Ermittlungen ausklammern[517].

b) Stellungnahme

Dieser Ansatz ähnelt dem von *Uhlenbruck* sehr. Der Vorteil einer Sonderakte gegenüber der bloßen Kennzeichnung von schuldnerischen Auskünften bestünde neben der besseren Übersichtlichkeit darin, dass der Zugang zu dieser Sonderakte den Ermittlungsbehörden gänzlich verwehrt bleiben und somit die oben genannte Gefahr eliminiert werden könnte, dass die Strafverfolgungsbehörden gleichwohl Notiz von strafrechtlich relevanten, erzwungenen Auskünften des Schuldners nehmen. Dieser Vorteil besteht indes nicht, wenn, wie von *Bömelburg* vorgeschlagen, schlussendlich doch sämtliche Akten an die Strafverfolgungsbehörden weitergegeben werden und diese über die Verwendbarkeit einzelner Informationen entscheiden. Somit erfordert dieser Ansatz in der Praxis einen enormen Aufwand, ohne dabei einen merklich verbesserten Schutz für den Schuldner zu gewährleisten. Gleichzeitig würde die Gewaltenteilung durchbrochen, wenn bereits der Insolvenzverwalter über die strafrechtliche

515 *Bömelburg*, 100, 143.
516 *Bömelburg*, 100 f.
517 *Bömelburg*, 101.

Verwertbarkeit von Erkenntnissen urteilen sollte und nicht das Gericht. Hierfür mangelt es ihm jedoch an der erforderlichen Kompetenz, auch würde dies zu einer weiteren Arbeitsbelastung für den Insolvenzverwalter führen.

4. Ansatz von Hohnel

Hohnel hat den bisher wohl extremsten Ansatz in der Literatur vertreten und sieht die Selbstbelastungsfreiheit durch die Einführung des § 97 InsO in Gefahr.

a) „Selbstbelastungsfreiheit in der Insolvenz“[518]

Hohnel kritisiert den unzureichenden Schutz der Beschuldigtenrechte in der Insolvenz und plädiert für einen umfassenden Schutz des (späteren) Beschuldigten. Dabei bemängelt er – zu Recht –, dass der Schutz des Beschuldigten vor unfreiwilliger Selbstinkriminierung *de facto* leerlaufe, obgleich das System des § 97 InsO abstrakt betrachtet ideal sei. Zwar entfalte § 97 Abs. 1 S. 3 InsO Fernwirkung; denn diesem Beweisverwendungsverbot sei ein Beweiserhebungsverbot immanent. Gleichwohl bleibe der verfassungsrechtlich notwendige Schutz der Rechte des Beschuldigten aus[519].

Dieser Konflikt solle dadurch behoben werden, dass der Insolvenzbericht der Ermittlungsbehörde unzugänglich gemacht und sämtliche Angaben des Schuldners aus der Insolvenzakte entfernt werden[520]. Der Insolvenzverwalter solle außerdem gesetzlich zur Verschwiegenheit verpflichtet werden und in einem späteren Strafverfahren nur mit Einverständnis des Schuldners als Zeuge zur Verfügung stehen dürfen. Wirtschaftliche Zusammenhänge der Insolvenz sollten im Strafprozess nicht vom Insolvenzverwalter, sondern von einem unabhängigen Sachverständigen erläutert werden. Im Ergebnis müsse § 97 InsO neu gefasst werden: einerseits dahingehend, dass die Weitergabe von Kenntnissen des Insolvenzverwalters an die Ermittlungsbehörde ausgeschlossen werde; andererseits sei die Verpflichtung des Insolvenzschuldners, strafbares Verhalten einem Gläubigerausschuss zu offenbaren, aufzuheben. Erst dann existiere eine Selbstbelastungsfreiheit[521].

518 *Hohnel* NZI 2005, 152 f.
519 *Hohnel* NZI 2005, 152 (153).
520 *Hohnel* NZI 2005, 152.
521 *Hohnel* NZI 2005, 152 (154).

b) Stellungnahme

Zunächst ist unklar, inwiefern die von *Hohnel* zugrunde gelegte Ermittlungspraxis zutreffend ist. *Tetzlaff* erachtet die Vorgehensweise der Ermittlungsbehörden für deutlich schuldnerfreundlicher als von *Hohnel* dargestellt[522].

Allerdings ist *Hohnel* durchaus darin zuzustimmen, dass der durch § 97 Abs. 1 S. 3 InsO vorgesehene Schutz bei der aktuellen gerichtlichen Interpretation seiner Reichweite dem verfassungsrechtlich verankerten Recht der Selbstbelastungsfreiheit nicht gerecht wird.

Leider lässt *Hohnel* einen Vorschlag, wie genau die Schweigepflicht für den Insolvenzverwalter ausgestaltet und wo sie dogmatisch verankert sein soll, vermissen. Fraglich wäre darüber hinaus, ob nach seiner Auffassung als Konsequenz aus dieser Schweigepflicht auch ein strafprozessuales Schweigerecht im Sinne eines Zeugnisverweigerungsrechts folgen müsste und ob ein solches von einem Beschlagnahmeverbot flankiert werden sollte.

Ebenso wenig unterbreitet *Hohnel* einen konkret ausformulierten Vorschlag für die geforderte Neufassung des § 97 InsO, nach der dann nur noch der Insolvenzverwalter auskunftsberechtigt sein soll.

5. *Ansatz von* Schork

Schork äußert sich zur Entscheidung des Landgerichts Ulm vom 15.01.2007 und leitet ausgehend davon eine Lösung her, um die Interessen des Beschuldigten zu wahren[523].

a) Beschlagnahmeverbot gemäß § 97 Abs. 1 S. 3 InsO

Dabei löst sie die Problematik der Beschlagnahme von Unterlagen beim Insolvenzverwalter durch ein zu seinen Gunsten wirkendes Beschlagnahmeverbot, abgeleitet aus § 97 Abs. 1 S. 3 InsO[524], und widerspricht somit der Auffassung des Landgerichts Ulm[525]. Es wird allerdings offengelassen, ob hieraus dann auch ein korrespondierendes Zeugnisverweigerungsrecht für den Insolvenzverwalter entsprechend dem Verhältnis zwischen § 53 StPO und § 97 StPO resultieren soll. Ein Beschlagnahmeverbot aus § 97 Abs. 1 i.V.m. § 53 StPO lehnt auch *Schork* ab, da der Insolvenzverwalter in einem hoheitlichen Verhältnis zum Schuldner stehe und es mithin an der für die Gewährung eines besonderen

522 *Tetzlaff* NZI 2005, 316 (317 f.).
523 *Schork* NJW 2007, 2056 (2057 f.).
524 *Schork* NJW 2007, 2056 (2057).
525 Vgl. LG Ulm NJW 2007, 2056.

Zeugnisverweigerungsrechts notwendigen Vertrauensbeziehung zwischen ihm und dem Schuldner mangele[526].

Weiterhin erfasse das Verbot des § 97 Abs. 1 S. 3 InsO sämtliche Auskünfte, denen ein durchsetzbares Auskunftsersuchen zu Grunde liege, unabhängig davon, ob die Auskünfte freiwillig oder unter Zwang getätigt würden; auch komme es nicht darauf an, ob eine Auskunft mündlich oder schriftlich erteilt werde. Somit seien sämtliche Unterlagen des Schuldners vom Beschlagnahmeverbot aus § 97 Abs. 1 S. 3 InsO erfasst; ausgenommen sollen – entsprechend den Regelungen für Steuerberater – allenfalls Unterlagen sein, zu deren Führung und Aufbewahrung der Schuldner gesetzlich verpflichtet ist, denn auch im Steuerstrafrecht sollen „Überführungsgegenstände“ dann keinem Beschlagnahmeverbot unterliegen, wenn es sich dabei um solche Unterlagen handelt, zu deren Aufbewahrung der Klient verpflichtet ist, wie beispielsweise Rechnungen nach § 14 UStG[527].

b) Stellungnahme

Der Vorschlag von *Schork* ist im Ergebnis zu begrüßen. Durch ein Beschlagnahmeverbot bezüglich schuldnerischer Unterlagen beim Insolvenzverwalter wird der Insolvenzschuldner effektiv geschützt[528]. *Schork* begründet die Herleitung dieses Beschlagnahmeverbotes aus § 97 Abs. 1 S. 3 InsO mit dem Gemeinschuldnerbeschluss, in welchem der Senat alle Auskunftspflichtigen für schützenswert gehalten habe und nicht nur diejenigen, welche bereits unter Zwang Auskünfte getätigt haben. Jedoch bleibt *Schork* eine konkrete dogmatische Herleitung des Beschlagnahmeverbotes schuldig, allein aus dem Wortlaut des § 97 Abs. 1 S. 3 InsO ergibt sich ein solches Verbot auf den ersten Blick nicht. Ebenso bleibt offen, ob sich dann konsequenterweise aus § 97 Abs. 1 S. 3 InsO auch ein Zeugnisverweigerungsrecht für den Insolvenzverwalter ableiten lässt.

---

526 *Schork* NJW 2007, 2056 (2057).

527 *Schork* NJW 2007, 2056 (2058) unter Bezugnahme auf LG Stuttgart NZI 2001, 498.

528 Ebenso auch *Uhlenbruck* NZI 2002, 401 (405), der eine Beschlagnahme von Unterlagen des Insolvenzschuldners beim Insolvenzverwalter, die aufgrund der Aussagepflicht und im Vertrauen auf das strafrechtliche Verwendungsverbot entstanden sind, nur mit Zustimmung des Schuldners für zulässig hält.

6. *Zusammenfassung*

Nur *Hohnel* und *Schork* befassten sich überhaupt ausdrücklich mit der Rolle des Insolvenzverwalters im Kontext des Schuldnerschutzes in einem Strafverfahren. Die anderen Autoren diskutierten lediglich die Möglichkeiten einer generellen Verbesserung des Schuldnerschutzes. *Hohnel* zufolge gibt es für eine Schweigepflicht des Insolvenzverwalters *de lege lata* keine Rechtsgrundlage[529]. Es bleibe somit dem Gesetzgeber überlassen, eine solche zu schaffen.

Der Ansatz von *Schork* geht nicht weit genug, wenn neben dem Beschlagnahmeverbot nach § 97 Abs. 1 S. 3 InsO zu Gunsten des Insolvenzverwalters nicht auch ein Zeugnisverweigerungsrecht für diesen anerkannt wird, was in ihrer Anmerkung – wohl mangels Fallrelevanz – leider offengelassen wurde. Die Vorschläge von *Uhlenbruck* und *Bömelburg* gehen ebenfalls nicht weit genug und begegnen ebenso wie das von *Heußner* geforderte Offenbarungsverbot Bedenken.

III. Zwischenergebnis

Die Herleitung nicht normierter Zeugnisverweigerungsrechte nach Maßgabe der Judikatur des Bundesverfassungsgerichts sowie der ordentlichen Gerichte überzeugt nicht.

Die Sozialarbeiter-Entscheidung – damals als wegweisend erachtet – hatte nur geringe Auswirkungen auf die später ergangene Rechtsprechung der ordentlichen Gerichte. In einigen weiteren Entscheidungen beschäftigte sich das Bundesverfassungsgericht vor allem im Kontext der Rechte der Pressemitarbeiter mit der Interpretation des § 53 Abs. 1 StPO.

Ein verfassungsunmittelbares Zeugnisverweigerungsrecht für Insolvenzverwalter wurde dagegen nicht diskutiert. Mit den vorliegenden Entscheidungen des Bundesverfassungsgerichts lässt es sich ohnehin nicht begründen, da diese, wie stets betont, nur Ausnahmecharakter haben.

Doch auch die Literatur hat bisher keine Lösung präsentiert, die das Spannungsverhältnis des Insolvenzverwalters zufriedenstellend auflöst und durch eine Stärkung seiner Position die Rechte des Insolvenzschuldners im Strafverfahren besser schützt.

Die vorliegende Arbeit zielt darauf ab, eine allgemeingültige Lösung zu konzipieren, und befasst sich insbesondere mit der Herleitung eines nicht nur ausnahmsweise gültigen Zeugnisverweigerungsrechts für Insolvenzverwalter. Diese

529 So auch *Deckenbrock/ Fleckner* ZIP 2005, 2290.

spezielle Problematik der Zeugenaussage des Insolvenzverwalters in Insolvenzstrafverfahren bedarf einer weiteren vertieften Auseinandersetzung. Es ist zu klären, inwieweit die Weitergabe von Informationen durch den Insolvenzverwalter im Strafverfahren aus verfassungs- und strafverfahrensrechtlichen Gründen verhindert werden muss und kann.

D. Empirische Forschung: Umfrage bei Insolvenzverwaltern

Es wurden bisher nur wenige Urteile veröffentlicht, welche das Verwendungsverbot des § 97 Abs. 1 S. 3 InsO zum Gegenstand hatten[530].

I. Gestaltung der Umfrage

Die nachfolgende Untersuchung soll daher die Bedeutung dieser bislang hier nur theoretisch behandelten Problematik für die juristische Praxis zeigen. Sie ermöglicht eine spezifische Auseinandersetzung mit der aktuellen Insolvenzrechtspraxis unter besonderer Berücksichtigung der Beschuldigtenrechte in Strafverfahren wegen Insolvenzdelikten.

1. Untersuchungsstrategische Festlegungen

In der ersten Phase der Untersuchung wird deren Ablauf strukturiert[531]. Zunächst wird ein thematischer Bereich festgelegt, die spezifischen Forschungsprobleme werden ausgewählt und Forschungsfragen konzipiert[532]. Hieraus wird ein Forschungsplan entwickelt[533]. Anschließend folgt die Durchführung der Erhebung und Sammlung des Datenmaterials, sodann folgen die Aufbereitung und Auswertung sowie die Analyse und Interpretation der Daten[534].

Generell wird zwischen deskriptiven, explorativen und explanativen Studien unterschieden[535]. Deskriptive Studien bieten sich bei der Untersuchung eines bestimmten, bisher unbekannten oder nur wenig bekannten Gegenstandsbereichs an[536]. Explorative Studien dienen der Hypothesengenerierung,

530 Siehe hierzu Hauptteil A., 21 ff.
531 *Eisenberg/ Kölbel* 1. Teil, 2. Titel, 1. Kapitel Rn. 1.
532 *Eisenberg/ Kölbel* 1. Teil, 2. Titel, 1. Kapitel Rn. 1.
533 *Eisenberg/ Kölbel* 1. Teil, 2. Titel, 1. Kapitel Rn. 1.
534 *Eisenberg/ Kölbel* 1. Teil, 2. Titel, 1. Kapitel Rn. 1.
535 *Eisenberg/ Kölbel* 1. Teil, 2. Titel, 1. Kapitel Rn. 2.
536 *Eisenberg/ Kölbel* 1. Teil, 2. Titel, 1. Kapitel Rn. 2.

wohingegen bei explanativen Studien vorab entwickelte Hypothesen im Hinblick auf Ursache und Wirkung überprüft werden[537].

Weiterhin wird zwischen quantitativen und qualitativen Studien differenziert[538]. Bei qualitativen Studien, beispielsweise Einzelfallanalysen, erfolgt meist ein induktives Vorgehen, es werden nur selten vorab theoriebasierte Hypothesen entwickelt[539]. Quantitative, also statistisch auswertbare Erhebungsmethoden können insbesondere die Sammlung kriminalistischer Daten, Aktenauswertungen oder standardisierte Befragungen sein[540]. Hinsichtlich der Geeignetheit, Leistungsfähigkeit und wechselseitigen Ergänzungsmöglichkeit von qualitativer und quantitativer Forschung besteht seit jeher Uneinigkeit in der Wissenschaft[541].

a) Umfang der Stichprobe

Während noch zur Zeit der Einführung der Insolvenzordnung nur recht wenige Personen als Insolvenzverwalter tätig waren, existiert mittlerweile ein Überangebot[542]; *Ries* spricht in diesem Zusammenhang sogar von einer „Insolvenzverwalterschwemme"[543]. Hieraus ergibt sich die Schwierigkeit, eine repräsentative Gesamtheit[544] zu befragen, daher erhebt diese Untersuchung auch nicht den Anspruch der Repräsentativität. Im Ergebnis wurde keine generalisierbare „Totalerhebung"[545] angestrebt, sondern lediglich eine Stichprobe von 23 Teilnehmern ausgewählt. Diese Auswahl erfolgte nur teilweise willkürlich. Die Untersuchungseinheit besteht ausschließlich aus Insolvenzverwaltern, welche zugleich als Rechtsanwälte tätig sind. Sie arbeiten gemeinsam im Rahmen des „Forums Insolvenzrecht" zusammen. Die Befragung erfolgte während eines Tagungstreffens in Freiburg im September 2017. Hierbei erhielten die Teilnehmer Fragebögen mit vorab festgelegten Antwortmöglichkeiten (standardisiertes Verfahren[546]).

Zusammengefasst wird vorliegend eine empirische, deskriptive Studie (Primärforschung) durch die stichprobenartige Befragung einer Untersuchungseinheit durchgeführt, wobei die Untersuchung quantitativ in Form einer

---

537 *Eisenberg/ Kölbel* 1. Teil, 2. Titel, 1. Kapitel Rn. 2.
538 *Eisenberg/ Kölbel* 1. Teil, 2. Titel, 1. Kapitel Rn. 3.
539 *Eisenberg/ Kölbel* 1. Teil, 2. Titel, 1. Kapitel Rn. 2 f.
540 *Eisenberg/ Kölbel* 1. Teil, 2. Titel, 1. Kapitel Rn. 3.
541 Vgl. hierzu ausführlich und m.w.N. *Eisenberg/ Kölbel* 2. Titel, 1. Kapitel Rn. 3 ff.
542 Braun InsO/ *Blümle* § 56 Rn. 3.
543 Schmidt InsO/ *Ries* § 56 Rn. 5.
544 Vgl. zur Begrifflichkeit *Eisenberg/ Kölbel* 1. Teil, 2. Titel, 1. Kapitel Rn. 6.
545 *Eisenberg/ Kölbel* 1. Teil, 2. Titel, 1. Kapitel Rn. 6.
546 Vgl. *Eisenberg/ Kölbel* 1. Teil, 2. Titel, 1. Kapitel Rn. 18.

Zusammenhangsstudie erfolgt, deren Ziel die Beschreibung bestimmter Vorgänge ist.

b) Untersuchungshypothesen

Die nachfolgenden Hypothesen wurden auf der Grundlage der theoretischen Untersuchung dieser Arbeit generiert und sollten im Folgenden auf Richtigkeit geprüft werden.

(1) Nur wenige Insolvenzverwalter verweigern ihre Zeugenaussage in Strafverfahren gegen Insolvenzschuldner wegen der Begehung von Insolvenzdelikten.
(2) Die Zeugenaussage des Insolvenzverwalters trägt zur Verurteilung des Insolvenzschuldners in Strafverfahren wegen der Begehung von Insolvenzdelikten bei.
(3) Die Insolvenzakten der Insolvenzverwalter tragen ebenfalls zur Verurteilung der Insolvenzschuldner in Strafverfahren wegen der Begehung von Insolvenzdelikten bei.

2. Erstellung und Gebrauch des Fragebogens

Die Datenerhebung erfolgte mittels eines Fragebogens. Dieser enthielt zehn überwiegend geschlossene Fragen, teilweise mit Unterfragen, sowie vorgegebene Antwortmöglichkeiten. Überdies waren drei freitextliche Felder enthalten, bei denen es sich um Fragen nach konkreten individuellen Zahlen handelte.

Zunächst wurde ein Entwurf des Fragebogens erstellt. Dieser wurde einem einzelnen Teilnehmer der Umfrage bereits im Vorfeld übermittelt, um den Fragenkatalog einem Pretest zu unterziehen. In dieser Voruntersuchung sollte festgestellt werden, ob die Fragen eindeutig und verständlich formuliert sind; insbesondere wurde im Hinblick auf die vorgegebenen Antwortmöglichkeiten in Form von Zahlen um eine Rückmeldung gebeten, inwiefern diese aus Sicht eines Praktikers realistisch und zielführend seien.

Nach dieser Vorbefragung wurden die Zahlen der vorgegebenen Antwortmöglichkeiten leicht angepasst, so dass sich der Fragebogen wie folgt darstellte:

Fragebogen

1. Seit wie vielen Jahren sind Sie als Insolvenzverwalter/ in tätig?
2. Seit wie vielen Jahren sind Sie Fachanwalt/ Fachanwältin für Insolvenzrecht?
3. Wie viele Insolvenzverfahren bearbeiten Sie in etwa jährlich?

4. Wurden Sie in den vergangenen zwei Jahren (September 2015-August 2017) als Zeuge/ Zeugin in einem Strafverfahren wegen Insolvenzdelikten gegen einen Ihrer Insolvenzschuldner geladen?

Ja ☐ Nein ☐

Wenn ja, wie häufig?

Bis zu fünfmal ☐

Sechsmal - zehnmal ☐

Elfmal - zwanzigmal ☐

Mehr als zwanzigmal ☐

5. Haben Sie in einem der vorgenannten Fälle auch tatsächlich als Zeuge/ Zeugin ausgesagt?

In jedem Fall ☐

Eher häufig ☐

Etwa in der Hälfte der Fälle ☐

Eher selten ☐

In keinem Fall ☐

6. Haben Sie in einem der vorgenannten Fälle in einer Zeugenvernehmung im Strafverfahren schon einmal die Aussage unter Hinweis darauf, dass Sie über das befragte Thema zur Verschwiegenheit verpflichtet sind, verweigert?

In jedem Fall ☐

Eher häufig ☐

Etwa in der Hälfte der Fälle ☐

Eher selten ☐

In keinem Fall ☐

7. Kennzeichnen Sie in Ihren Insolvenzakten diejenigen Informationen, welche Sie nur vom Schuldner im Rahmen des § 97 Abs. 1 S. 1, 2 InsO erlangt haben?

Ja ☐ Nein ☐

Falls nein, können Sie dennoch in Ihren Insolvenzakten diejenigen Informationen, welche Sie vom Schuldner erlangt haben, von denjenigen unterscheiden, welche Sie durch eigene Nachforschungen erlangt haben?

Ja ☐ Nein ☐

8. Kennzeichnen Sie in Ihren Insolvenzakten diejenigen Informationen, welche Sie vom Schuldner unter Anwendung von Zwangsmitteln durch den Richter oder einen Gerichtsvollzieher erlangt haben?

Ja ☐ Nein ☐

Falls nein, können Sie diese Informationen dennoch in Ihren Insolvenzakten von den anderweitig gewonnenen Informationen unterscheiden?

Ja ☐ Nein ☐

9. Haben Sie Kenntnis darüber, ob ein Insolvenzschuldner aufgrund von Informationen aus Ihrer Insolvenzakte rechtskräftig wegen eines Insolvenzdeliktes verurteilt wurde?

Ja □ Nein □

Wenn ja, wie häufig?

Bis zu fünfmal □

Sechsmal - zehnmal □

Elfmal - zwanzigmal □

Mehr als zwanzigmal □

10. Haben Sie es bereits erlebt, dass ein Insolvenzschuldner aufgrund Ihrer Zeugenaussage im Strafverfahren rechtskräftig wegen eines Insolvenzdeliktes verurteilt wurde?

Ja □ Nein □

Wenn ja, wie häufig?

Bis zu fünfmal □

Sechsmal - zehnmal □

Elfmal - zwanzigmal □

Mehr als zwanzigmal □

3. *Durchführung der Befragung*

Die Fragebögen wurden der Zielgruppe im Rahmen eines Tagesordnungspunktes bei einem Treffen des Arbeitskreises ausgehändigt, vor Ort ausgefüllt und an eine vertrauliche Hilfsperson zurückgegeben. Diese hat die gesammelten Bögen auf dem Postweg an die Verfasserin zurückgeschickt[547]. Die Fragebögen wurden im Zeitraum vom 02.01.2018 bis 02.02.2018 ausgewertet.

II. Auswertung der Umfragebögen

Sämtliche 23 Fragebögen wurden von den Teilnehmern ausgefüllt und konnten anschließend ausgewertet werden; niemand hat die Teilnahme an der Befragung abgelehnt.

1. *Vorgehensweise*

Die Antworten der durchnummerierten Fragebögen wurden zunächst in einer Excel-Tabelle gesammelt. Dabei wurden die Ziffern der Fragebögen absteigend in die erste Spalte eingetragen, die Antworten, abgekürzt mit F1 bis F10, wurden

547 Die ausgefüllten Fragebögen wurden eingescannt und liegen auch in elektronischer Form vor.

in die oberste Zeile eingetragen. Somit ergab sich ein erster Überblick der erhaltenen Antworten[548].

Sodann wurden die ersten drei – freitextlichen – Antworten in Blöcke eingeteilt.

> Frage 1: Unter zehn Jahre, zehn Jahre bis 19 Jahre, 20 Jahre bis 29 Jahre, 30 Jahre und mehr.
> Frage 2: Unter zehn Jahre, zehn Jahre bis 15 Jahre, 16 Jahre bis 20 Jahre, k.A. (keine Angaben).
> Frage 3: Bis 10 Verfahren, elf bis maximal 30 Verfahren, 31 bis maximal 50 Verfahren, 51 bis maximal 99 Verfahren, 100 Verfahren und mehr, k.A. (keine Angaben).

Dadurch sollte eine grobe Differenzierung zwischen relativ wenig praktischer Erfahrung, relativ viel Berufserfahrung und solider Berufserfahrung ermöglicht werden, um die nachfolgenden Antworten der Probanden auch vor diesem Hintergrund zu bewerten.

2. *Darstellung und Interpretation der Umfrageergebnisse*

Schließlich wurden die einzelnen Fragen isoliert sowie teilweise in Relation zueinander summiert und analysiert.

a) *Berufserfahrung der Befragten*

Die Teilnehmer wurden zunächst nach der Dauer sowie der Art ihrer beruflichen Erfahrung im Bereich des Insolvenzrechts befragt.

Dabei gab lediglich eine Person (4 %) an, weniger als zehn Jahre Berufserfahrung zu haben. Acht Personen (35 %) weisen eine zehn- bis 19-jährige Erfahrung in der Berufspraxis auf. Zwölf Personen (52 %) weisen eine Berufserfahrung von 20 bis 29 Jahren als Insolvenzverwalter auf, zwei Personen (9 %) sogar über 29 Jahre. Fast zwei Drittel (61 %) der Befragten sind demnach 20 Jahre und länger als Insolvenzverwalter tätig.

Die durchschnittliche Berufserfahrung der Befragten liegt bei 20,1 Jahren, sie verfügen also zu großen Teilen über eine langjährige berufliche Erfahrung in diesem Fachgebiet.

---

548 Siehe hierzu im Einzelnen Anlage A 1.

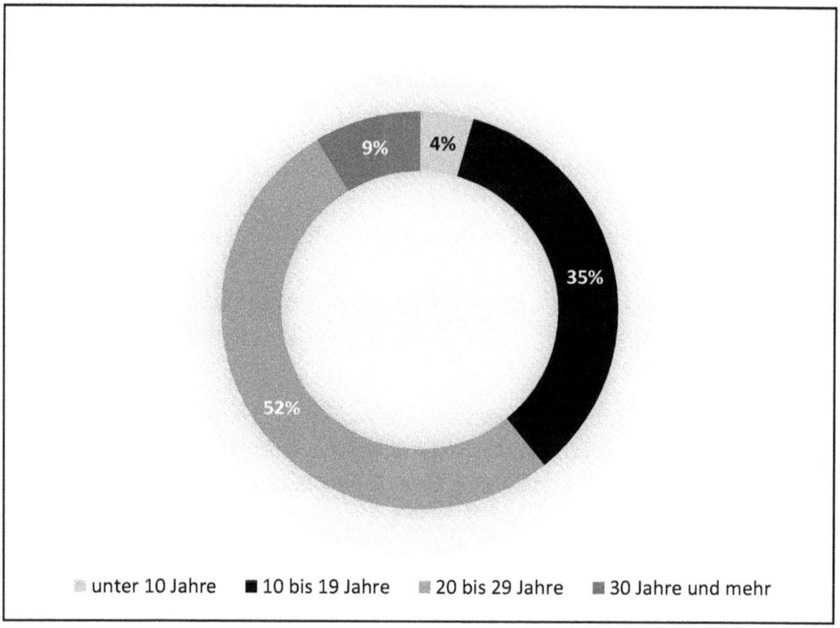

Abbildung 1 Erfahrungswerte: Zeit der Tätigkeit als Insolvenzverwalter

Darüber hinaus wurden die Insolvenzverwalter danach befragt, ob sie die Bezeichnung Fachanwalt für Insolvenzrecht tragen, und wenn ja, wie lange schon.

Insgesamt tragen 19 Personen (83 %) diese Bezeichnung, darunter zwei Personen (9 %) seit weniger als zehn Jahren. Etwa drei Viertel der Befragten (74 %) führen diese Bezeichnung bereits seit zehn Jahren oder länger, acht Personen (35 %) sogar seit 16 bis 20 Jahren. Vier Personen (17 %) tätigten hierzu keine Angaben, was den Schluss nahelegt, dass sie nicht über eine entsprechende Bezeichnung verfügen.

Tabelle 1 Erfahrungswerte: Zeit der fachanwaltlichen Tätigkeit

Teilnehmer	Zeit der fachanwaltlichen Tätigkeit
2	Bis 10 Jahre
9	11 bis 15 Jahre
8	16 bis 20 Jahre
4	k.A.

Die Vergabe der Fachanwaltsbezeichnung regeln die Fachanwaltsordnung sowie die Bundesrechtsanwaltsordnung, vgl. § 1 Abs. 1 FAO, § 43 c Abs. 1 S. 2 BRAO. Für die Bezeichnung als Fachanwalt für Insolvenzrecht müssen die Insolvenzverwalter demnach nicht nur eine Vielzahl bearbeiteter Fälle nachweisen, sondern zudem auch über außerordentliche theoretische Kenntnisse verfügen und diese in Leistungskontrollen unter Beweis stellen. Im Einzelnen müssen sie gemäß §§ 4, 4 a, 6 FAO insgesamt 180 Vortragsstunden und 15 Klausurstunden absolvieren. Eine weitere Voraussetzung ist gemäß § 3 FAO eine dreijährige Zulassung und Tätigkeit innerhalb der letzten sechs Jahre vor Antragstellung. Als praktische Nachweise müssen die Antragsteller gemäß § 5 Abs. 1 g FAO über 60 Fälle aus verschiedenen Themenschwerpunkten innerhalb der letzten drei Jahre vor Antragstellung weisungsfrei und persönlich als Rechtsanwalt bearbeitet haben. Ferner müssen die in § 14 FAO aufgelisteten besonderen Kenntnisse im Insolvenzrecht nachgewiesen werden, darunter materielles Insolvenzrecht, Insolvenzverfahrensrecht sowie betriebswirtschaftliche Grundlagen.

Die Bezeichnung als Fachanwalt für Insolvenzrecht ist mithin ein weiteres Indiz für eine umfassende praktische Erfahrung der Befragten sowie deren besondere fachliche Kompetenz.

Darüber hinaus wurde die Praxiserfahrung der Befragten in Form der durchschnittlich bearbeiteten Verfahren pro Kalenderjahr erfragt. Etwa ein Fünftel der Befragten (5 Teilnehmer beziehungsweise 22 %) bearbeiten elf bis maximal 30 Verfahren jährlich. Der überwiegende Teil (9 Teilnehmer beziehungsweise 39 %) bearbeitet jedoch zwischen 31 und 50 Verfahren pro Kalenderjahr. Lediglich zwei Personen (9 %) gaben an, zwischen 51 und 99 Verfahren jährlich zu bearbeiten. Bemerkenswert ist, dass über ein Fünftel der Befragten (ebenfalls 5 Teilnehmer beziehungsweise 22 %) mindestens 100 Verfahren jährlich bearbeiten, eine Person gab sogar an, etwa 200 Verfahren jährlich zu bearbeiten. Von den 23 Befragten tätigte lediglich eine Person (4 %) hierzu keine Angaben.

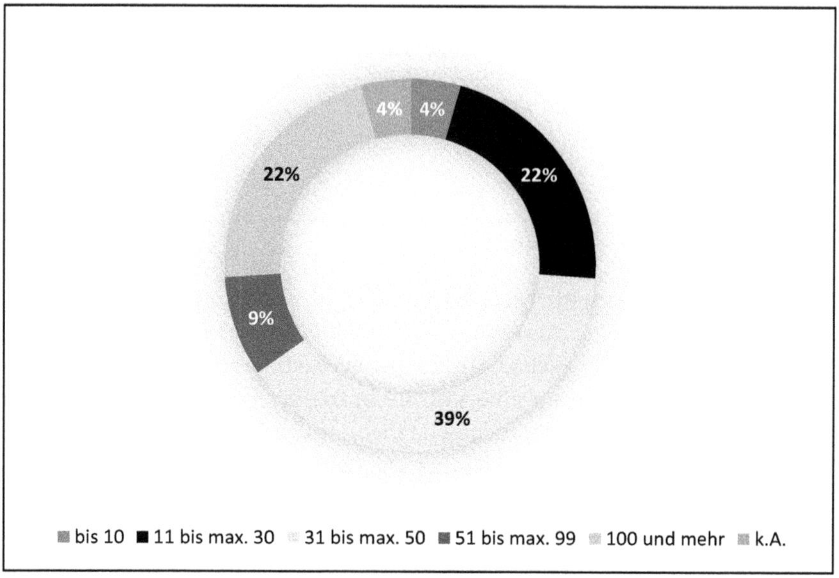

Abbildung 2 Anzahl der jährlichen Insolvenzverfahren im Durchschnitt

Die Angaben weisen sehr starke Abweichungen auf. Während ein Befragter angab, maximal zehn Verfahren im Jahr zu bearbeiten, gab ein anderer Befragter an, circa 200 Verfahren jährlich zu bearbeiten. Insgesamt bearbeiten knapp drei Viertel der Befragten (70 %) jährlich zwischen 30 und mehr Verfahren.

Die Mehrheit der Befragten hat somit eine langjährige und umfassende berufliche Erfahrung als Insolvenzverwalter.

b) Ladungen als Zeuge in Insolvenzstrafverfahren

Die Teilnehmer tätigten auch Angaben zu ihren Erfahrungen als Zeugen in Strafverfahren wegen Insolvenzdelikten; der Untersuchungszeitraum beträgt hierbei zwei Jahre.

Der überwiegende Teil (21 Teilnehmer beziehungsweise 91 %) wurde im Zeitraum zwischen September 2015 und August 2017 mindestens einmal als Zeuge in Strafverfahren gegen von ihnen betreute Insolvenzschuldner geladen. Davon wurden elf Personen (48 %) eigenen Schätzungen zufolge bis zu fünfmal geladen. Vier Personen (17 %) gaben an, zwischen sechs- und zehnmal während dieses Zeitraums geladen worden zu sein. Fünf Personen (22 %) wurden zwischen elfmal und zwanzigmal geladen, und eine Person gab an, sogar häufiger als zwanzigmal innerhalb dieser zwei Jahre geladen worden zu sein.

Ein Großteil (17 Teilnehmer beziehungsweise 74 %) wurde eher selten – bis zu zehnmal jährlich – oder gar nicht als Zeuge in Insolvenzstrafverfahren geladen. Lediglich etwa ein Viertel der Befragten (6 Teilnehmer beziehungsweise 26 %) wurde mehr als zehnmal als Zeuge geladen.

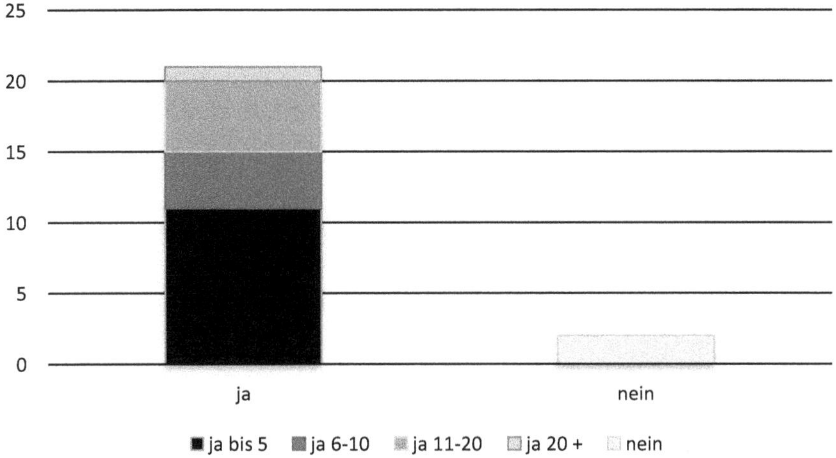

Abbildung 3 Vorladungen als Zeugen in Insolvenzstrafverfahren im Zeitraum von September 2015 bis August 2017

Die weitere Auswertung zeigt, dass die Häufigkeit der Zeugenladungen in Strafverfahren wegen Insolvenzdelikten keinen klaren Bezug zu der Anzahl jährlich bearbeiteter Insolvenzverfahren aufweist.

Innerhalb der Gruppe von Befragten, welche angab, bis zu zehnmal innerhalb von zwei Jahren als Zeuge geladen worden zu sein, waren sowohl Insolvenzverwalter mit einer großen Anzahl jährlich bearbeiteter Verfahren (51 bis über 100) als auch Insolvenzverwalter, die jährlich nur bis maximal 30 Verfahren durchrühren. Die größte Anzahl von Ladungen wiesen Insolvenzverwalter auf, welche zwischen 31 und maximal 50 Insolvenzverfahren jährlich bearbeiten. Auffällig ist, dass die Person, welche innerhalb der untersuchten zwei Jahre mehr als zwanzigmal geladen wurde, angab, zudem an etwa 50 Verfahren jährlich, somit etwa 100 Verfahren in zwei Jahren zu bearbeiten. Demnach wurde diese Person in über 20% der bearbeiteten Insolvenzverfahren anschließend in einem Insolvenzstrafverfahren als Zeuge geladen, was durchaus als häufig angesehen werden kann. Demgegenüber bearbeitet eine andere Person circa 200 Verfahren jährlich, also etwa 400 Verfahren in zwei Jahren und wurde in diesem Zeitraum lediglich bis zu fünfmal anschließend als Zeuge im Strafverfahren geladen (also in maximal 1,25 % der bearbeiteten Verfahren).

Es ergibt sich mithin kein klares Bild einer Relation zwischen der Anzahl jährlich durchgeführter Insolvenzverfahren und einer Zeugenladung in Strafverfahren wegen Insolvenzdelikten. Dies kann auf unterschiedliche Faktoren zurückzuführen sein. Je nachdem, ob es sich bei den Verfahren um Unternehmer- oder Verbraucherinsolvenzen handelt, divergieren Aufwand und Umfang für den Insolvenzverwalter erheblich. Überdies dürfte das Strafverfolgungsinteresse bei Verstößen im Rahmen von Unternehmensinsolvenzen mit einer großen Anzahl potenziell geschädigter Gläubiger und einer erheblichen Insolvenzmasse größer sein als dasjenige an der Insolvenzverschleppung eines Verbrauchers. Die Arten der Insolvenz waren aber nicht Gegenstand der vorliegenden empirischen Untersuchung.

c) Aussagen als Zeugen in Insolvenzstrafverfahren

Weiterhin wurden die Teilnehmer gefragt, ob sie im Falle einer Ladung als Zeuge im Strafverfahren auch eine Aussage getätigt haben oder ob sie diese unter Verweis auf eine entgegenstehende Verschwiegenheitspflicht verweigert haben.

Von den 21 Personen, welche als Zeuge in Insolvenzstrafverfahren geladen wurden, gaben vier Personen (19 %) an, in jedem Fall, in dem sie als Zeuge zu einem Strafverfahren geladen wurden, auch ausgesagt zu haben. Fast ein Drittel der Befragten (6 Personen beziehungsweise 29 %) hat eigenen Angaben zufolge eher häufig ausgesagt. Acht Personen (38 %) haben in etwa der Hälfte der Fälle, in denen sie geladen wurden, als Zeuge ausgesagt und drei Personen (14 %) wurden zwar geladen, haben aber eher selten auch tatsächlich als Zeuge ausgesagt. Keiner der Probanden wurde zwar einmal oder mehrmals als Zeuge geladen, hatte sodann jedoch in keinem Fall tatsächlich als Zeuge ausgesagt.

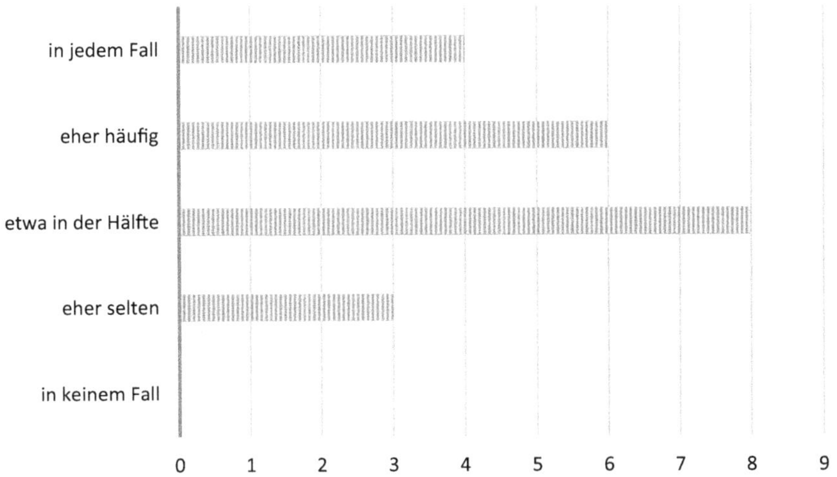

Abbildung 4 Aussagen als Zeugen in Insolvenzstrafverfahren

Anschließend wurde gefragt, ob die als Zeugen vorgeladenen Insolvenzverwalter ihre Aussage unter Berufung auf eine – ihrer Auffassung nach – entgegenstehende Verschwiegenheitspflicht verweigert hatten.

Hierbei gab die Mehrheit der Befragten (14 von 21) an, niemals die Aussage verweigert zu haben, fünf Personen haben ihre Aussage eher selten verweigert. Immerhin eine Person hat ihre Aussage in etwa der Hälfte der Fälle verweigert und lediglich eine Person hat die Aussage konsequent in jedem Fall mit der Begründung verweigert, dass dem ihre Verpflichtung zur Verschwiegenheit entgegenstehe.

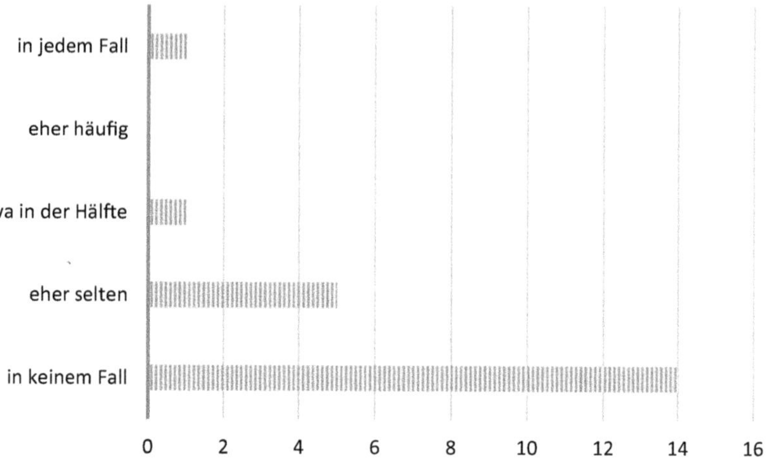

Abbildung 5 Aussageverweigerung aufgrund Verschwiegenheitspflicht

Diese unterschiedlichen Vorgehensweisen sind die Konsequenz einer unklaren Rechtslage in Bezug darauf, ob eine Zeugenaussage im Hinblick auf eine entgegenstehende Verschwiegenheitspflicht oder ein strafprozessuales Beweisverwertungsverbot aus Sicht der Insolvenzverwalter erfolgen darf oder nicht. Hieraus resultiert eine erhebliche Rechtsunsicherheit in der Praxis.

Besonders erschreckend ist die hohe Anzahl von Insolvenzverwaltern, welche in einer Vielzahl der Sachverhalte, in welche sie involviert waren, als Zeuge in Strafverfahren aussagten, anscheinend ohne Bedenken im Hinblick auf eine mögliche Verletzung des § 97 Abs. 1 S. 3 InsO und allgemeiner Verfahrensrechte der Schuldner.

d) Kennzeichnungen in Insolvenzakten

Die Teilnehmer wurden auch danach befragt, ob sie in ihren Akten und sonstigen Unterlagen diejenigen Informationen kennzeichnen, die sie ausschließlich vom Schuldner im Rahmen des § 97 Abs. 1 S. 1, 2 InsO erhalten hatten, und ob sie bei fehlender Kennzeichnung diese Informationen von denjenigen aus anderen Quellen unterscheiden können.

Die Mehrheit der Teilnehmer (18 Personen beziehungsweise 78 %) kennzeichnet die Auskünfte des Schuldners in ihren Akten und Unterlagen nicht, wobei mehr als die Hälfte dieser Personen (11 Teilnehmer) angaben, entsprechende Informationen vom Schuldner dennoch von anderen Informationen unterscheiden zu können. Allerdings räumten auch 5 Teilnehmer ein, schuldnerische Informationen nicht mehr in ihren Unterlagen ausfindig machen zu können. Zwei Personen verneinten eine Kennzeichnung, äußerten sich hingegen nicht hinsichtlich einer möglichen Identifizierung der vom Insolvenzschuldner erhaltenen Auskünfte. Immerhin fünf Personen (22 %) gaben an, diejenigen Informationen, welche sie ausschließlich durch Auskünfte des Schuldners erhalten haben, in ihren Unterlagen sowie in der Insolvenzakte zu kennzeichnen.

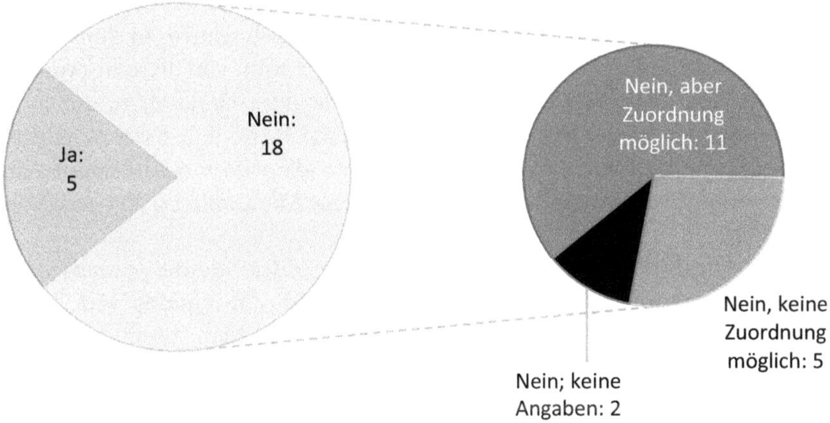

Abbildung 6 Markierung der vom Schuldner erteilten Auskünfte

Diese Angaben sind sehr kritisch zu sehen. Denn unter den 11 Personen, die angaben, die Informationen des Schuldners auch ohne Kennzeichnung zuordnen zu können, ist auch die Person, welche jährlich etwa 200 Insolvenzverfahren bearbeitet. Da erscheint es zumindest beachtlich, sich gleichwohl zuverlässig an die Herkunft so zahlreicher Informationen auch noch Monate oder Jahre später erinnern zu können. Zwei von den elf Personen bearbeiten eigenen Angaben zufolge immerhin zwischen 31 und 50 Insolvenzverfahren jährlich, was ebenfalls ein bemerkenswertes Erinnerungsvermögen erfordert, um die Informationen ohne entsprechende Markierungen ihren jeweiligen Quellen zuzuordnen.

Bei derart vielen Verfahren erscheint es zumindest fraglich, inwiefern diese Personen in der Lage sein können, in jedem einzelnen Verfahren die jeweiligen Angaben der Schuldner aus der bloßen Erinnerung heraus zuordnen zu können.

Ein etwas anderes Bild ergab sich bezüglich des Umgangs mit Informationen des Schuldners, welche die Insolvenzverwalter unter Anwendung von Zwangsmitteln durch den Insolvenzrichter oder einen Gerichtsvollzieher erlangt haben. Diese Informationen kennzeichnen mehr Teilnehmer.

Im Ergebnis kennzeichnen immerhin gut ein Drittel der Teilnehmer (8 Personen beziehungsweise 35 %) die vom Schuldner erzwungenen Auskünfte. Von den übrigen 65 % (15 Personen) räumte nur eine Person ein, diese Informationen ohne eine Kennzeichnung später nicht mehr ihrer Herkunft zuordnen zu können. Abgesehen von einer weiteren Person, welche bezüglich der möglichen Wiedererkennung keine Angaben tätigte, gaben alle weiteren 13 Personen an, diese erzwungenen Informationen auch ohne eine Markierung später zuordnen zu können.

Diese Angaben sind ebenso kritisch zu betrachten wie die vorgenannten Aussagen, dass Informationen, welche – ob durch Anwendung von Zwang oder freiwillig getätigt – vom Schuldner erlangt wurden, ohne irgendeine Kennzeichnung ihrem Ursprung zugeordnet werden können. Es besteht auch hier der begründete Zweifel, dass eben doch nicht ausnahmslos jede vom Schuldner unter Zwang getätigte Auskunft später vom Insolvenzverwalter als solche (wieder-)erkannt wird. Besonders besorgniserregend ist dies jedoch, wenn diese Auskünfte des Schuldners dem Schutz des § 97 Abs. 1 S. 3 InsO unterliegen und somit erst recht sensibel behandelt werden müssen. Wenngleich in diesem Fall bereits eine größere Vorsicht bei den Teilnehmern zu verzeichnen ist als bei anderen vom Schuldner getätigten Auskünften, so darf hier doch nicht eine einzige Information versehentlich falsch zugeordnet und infolgedessen im Insolvenzstrafverfahren (rechtswidrig) gegen den Schuldner verwendet werden. Hier genügt die bloße Überzeugung, man könne die unter Zwang vom Schuldner getätigten Auskünfte auch viel später noch identifizieren und von den anderen Informationen des Insolvenzverfahrens abgrenzen, auf keinen Fall.

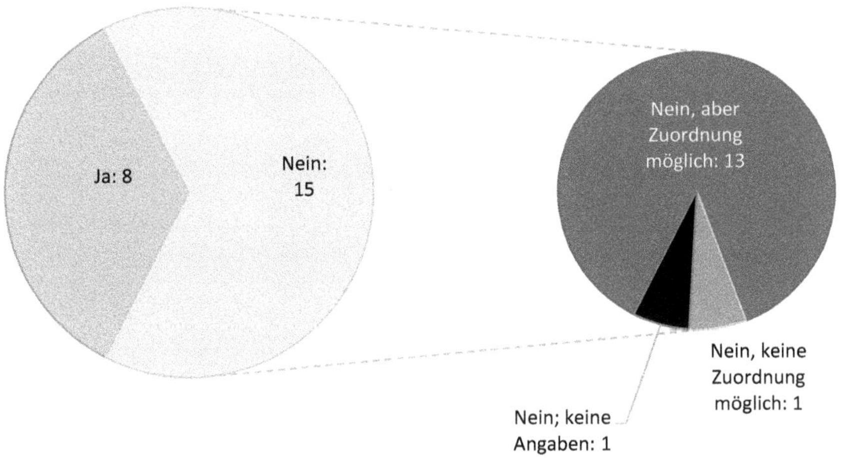

Abbildung 7 Frage 8: Kennzeichnen Sie unter Anwendung von Zwang gewonnene Informationen des Schuldners? Wenn nein, können Sie diese dennoch wiedererkennen?

e) Verurteilung des Insolvenzschuldners in Strafverfahren aufgrund von Informationen aus der Insolvenzakte

Mit Frage 9 wurden die Teilnehmer dazu befragt, ob nach ihrer Kenntnis Insolvenzschuldner aufgrund von Informationen aus der Insolvenzakte im Insolvenzstrafverfahren rechtskräftig verurteilt wurden.

Ein großer Teil der Befragten (16 Teilnehmer beziehungsweise 70 %) bejahte dies. Von diesen 70 % schätzen zehn Teilnehmer die Anzahl der verurteilten Schuldner auf bis zu fünf Personen, vier gaben an, dass zwischen sechs und zehn Schuldner rechtskräftig wegen eines Insolvenzdelikts verurteilt wurden, und eine Person schätzte, dass in etwa elf bis 20 Fällen der Schuldner aufgrund von Angaben aus den Insolvenzakten rechtskräftig im Strafverfahren verurteilt wurde. Eine Person beantwortete diese Frage zwar mit „ja", tätigte jedoch keine Angaben zur Häufigkeit der Verurteilung. Das nachfolgende Diagramm lässt diese Person daher außer Acht. Sieben Personen (30 %) verneinten diese Frage.

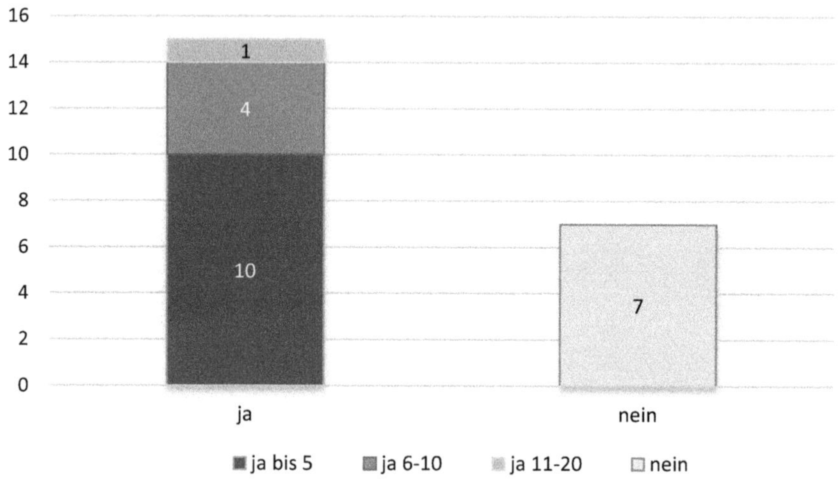

Abbildung 8 Verurteilung aufgrund von Informationen aus der Insolvenzakte

f) Verurteilung des Insolvenzschuldners in Strafverfahren aufgrund der Zeugenaussage des Insolvenzverwalters

Zu Frage 10 sollten Angaben gemacht werden, ob ein Schuldner infolge der Zeugenaussage des Verwalters im Strafverfahren rechtskräftig wegen eines Insolvenzdelikts verurteilt wurde.

Zehn Personen gaben an (44 %), dass sie dies bereits erlebt hätten. Nahezu alle (neun von zehn Personen) schätzten, dass dies in bis zu fünf Verfahren der Fall gewesen sei. Eine Person gab an, dass der Schuldner in circa sechs bis zehn Verfahren infolge ihrer Aussage rechtskräftig verurteilt wurde. Zwölf Teilnehmer, also gut die Hälfte der Befragten, verneinten eine durch ihre Aussage (mit-) begründete Verurteilung des Insolvenzschuldners. Eine weitere Person tätigte zu dieser Frage überhaupt keine Angaben.

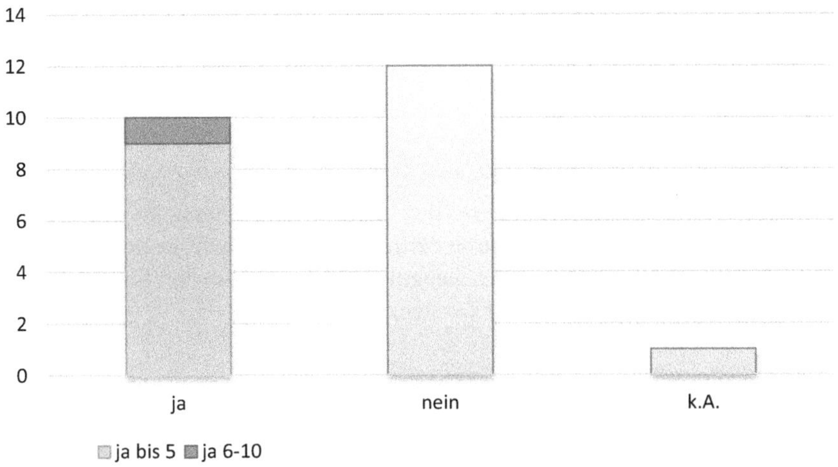

Abbildung 9 Verurteilung aufgrund der Zeugenaussage des Insolvenzverwalters

Im Vergleich der Fragen 9 und 10 zueinander fällt auf, dass nach Schätzungen und Erfahrungen der Teilnehmer weniger Angeklagte im Strafverfahren aufgrund der Aussage der Insolvenzverwalter verurteilt werden als aufgrund der Informationen aus den Insolvenzakten.

Berücksichtigt man hierbei zusätzlich die Anzahl der jährlich bearbeiteten Verfahren, so lässt sich zusammenfassend sagen, dass – erwartungsgemäß – auch diejenigen Teilnehmer mit hohen Bearbeitungszahlen häufiger mit ihrer Zeugenaussage zu einer Verurteilung in Insolvenzstrafverfahrens beitragen. Auffällig ist allerdings, dass ein Insolvenzverwalter nach eigenen Angaben nur etwa 12 Verfahren jährlich bearbeitet und dennoch in bis zu fünf Fällen eine Verurteilung aufgrund seiner Zeugenaussage erfolgte. Andererseits sticht auch bei denjenigen Teilnehmern, welche mit ihrer Zeugenaussage nicht zu einer rechtskräftigen Verurteilung im Insolvenzstrafverfahren beigetragen haben, eine Person hervor. Bei jährlich circa 200 bearbeiteten Verfahren gibt dieser Teilnehmer an, mit seiner Zeugenaussage zu keiner einzigen Verurteilung eines Insolvenzschuldners beigetragen zu haben.

Es zeichnet sich somit auch hier kein klares Bild ab, welches den Schluss zulässt: Je mehr Insolvenzverfahren ein Insolvenzverwalter bearbeitet, desto häufiger ist er in eine anschließende Verurteilung in Insolvenzstrafverfahren involviert. Dies liegt jedoch darin mitbegründet, dass jedes Insolvenzverfahren individuell ist. Sowohl der Umfang als auch die Art der Insolvenz und die weiteren Rahmenbedingungen spielen eine Rolle dabei, ob überhaupt ein strafrechtlicher Bezug vorliegt. Denn nicht jedes Insolvenzverfahren ist zwingend auch von Insolvenzdelikten begleitet.

Doch eine derart detaillierte Untersuchung war hier gar nicht beabsichtigt. Vielmehr sollten die anfangs aufgestellten Hypothesen untersucht und geprüft sowie eine grundsätzliche Bedeutung der hier behandelten Frage nach der Notwendigkeit eines strafprozessualen Zeugnisverweigerungsrechts für Insolvenzverwalter für die Praxis aufgezeigt werden.

g) Zwischenergebnis

Einige Antworten überraschen und werfen teils ein erschreckendes Licht auf den Umgang mit der Selbstbelastungsfreiheit des Insolvenzschuldners in der Praxis. Insbesondere die Zahl der Personen, welche bereits Aussagen unter Hinweis auf eine entgegenstehende Verschwiegenheitspflicht verweigert haben, ist besorgniserregend gering.

Fast alle Teilnehmer wurden – wenn auch in unterschiedlicher Häufigkeit – als Zeugen in Insolvenzstrafverfahren geladen. Nur die wenigsten verweigerten ihre Aussage unter Verweis auf eine entgegenstehende Verschwiegenheitspflicht.

Ein Drittel der Teilnehmer bestätigt, dass eine rechtskräftige Verurteilung durch ihre Aussage mitbegründet wurde. Demgegenüber trägt die strafprozessuale Verwendung der Insolvenzakten weitaus stärker zur Verurteilung des Insolvenzschuldners im Strafverfahren bei, wie knapp zwei Drittel der Befragten angaben.

Nur eine Person hat die Aussage im Strafverfahren konsequent verweigert.

Die Untersuchung hat bestätigt, dass die aktuelle Rechtspraxis bezüglich der Zulässigkeit von Zeugenaussagen der Insolvenzverwalter im Strafverfahren nicht einheitlich ist. Die Vorgehensweisen einzelner Insolvenzverwalter unterscheiden sich hierbei sehr stark voneinander, was verdeutlicht, dass dringend eine einheitliche Lösung gefunden werden muss: nicht nur im Interesse der Beschuldigten, sondern auch im Sinne der Insolvenzverwalter, damit diese wissen, ob und wenn ja in welchem Umfang sie ihre Erkenntnisse aus dem Insolvenzverfahren ins Strafverfahren einbringen dürfen. Trotz langjähriger Berufserfahrung herrscht in diesem Punkt Unsicherheit.

Auch der Umgang mit schuldnerischen Informationen im Allgemeinen und den erzwungenen (strafrechtlich relevanten) schuldnerischen Auskünften im Speziellen ist kritisch zu sehen. Die klare Regelung eines

Zeugnisverweigerungsrechtes würde in diesem Punkt Abhilfe schaffen und die Selbstbelastungsfreiheit der Insolvenzschuldner im Strafverfahren garantieren.

Die Untersuchung zeigt aber auch die Schwierigkeit, einheitliche Regelungen im Insolvenzrecht zu schaffen, da die zugrunde liegenden Sachverhalte und der Umfang der jeweiligen Verfahren sehr unterschiedlich sind. Dies würde sich aber auf eine etwaige Normierung eines strafprozessualen Zeugnisverweigerungsrechts nicht auswirken, da von den genannten Schwierigkeiten ausschließlich die Insolvenzabwicklung selbst tangiert wird, nicht indes das Strafverfahren.

3. Schlussfolgerungen aus den Umfrageergebnissen

Die oben dargestellten Ergebnisse bestätigen die anfangs aufgestellten Hypothesen nahezu vollumfänglich. Lediglich der Einfluss der Zeugenaussagen der Insolvenzverwalter auf eine spätere Verurteilung des Insolvenzschuldners bleibt quantitativ etwas hinter den Erwartungen zurück. Hier darf jedoch nicht übersehen werden, dass Zeugenaussagen von Insolvenzverwaltern nicht unabhängig von den Insolvenzakten und sonstigen Unterlagen aus den Insolvenzverfahren betrachtet werden können.

Zwar sind Verurteilungen wegen Informationen aus der Insolvenzakte bei den Teilnehmern häufiger genannt; hier würde jedoch ein an das Zeugnisverweigerungsrecht gekoppeltes Beschlagnahmeverbot Schutz für die Selbstbelastungsfreiheit des Schuldners bieten, sofern nicht bereits der Schutz des § 97 Abs. 1 S. 3 InsO greift.

Ein solches Zeugnisverweigerungsrecht würde auch dazu beitragen, dass Insolvenzverwalter nicht in die Zwangslage kommen, beurteilen zu müssen, ob ihre beabsichtigte Aussage einem Beweisverbot unterfällt. Dies ist wegen des Grundsatzes der Gewaltenteilung ohnehin Aufgabe des Strafgerichts. Eine somit geschaffene klare Rechtslage in Gestalt eines strafprozessualen Zeugnisverweigerungsrechtes sowie eines Beschlagnahmeverbotes für Insolvenzverwalter würde diese Konfliktsituation auflösen und die verfassungsrechtlich gewährleistete Selbstbelastungsfreiheit auch für den Insolvenzschuldner im Strafverfahren umfassend wahren.

Insgesamt werden die Strafverfahrensrechte der Insolvenzschuldner in der Praxis durch § 97 Abs. 1 S. 3 InsO nicht hinreichend geschützt. Dies zeigen insbesondere die Antworten auf die Fragen Nr. 6-8, aber auch die Mitwirkung zur rechtskräftigen Verurteilung in Form von Zeugenaussagen oder unter Beiziehung der Insolvenzakten.

In der Folge läuft das Verbot des § 97 Abs. 1 S. 3 InsO nicht nur faktisch leer, sondern es wird sogar gezielt umgangen, indem die Zeugenaussagen von

Insolvenzverwaltern sowie deren Insolvenzakten im Strafverfahren zulasten des Beschuldigten verwendet werden, wobei aus Sicht des Beschuldigten schon die bloße Präsenz des Insolvenzverwalters eine Drohkulisse darstellt. Er weiß um die Auskünfte, auch die strafrechtlich relevanten, welche er ihm gegenüber geäußert hat, und muss befürchten, dass der Insolvenzverwalter ebendiese nun in seiner Zeugenaussage in der Hauptverhandlung preisgibt. Dies könnte den Insolvenzschuldner dazu veranlassen, selbst zur Sache auszusagen oder direkt der Verwertung der Auskünfte aus dem Insolvenzverfahren zuzustimmen; alles in dem Glauben, dass seine Verweigerung ohnedies zwecklos wäre. Die Annahme, dass Insolvenzverwalter womöglich nur als Zeugen geladen werden, um Schuldner zu Aussagen zur Sache zu bewegen, bestätigt sich hingegen nicht, da die Insolvenzverwalter in der Regel auch tatsächlich als Zeuge ausgesagt haben.

4. *Abweichende Praxis-Darstellung im Schrifttum*

Die vorstehende Untersuchung zeigt somit, dass die Praxis keineswegs so schuldnerfreundlich ist, wie sie *Tetzlaff*[549] in seiner Replik gegen *Hohnel*[550] darstellt.

Ihm zufolge falle die Mitwirkung der Insolvenzverwalter im Rahmen des Ermittlungsverfahrens eher spärlich aus; sie füllten die ihnen von der Staatsanwaltschaft zugesandten Fragebögen[551] häufig nur unvollständig aus oder sendeten diese gar nicht erst zurück. Infolgedessen erachtet *Tetzlaff* es für unnötig, die Insolvenzakte gänzlich für den Zugriff der Staatsanwaltschaft zu „sperren". Zur weiteren Begründung führt er an, dass die Staatsanwaltschaft, wenn sie nicht auf die Insolvenzakte zugreifen kann, andere strafprozessuale Maßnahmen ergreifen müsse, beispielsweise die Durchsuchung und Beschlagnahme von Unterlagen des Schuldners, auch während des laufenden Insolvenzverfahrens, wodurch dessen Abwicklung erschwert würde[552].

Diese Argumentation ist jedenfalls teilweise zirkulär. So unterstellt *Tetzlaff* das Vorliegen eines Anfangsverdachts im Sinne des § 152 StPO, obwohl dieser sich häufig gerade erst durch die Sichtung der Insolvenzakte ergibt. Wenn diese Akten aber tatsächlich für die Ermittlungsbehörden unzugänglich sind, so muss sich dieser Verdacht erst einmal aus anderen Quellen ergeben. Außerdem wäre regelmäßig das Herausgabeverlangen des § 95 StPO wohl das mildere, gleich geeignete Mittel. Hierdurch würde die Abwicklung der Insolvenz nicht unnötig

549 Vgl. *Tetzlaff* NZI 2005, 316.
550 *Hohnel* NZI 2005, 152.
551 Siehe zu Einzelheiten der Fragebögen ausführlich *Tetzlaff* NZI 2005, 316 (317).
552 *Tetzlaff* NZI 2005, 316 (317).

erschwert und die Strafverfolgungsbehörden bekämen gleichwohl die begehrten Unterlagen des Schuldners für ihr Verfahren.

Und schließlich stellt sich die Frage, ob die Beschlagnahme dieser Unterlagen beim Insolvenzverwalter nicht aus den gleichen Gründen wie der Zugriff auf seine Insolvenzakte „gesperrt" ist[553].

Die von *Tetzlaff* stattdessen geforderte Einzelfallprüfung, ob und inwieweit fragliche Unterlagen des Insolvenzschuldners dem Verbot des § 97 Abs. 1 S. 3 InsO unterliegen[554], mag zwar Einzelfallgerechtigkeit suggerieren, Rechtssicherheit schafft sie jedenfalls nicht. Es ist ihm aber dahingehend zuzustimmen, dass eine Prüfung des Verbotes des § 97 Abs. 1 S. 3 InsO in der Praxis generell häufiger angeregt und durchgeführt werden sollte[555].

III. Zwischenergebnis

Die durchgeführte Umfrage hat gezeigt, dass die Praxis gerade nicht so schuldnerfreundlich ist, wie sie *Tetzlaff* zufolge sein soll.

Vielmehr bewirkt die umfassende Nutzung der Insolvenzakte durch die Strafverfolgungsbehörden eine erhebliche Einschränkung der Selbstbelastungsfreiheit des Insolvenzschuldners. Eine weitere Verkürzung seiner Rechte erfolgt zudem durch die Zeugenaussagen der Insolvenzverwalter im Strafverfahren, welche häufig eine dadurch (mit-)begründete Verurteilung des Insolvenzschuldners wegen Insolvenzdelikten bewirken.

Eine bloße Kennzeichnung vom Schuldner stammender Auskünfte erweist sich in der Praxis nicht als zielführend.

Anhand der Umfrageergebnisse wird deutlich, dass das Insolvenzgeheimnis (in seiner derzeitigen Fassung) den Schuldner nur unzureichend schützt.

Daher muss eine Lösung erarbeitet werden, wie die Selbstbelastungsfreiheit des Schuldners geschützt und dem Insolvenzgeheimnis zu mehr Wirksamkeit verholfen werden kann.

Eine solche Verbesserung des Schuldnerschutzes kann nur durch ein strafprozessuales Zeugnisverweigerungsrecht für den Insolvenzverwalter erfolgen. Dieses muss zur Vermeidung von Umgehungshandlungen durch ein Durchsuchungs- und Beschlagnahmeverbot ergänzt werden. Darüber hinaus müssen eine Verschwiegenheitspflicht des Insolvenzverwalters begründet werden und ein Verstoß hiergegen sanktionsbewehrt sein.

---

553 Siehe hierzu bereits oben Hauptteil B.II.6.a), 62 ff.

554 Näher hierzu BVerfG NZI 2001, 132 (133), siehe unten Hauptteil E.I., 138 bei Fn. 556.

555 So *Tetzlaff* NZI 2005, 316 (317).

E. Eigener Lösungsansatz

Im Folgenden wird daher ein eigener Vorschlag zur Begründung eines strafprozessualen Zeugnisverweigerungsrechts für Insolvenzverwalter in Weiterentwicklung des Gemeinschuldnerbeschlusses erarbeitet.

I. Zeugnisverweigerungsrecht im Wege methodischer Auslegung des § 97 Abs. 1 S. 3 InsO

Es bleibt zunächst zu klären, ob sich nicht bereits *de lege lata* ein strafprozessuales Zeugnisverweigerungsrecht für Insolvenzverwalter aus dem Insolvenzgeheimnis des § 97 Abs. 1 S. 3 InsO ableiten lässt. Diese Möglichkeit wurde bisher von Literatur und Rechtsprechung außer Acht gelassen.

So folgt bereits aus der Fernwirkung des § 97 Abs. 1 S. 3 InsO, dass eine Aussage des Insolvenzverwalters, welche belastende Auskünfte des Schuldners zum Inhalt hat, im Strafverfahren nicht verwertet werden darf. Dies ist jedoch stets eine Einzelfallentscheidung des Strafgerichts und kann weder vom Insolvenzschuldner noch vom Insolvenzverwalter antizipiert werden.

Zwar hat das Bundesverfassungsgericht in einem speziellen Fall eine entsprechende Anwendung des § 97 Abs. 1 S. 3 InsO im Interesse des Schuldnerschutzes angenommen:

„Insoweit hat aber das AG zu Recht aus der verfassungsrechtlich gebotenen Abwägung geschlussfolgert, dass eine entsprechende Anwendung von § 97 I 3 InsO geboten ist, die einer strafrechtlichen Verwertung der aus der Verteidigerpost gewonnenen Erkenntnisse entgegensteht. Die Zweckbestimmung, die einerseits den Eingriff rechtfertigt, begrenzt andererseits zugleich die Nutzbarkeit des hierauf beruhenden Erkenntnisgewinns. Mit dieser Einschränkung wird der in der StPO durch §§ 148, 148a gewährleistete Schutz des ungestörten Kontakts des Verteidigers mit seinem Mandanten nicht unverhältnismäßig beeinträchtigt."[556]

Ob sich daraus aber ein allgemein gültiges Zeugnisverweigerungsrecht aus § 97 Abs. 1 S. 3 InsO ableiten lässt, kann der Entscheidung nicht entnommen werden.

Wie oben bereits ausführlich dargelegt wurde, ist der Begriff der Auskunft denkbar weit zu fassen[557]; dies ist auch Folge der Fernwirkung, welche dem Insolvenzgeheimnis zukommt[558]. Deshalb dürften Auskünfte des Schuldners

556 BVerfG NZI 2001, 132 (133).

557 Siehe hierzu oben Hauptteil B.II.6.a), 62 ff.

558 Siehe hierzu bereits oben Hauptteil B.II.6.c)aa), 77 ff.

zum Schutz vor Umgehung des Insolvenzgeheimnisses auch nicht mittelbar durch Zeugenaussagen des Insolvenzverwalters in die Hauptverhandlung eingeführt oder auch nur im Rahmen des Ermittlungsverfahrens als Ausgangspunkt für weitere Untersuchungen verwendet werden.

Fraglich ist allerdings, ob diese Fernwirkung des § 97 Abs. 1 S. 3 InsO auch dazu führt, dass sich unmittelbar aus der Vorschrift ein Zeugnisverweigerungsrecht für Insolvenzverwalter ableiten lässt.

Gemäß § 97 Abs. 1 S. 1 InsO ist der Schuldner verpflichtet, über alle das Verfahren betreffenden Verhältnisse Auskunft zu geben. Er hat gemäß S. 2 auch Tatsachen zu offenbaren, die geeignet sind, eine Verfolgung wegen einer Straftat oder einer Ordnungswidrigkeit herbeizuführen. Jedoch darf eine Auskunft, die der Schuldner gemäß seiner Verpflichtung nach Satz 1 erteilt, gemäß § 97 Abs. 1 S. 3 InsO in einem Strafverfahren gegen den Schuldner nur mit Zustimmung des Schuldners verwendet werden.

Da es vorliegend um die Zeugenaussage des Insolvenzverwalters im Strafverfahren geht, müsste seine Zeugenaussage über eine Auskunft, die der Schuldner ihm erteilt hat, ebenfalls als Auskunft des Schuldners im Sinne des § 97 Abs. 1 S. 3 InsO gewertet werden.

Die Zeugenaussage des Insolvenzverwalters beinhaltet durchaus mittelbar Auskünfte des Schuldners. Allerdings bildet der Wortlaut einer Norm sowohl den Ausgangspunkt als auch die Grenze zulässiger Auslegung[559]. Und ebendiese Wortlautgrenze verbietet die Herleitung eines strafprozessualen Zeugnisverweigerungsrechts für Insolvenzverwalter aus dem Verbot des § 97 Abs. 1 S. 3 InsO, da dort von der Auskunft des Schuldners die Rede ist. Eine Auskunft des Insolvenzverwalters stellt selbst bei großzügigster Auslegung keine solche Auskunft des Schuldners dar.

Gleichwohl hat der Schuldner gegenüber dem Insolvenzverwalter Auskunft erteilt. Die Zeugenaussage des Insolvenzverwalters würde mithin eine (verbotene) Verwendung der Aussage des Schuldners darstellen. Ein Verbot, eine diesbezügliche Aussage des Insolvenzverwalters strafrechtlich zu nutzen, ergibt sich jedoch als Folge der Fernwirkung des § 97 Abs. 1 S. 3 InsO, ohne damit zugleich ein umfassendes Zeugnisverweigerungsrecht für den Insolvenzverwalter zu statuieren.

Somit kann für den Insolvenzverwalter kein strafprozessuales Zeugnisverweigerungsrecht aus § 97 Abs. 1 S. 3 InsO abgeleitet werden.

559 BVerfGE 71, 108 (115 ff.); Schönke/ Schröder StGB/ *Hecker* § 1 Rn. 37 m.w.N.

Ebenso wenig ergibt sich aus dem Insolvenzgeheimnis eine materiell-rechtliche Verschwiegenheitspflicht für Insolvenzverwalter.

Allerdings könnte sich bei konsequenter Anwendung der Fernwirkung des Insolvenzgeheimnisses unmittelbar aus § 97 Abs. 1 S. 3 InsO ein Beschlagnahmeverbot ergeben[560]. Das bedarf jedoch einer vertiefenden Untersuchung, die hier nicht geleistet werden kann.

Es sei jedoch so viel gesagt: Wenn sich aus § 97 Abs. 1 S. 3 InsO – wie hier angenommen – ein Beschlagnahmeverbot ableiten lässt, dann macht dieses nur Sinn, wenn der Schutz für den Insolvenzschuldner um ein Zeugnisverweigerungsrecht des Insolvenzverwalters erweitert wird. Andernfalls kann dieses Beschlagnahmeverbot, ebenso wie das gesamte Verwendungsverbot, durch die Zeugenaussage des Insolvenzverwalters im Strafverfahren umgangen werden.

II. Zeugnisverweigerungsrecht im Wege analoger Anwendung des § 53 Abs. 1 S. 1 StPO

Lässt sich ein Zeugnisverweigerungsrecht für den Insolvenzverwalter nicht im Wege methodischer Auslegung aus § 97 Abs. 1 S. 3 InsO herleiten, so stellt sich die Frage, ob aus einer analogen Anwendung des § 53 Abs. 1 S. 1 StPO ein derartiges Recht auch für den Insolvenzverwalter folgt.

Nach Auffassung des Bundesverfassungsgerichts muss der Kreis der zeugnisverweigerungsberechtigen Personen auf das unbedingt erforderliche Maß begrenzt werden, um die rechtsstaatlich gebotene Strafverfolgung zu gewährleisten[561].

Gegenwärtig steht dem Insolvenzverwalter kein eigenes ausdrückliches Zeugnisverweigerungsrecht gemäß § 53 Abs. 1 S. 1 StPO zu, denn sein Beruf findet sich nicht in der detaillierten Aufzählung des § 53 Abs. 1 StPO[562]. Andererseits besteht ein erhebliches Bedürfnis, die Selbstbelastungsfreiheit des Beschuldigten auch für diejenigen Aussagen zu gewährleisten, die er als Insolvenzschuldner aufgrund der Verpflichtung aus § 97 Abs. 1 InsO getätigt hat.

1. Abstrakte Möglichkeit analoger Rechtsanwendung im Strafrecht

Unter Analogie ist die Übertragung einer für einen oder mehrere untereinander ähnliche Tatbestände bestehenden gesetzlichen Regel auf einen gesetzlich nicht

560 So *Schork* NJW 2007, 2056 f.; hierzu oben Hauptteil C.II.5., 113 ff.
561 Siehe hierzu bereits oben Hauptteil C.I.1.a), 89 ff.
562 Siehe hierzu bereits oben Hauptteil B.I.3, 36 ff.

geregelten Einzelfall zu verstehen[563]. Grundsätzlich bedarf es für die analoge Anwendung einer Rechtsnorm stets des Bestehens einer vergleichbaren Interessenlage sowie einer planwidrigen Regelungslücke[564]. Außerdem darf einer analogen Gesetzesanwendung kein sogenanntes „Analogieverbot"[565] entgegenstehen; daher ist im Strafrecht – anders als im Zivilrecht – eine Analogiebildung nur eingeschränkt möglich[566].

a) Analogieverbot im materiellen Strafrecht

Nach Art. 103 Abs. 2 GG kann eine Tat nur bestraft werden, wenn die Strafbarkeit gesetzlich bestimmt war, bevor die Tat begangen wurde. Art. 103 Abs. 2 GG beinhaltet das Gesetzlichkeitsprinzip[567], aus dem das Bestimmtheitsgebot resultiert[568]; dieses beinhaltet das Analogieverbot, das Verbot von Gewohnheitsrecht sowie das Rückwirkungsverbot[569].

Diese Maxime finden ihre einfachgesetzliche Grundlage in §§ 1, 2 StGB, wodurch das allgemeine Gesetzlichkeitsprinzip für den Bereich des Strafrechts enger gefasst und dessen besondere Bedeutung für den Rechtsstaat hervorgehoben wird[570]. Das Verbot strafbegründender und strafverschärfender Analogie erfasst das gesamte materielle Strafrecht[571].

Aus diesem Grunde scheidet eine Einbeziehung des Insolvenzverwalters in den Anwendungsbereich des § 203 StGB durch analoge Rechtsanwendung aus. Eine sanktionsbewehrte Verschwiegenheitspflicht kann für den Insolvenzverwalter daher nur durch eine Neufassung des § 203 StGB oder die anderweitige Einführung einer gesonderten Verschwiegenheitspflicht für Insolvenzverwalter begründet werden.

---

563 Lackner/ Kühl StGB/ *Kühl* § 1 Rn. 5; Schönke/ Schröder StGB/ *Hecker* § 1 Rn. 25.

564 *Canaris*, 16 f; *Horn* Rn. 184 f; Kühl/ Reichold/ Ronellenfitsch/ *Reichold* § 3 Rn. 27.

565 *Larenz*, 144.

566 BVerfG wistra 2003, 255 (257); Münchener Kommentar StGB/ *Schmitz* § 1 Rn. 67.

567 Maunz/ Dürig GG/ *Remmert* Art. 103 Abs. 2 Rn. 38.

568 BeckOK GG/ *Radtke/ Hagemeier* Art. 103 Rn. 18.

569 BeckOK GG/ *Radtke/ Hagemeier* Art. 103 Rn. 18; BeckOK StGB/ *v. Heintschel-Heinegg* § 1 Rn. 12.

570 BeckOK GG/ *Radtke/ Hagemeier* Art. 103 Rn. 18; Maunz/ Dürig GG/ *Schmidt-Aßmann* Art. 103 Abs. 2 Rn. 165.

571 Maunz/ Dürig GG/ *Schmidt-Aßmann* Art. 103 Abs. 2 Rn. 231; *Krey* Studien, 228 ff.; Schönke/ Schröder StGB/ *Hecker* § 1 Rn. 26.

Allerdings darf eine Norm auch im materiellen Strafrecht zugunsten eines Beschuldigten analog angewendet werden[572], sofern die allgemeinen Voraussetzungen einer analogen Rechtsanwendung vorliegen.

b) Analogieverbot auch im Strafverfahrensrecht?

Es ist hingegen umstritten, ob beziehungsweise inwieweit dieser Grundsatz auch im Strafverfahrensrecht zur Anwendung gelangt. Nach überwiegend vertretener Auffassung greift jedenfalls Art. 103 Abs. 2 GG nicht unmittelbar[573]; auch für die §§ 1, 2 StGB gibt es kein Pendant in der Strafprozessordnung.

Die Rechtsprechung erachtet daher verfahrensrechtliche Vorschriften für grundsätzlich analogiefähig[574], sogar zu Lasten eines Täters[575].

Gleichwohl gilt der allgemeine Gesetzesvorbehalt gemäß Art. 20 Abs. 3 GG selbstverständlich auch und gerade im Strafverfahrensrecht[576]. Danach bedürfen Eingriffe in die Grundrechte des Bürgers stets einer gesetzlichen Ermächtigungsgrundlage, woraus ein Analogieverbot auch für den Bereich des Strafverfahrensrechts resultieren kann. Denn bestehende gesetzliche Ermächtigungsgrundlagen dürfen nicht eingriffsbegründend oder -schärfend über die Grenzen des Wortsinns hinaus extendiert werden[577].

Unabhängig von der Frage, wie weit das Analogieverbot im Strafverfahrensrecht generell reicht, besteht jedenfalls Einigkeit im Schrifttum, dass bei einem Fehlen jeglicher Beschwer für den Betroffenen kein Analogieverbot greift[578].

c) Zwischenergebnis

Wenn der Anwendungsbereich der Schutznorm des § 53 Abs. 1 S. 1 StPO im Interesse des Beschuldigten auf den Insolvenzverwalter erweitert würde, wäre der Beschuldigte durch die Analogiebildung jedenfalls nicht beschwert; eine

---

572 BGHSt 7, 190; 9, 310 (311); BeckOK GG/ *Radtke*/ *Hagemeier* Art. 103 Rn. 39; BeckOK StGB/ *v. Heintschel-Heinegg* § 1 Rn. 12; Münchener Kommentar StGB/ *Schmitz* § 1 Rn. 67; Schönke/ Schröder StGB/ *Hecker* § 1 Rn. 7; *Jäger* GA 2006, 615 (628).

573 Münchener Kommentar StGB/ *Schmitz* § 1 Rn. 5; Münchener Kommentar StPO/ *Kudlich* Einl. Rn. 96; vgl. auch Maunz/ Dürig GG/ *Schmidt-Aßmann* Art. 103 Rn. 233.; w. Nachw. bei Schönke/ Schröder StGB/ *Hecker* § 1 Rn. 34; *Krey* Studien, 35, 238.

574 BVerfG NStZ 1995, 399; BGHSt 28, 53 (56).

575 *Roxin* AT I § 5 Rn. 43.

576 Münchener Kommentar StGB/ *Schmitz* § 1 Rn. 5; Münchener Kommentar StPO/ *Kudlich* Einl. Rn. 96.

577 *Krey* Rn. 701.

578 BeckOK StGB/ *v. Heintschel-Heinegg* § 1 Rn. 12 a.

analoge Anwendung des § 53 Abs. 1 S. 1 StPO wäre somit aus verfassungsrechtlicher Sicht möglich.

2. *Keine erweiternde Auslegung des § 53 Abs. 1 S. 1 StPO unter Einbeziehung des Insolvenzverwalters in den Anwendungsbereich*

Die Grenze der erweiternden Auslegung ist der Wortlaut der auszulegenden Norm[579]. Ist diese Grenze überschritten, so handelt es sich nicht mehr um Auslegung. Eine erweiternde Auslegung ist nicht möglich, da sich der Kreis der Zeugnisverweigerungsberechtigten auf die in Abs. 1 bezeichneten Personen beschränkt[580]. Der Gesetzgeber hat zwar keine Formulierungen wie „nur" oder „ausschließlich" verwendet, er hat sich aber auch nicht der Regelbeispielstechnik oder Worten wie „insbesondere" bedient[581]. Deshalb ist der Katalog des § 53 Abs. 1 S. 1 StPO abschließend[582]. Der Insolvenzverwalter ist nicht in dieser Enumeration aufgeführt und kann auch unter keinen der dort gelisteten Berufe gefasst werden[583]. Einer erweiternden Auslegung steht somit der Wortlaut der Norm entgegen. Dadurch ist jedoch die Möglichkeit einer analogen Anwendung des § 53 Abs. 1 S. 1 StPO eröffnet[584].

3. *Regelungslücke in Bezug auf den Insolvenzverwalter*

Voraussetzung einer jeden Analogiebildung ist zunächst das Vorhandensein einer sogenannten „Regelungslücke"[585]. Es muss also ein bestimmter Regelungsbedarf für einen Sachverhalt bestehen, welcher nicht bereits unter andere Normen subsumiert werden kann.

Für das Zeugnisverweigerungsrecht des Insolvenzverwalters besteht eine ebensolche gesetzliche Lücke, ein Zeugnisverweigerungsrecht lässt sich für ihn weder aus § 97 Abs. 1 S. 3 InsO herleiten noch ergibt sich ein solches unmittelbar aus § 53 Abs. 1 S. 1 StPO oder anderen Normen.

Zwar wird sowohl vom Bundesverfassungsgericht als auch von einzelnen ordentlichen Gerichten – wie bereits gezeigt wurde – in sehr engen Grenzen im

579 BVerfGE 71, 108 (115 ff.); Schönke/ Schröder StGB/ *Eser/ Hecker* § 1 Rn. 37 m.w.N.

580 So zutreffend Meyer-Goßner/ Schmitt StPO/ *Schmitt* § 53 Rn. 2.

581 So auch *Baier*, 186.

582 So zutreffend Löwe-Rosenberg StPO/ *Ignor/ Bertheau* § 53 Rn. 3; *Eisenberg* StPO Rn. 1234; Meyer-Goßner/ Schmitt StPO/ *Schmitt* § 53 Rn. 2.

583 Siehe hierzu bereits oben Hauptteil B.I.3., 36 ff.

584 Vgl. *Baier*, 186.

585 Kühl/ Reichold/ Ronellenfitsch/ *Reichold* § 3 Rn. 27.

Einzelfall ein Zeugnisverweigerungsrecht für Personen, die nicht der Enumeration des § 53 StPO angehören, unmittelbar aus der Verfassung abgeleitet[586]. Diese Vorgehensweise ist dogmatisch aber höchst inkonsequent und lässt an Rechtssicherheit zu wünschen übrig. Sie ist gerade nicht generell auf Insolvenzverwalter übertragbar.

Die Selbstbelastungsfreiheit des Schuldners im Strafverfahren ist jedoch ohne ein strafprozessuales Zeugnisverweigerungsrecht für Insolvenzverwalter erheblich gefährdet. Und auch der Insolvenzverwalter hat ein Interesse daran, dass die Zulässigkeit und der Umfang seiner Informationsweitergabe im Rahmen eines Strafverfahrens eindeutig geregelt sind.

4. *Vergleichbarkeit der Interessenlage des Insolvenzverwalters mit derjenigen der Berufsgeheimnisträger des § 53 Abs. 1 S. 1 Nrn. 2 und 3 StPO*

Allerdings müsste die Situation der Insolvenzverwalter mit derjenigen anderer Berufsgeheimnisträger, welche bereits in den Anwendungsbereich des § 53 Abs. 1 S. 1 StPO aufgenommen wurden, vergleichbar sein.

Zur Überprüfung dieser Vergleichbarkeit werden die Schutzzwecke des § 53 Abs. 1 S. 1 StPO sowie die vom Bundesverfassungsgericht in der Sozialarbeiter-Entscheidung[587] aufgestellten Kriterien herangezogen.

a) Schutzzwecke und Anwendungskriterien des § 53 Abs. 1 S. 1 StPO

Wie das Bundesverfassungsgericht bereits mehrfach betonte, ist das Zeugnis verweigerungsrecht die einfachgesetzliche Konkretisierung des Persönlichkeitsschutzes aus Art. 2 Abs. 1, 1 Abs. 1 GG[588]; es soll dem Ratsuchenden ermöglichen, sich gegenüber dem Berufsangehörigen zu offenbaren, ohne seine privaten Geheimnisse gänzlich öffentlich zu machen. *Weigends* Auffassung, wonach der Schutz der Privatsphäre vorzugsweise entsprechend der Regelung des § 68 a StPO erfolgen sollte[589], ist abzulehnen. Die aktuelle Gesetzessystematik zeigt, dass der Gesetzgeber den Schutzzweck des § 53 StPO ersichtlich weiter fasst und einen über § 68 a StPO hinausgehenden Schutz intendierte.

Der Schutzzweck des (höchstpersönlichen) Vertrauensverhältnisses ist zugleich Voraussetzung für die Aufnahme in den Katalog des § 53 Abs. 1 S. 1 StPO. Denn bei

586 Siehe hierzu bereits oben Hauptteil C.I.1.a), 89 ff. und C.I.2.a), 99 ff.
587 BVerfGE 33, 367.
588 BVerfGE 33, 367 (378); vgl. für § 97 Abs. 1 Nr. 2 StPO BVerfGE 32, 373 (383).
589 *Weigend* DJT-Gutachten, C 84.

Berufsgeheimnisträgern ohne ein entsprechendes Verhältnis zu ihren Ratsuchenden wird die Gewährung eines Zeugnisverweigerungsrechts abgelehnt[590].

Allerdings sollte statt vom „Schutz des Vertrauensverhältnisses" besser von der Schaffung eines Vertrauensverhältnisses zwischen ratsuchenden und hilfeleistenden Personen gesprochen werden.

Zutreffend weist *Baier* überdies darauf hin, dass dieses Vertrauen nicht der individuellen Person des Berufsangehörigen entgegengebracht werde, sondern vielmehr seinen Kenntnissen und Fähigkeiten[591]. Auch ist ihm darin zuzustimmen, dass das Beratungsverhältnis nicht frei gewählt werden muss[592]. Dies verdeutliche das Beispiel des Pflichtverteidigers, welchen der Beschuldigte eben gerade nicht freiwillig wähle, sondern per Gesetz von den Strafverfolgungsbehörden zugewiesen bekomme, vgl. § 140 StPO. Aber auch der (Amts-)Arzt in der Justizvollzugsanstalt, der Arzt im öffentlichen Gesundheitsdienst oder im Krankenhaus würden in der Regel nicht frei gewählt[593]. Es sei zudem unerheblich, ob und von wem ein zivilrechtlicher Vertrag eingegangen wird, oder ob dieser wirksam ist[594].

Denn das Zeugnisverweigerungsrecht für Berufsangehörige ist nicht bloß Ausfluss der Selbstbelastungsfreiheit des Beschuldigten[595]. Vielmehr ist diese – neben dem schützenswerten Vertrauensverhältnis – ein zentraler Schutzzweck der Regelung. Denn jedenfalls im Rahmen der hier untersuchten Beratungsberufe des § 53 Abs. 1 S. 1 Nr. 2 und 3 StPO offenbart der Ratsuchende häufig auch strafrechtlich belastende Informationen, welche er ausschließlich im Beratungskontext preisgibt[596] und die nicht gegen seinen Willen strafrechtlich gegen ihn verwertet werden dürfen. Dies ist für den Hilfesuchenden eine gänzlich andere Situation als diejenige einer förmlichen Vernehmung im Rahmen eines Strafverfahrens durch Beamte der Polizei, Staatsanwaltschaft oder einen Richter. Dem Verteidiger erteilt er diese Auskünfte sogar explizit für seine strafrechtliche Verteidigung. Es wäre absurd, ebendiese Auskünfte (wenn auch nur mittelbar) gegen ihn zu verwerten;

590 Dazu ausführlich BVerfGE 33, 369.

591 So *Baier*, 56 f.

592 Vgl. *Baier*, 80. So auch *Rengier*, 17.

593 *Baier*, 80. So auch schon *Rengier*, 17.

594 *Baier*, 80.

595 So aber *Rengier*, 23, welcher hierin nur einen mittelbaren Schutzzweck erachtet mit Verweis auf *Petry*, 45 ff.

596 Dies räumt auch *Weigend* DJT-Gutachten, C 83 ein, weist aber darauf hin, dass dies auf eine erhebliche Anzahl Zeugnisverweigerungsberechtigter nicht unbedingt zutreffe: etwa beim Notar, beim Apotheker oder bei der Hebamme.

seine Selbstbelastungsfreiheit wäre damit obsolet. Unzutreffend ist daher die Behauptung *Weigends*[597], die Selbstbelastungsfreiheit werde durch eine freiwillige Offenbarung des Ratsuchenden gar nicht erst tangiert, so dass ein umfassender Schutz, wie ihn § 53 Abs. 1 S. 1 Nr. 2 und 3 StPO gewähre, nicht notwendig sei. Deshalb ist *Weigends* Vorschlag einer bloßen Extension des § 55 Var. 2 StPO (a.F.) anstelle eines umfassenden Zeugnisverweigerungsrechts für Berufsgeheimnisträger gemäß § 53 Abs. 1 S. 1 Nr. 2 und Nr. 3 StPO[598] abzulehnen.

Weigend weist jedoch zu Recht darauf hin, dass der ebenfalls in der Literatur erörterte Schutzzweck, den Zeugen vor einem drohenden Interessenkonflikt zu bewahren, abzulehnen ist[599]. Zwar führt *Rengier* zutreffend an, dass die Bezeichnung als Zeugnisverweigerungsrecht dafür spreche, dass es ein Recht des Zeugen ist und somit auch ihm zugute kommen soll[600]. Allerdings ist das Argument des potenziellen Interessenkonfliktes zirkulär, da das Bestehen eines Zeugnisverweigerungsrechts bereits vorausgesetzt wird: „Müsste der Berufsangehörige von Rechts wegen im Strafverfahren aussagen, so könnte er das Vertrauen des Klienten in seine absolute Verschwiegenheit nicht in Anspruch nehmen und auch nicht enttäuschen; er müsste allerdings seinen Klienten darauf hinweisen, dass seine Zeugnispflicht im Strafverfahren die sonst gewährleistete Vertraulichkeit der Kommunikation durchbrechen kann."[601]

Überdies wird ein Verstoß gegen § 203 StGB durch den allgemeinen Zeugniszwang gerechtfertigt, sofern gerade kein Zeugnisverweigerungsrecht davon befreit[602]. Außerdem ist gemäß § 53 Abs. 2 S. 1 StPO der Geheimnisinhaber befugt, den Zeugen von seinem Zeugnisverweigerungsrecht zu entbinden beziehungsweise ihn zur Zeugenaussage zu ermächtigen[603]. Für Berufsangehörige des § 53 Abs. 1 S. 1 Nr. 2 und 3 StPO ergibt sich hieraus zugleich die Pflicht auszusagen[604]. Dies legt aber wiederum nahe, dass es gerade primär um den Schutz des Geheimnisinhabers geht.

Darüber hinaus gewährleistet das Zeugnisverweigerungsrecht der Berufsgeheimnisträger aber auch deren ungestörte Berufsausübung und konkretisiert

597 *Weigend* DJT-Gutachten, C 83.
598 *Weigend* DJT-Gutachten, C 83.
599 Vgl. *Weigend* DJT-Gutachten, C 82.
600 Vgl. *Rengier*, 13.
601 So wörtlich *Weigend* DJT-Gutachten, C 82.
602 Vgl. Meyer-Goßner/ Schmitt StPO/ *Schmitt* § 53 Rn. 4; SK StPO/ *Rogall* § 53 Rn. 17.
603 Meyer-Goßner/ Schmitt StPO/ *Schmitt* § 53 Rn. 46.
604 Meyer-Goßner/ Schmitt StPO/ *Schmitt* § 53 Rn. 45.

somit das durch Art. 12 GG gewährleistete Grundrecht der freien Berufsausübung; damit erhält § 53 StPO durch Art. 12 GG „verfassungsrechtlichen Boden“[605].

Weigend spricht sich allerdings gegen den Schutz der Berufsausübung als Grundlage für ein Zeugnisverweigerungsrecht aus. Die Orientierung an den traditionellen „Vertrauensberufen“ habe das positive Recht schon seit längerem aufgegeben[606]. Außerdem könne die faktische Privilegierung bestimmter berufsständischer Interessen als solche kein legitimer Zweck gesetzlicher Regelungen sein; vielmehr lasse sich das Zeugnisverweigerungsrecht von Berufsangehörigen ausschließlich mit der sozialen Bedeutung der wahrgenommenen beruflichen Funktion begründen[607].

Diese Auffassung *Weigends*[608] ist zu restriktiv. Denn der Hilfeleistende kann seinen Beruf umso besser ausüben, je rückhaltloser sich der Hilfesuchende offenbart. Somit besteht auch ein Bezug zu Art. 12 GG. Daher ist die ungestörte Berufsausübung jedenfalls mittelbarer (Neben-)zweck, so dass – neben den Interessen des Ratsuchenden – zugleich auch Interessen des Berufsangehörigen geschützt werden.

Ferner muss der Berufsangehörige eine eigenständige und eigenverantwortliche Stellung innehaben[609], also in weitgehend eigener Verantwortung und auf sich gestellt die helfenden Schritte einleiten und durchführen und einen beträchtlichen Entscheidungsspielraum haben[610]. In dieser Hinsicht hat das Bundesverfassungsgericht zutreffend ausgeführt, dass der Kreis der Zeugnisverweigerungsberechtigten im Hinblick auf eine möglichst effektive Strafverfolgung möglichst klein bleiben muss[611].

Eine staatliche geregelte Ausbildung und fachliche Qualifikation als zwingende Voraussetzung für die Zubilligung eines Zeugnisverweigerungsrechts für Berufsgeheimnisträger ist demgegenüber abzulehnen[612] und stattdessen lediglich als ergänzendes Kriterium für die Zubilligung eines Zeugnisverweigerungsrechts heranzuziehen. Denn in dieser Hinsicht ist der Gesetzgeber nicht

605 So wörtlich *Rengier*, 14.

606 *Weigend* DJT-Gutachten, C 82.

607 *Weigend* DJT-Gutachten, C 82.

608 *Weigend* DJT-Gutachten, C 82.

609 So schon *Rengier*, 22; ähnlich *Blau* NJW 1973, 2234 (2237).

610 So *Rengier*, 17, der diese Voraussetzung als das „Höchstpersönliche“ des Vertrauensverhältnisses erachtet. Zustimmend *Baier*, 80.

611 BVerfGE 33, 367 (381).

612 So aber *Rengier*, 16, und auch *Baier*, 79 f.

konsequent und hat durch die sukzessive Erweiterung der vergangenen Jahre dieses Kriterium selbst „aufgeweicht".

Zwar muss sichergestellt werden, dass die Berufsangehörigen auch entsprechend für die jeweilige Tätigkeit qualifiziert sind, denn andernfalls wäre die mit der Zeugnisverweigerung verbundene Einschränkung der Wahrheitsfindung nicht zu rechtfertigen und dem Ratsuchenden wäre durch entsprechende Personen auch nicht geholfen. Als zwingende Voraussetzung für ein Zeugnisverweigerungsrecht des Berufsangehörigen kann dieses Merkmal jedoch nicht überzeugen, insbesondere im Hinblick auf die Selbstbelastungsfreiheit des Anvertrauenden. Denn die offenbarten Tatsachen verdienen unabhängig von der Person des Berufsangehörigen Schutz vor strafprozessualer Verwertung. Ansonsten würde es dem Beschuldigten angelastet, dass der Berufsangehörige, den er aufgesucht hat, nicht hinreichend (staatlich geprüft und) qualifiziert ist.

Darüber hinaus wird in der Judikatur eine standesrechtliche Absicherung in Form von Berufsgerichten gefordert, um eine zu extensive Beanspruchung des Zeugnisverweigerungsrechts zu Lasten der Wahrheitsfindung zu verhindern[613]. Doch auch gegen eine solche berufsethische Absicherung als konstituierendes Kriterium sprechen die Regelungen des § 53 Abs. 1 S. 1 Nrn. 3, 3 b, 4 und 5 StPO[614], denn nicht für alle dort genannten Berufsgruppen existieren entsprechende Standesvertretungen[615].

Als willkommener Nebeneffekt schützt das Zeugnisverweigerungsrecht zugleich die Interessen der Allgemeinheit; hierin besteht jedoch nicht der eigentliche Schutzzweck. Denn rechtsberatende Berufe sichern die Verwirklichung der Rechte des Bürgers gegenüber dem Staat oder Dritten und sollen dem Ratsuchenden zugleich dessen rechtliche Grenzen aufzeigen[616].

Die rechtsberatenden Berufe sind „unentbehrliche Garanten für eine ordnungsgemäße Rechtspflege [..., sie sind] Garanten der Rechtstreue und Rechtssicherheit, die im Dienste der ‚Gerechtigkeit' schlechthin stehen"[617].

Eine sachgerechte Rechtsberatung ist auch nach Auffassung *Weigends* von hohem Interesse für die Allgemeinheit und setze zugleich Vertraulichkeit aller

613 Vgl. BVerfGE 33, 367 (372).

614 Zutreffend *Baier*, 81. Ebenfalls gegen Sicherungsmechanismen als zwingende Voraussetzung *Rengier*, 18 ff.

615 Beispielsweise nicht für Hebammen, Berater, Abgeordnete und Angehörige der Medien.

616 Ebenso *Rengier*, 23, und *Welp* FS Bemmann, 626 (633).

617 So wörtlich *Rengier*, 23; zustimmend *Weigend*, C 91 mit Verweis auf *Welp* FS Bemmann, 626 (635); *Pfeiffer* StPO § 53 Rn. 1.

vom Klienten offenbarten Informationen voraus; der Klient müsse dem Juristen alle Umstände seines Falles ohne Furcht vor späterer Verwertung zu seinen Lasten darlegen können[618]. Begünstigter des § 53 StPO soll der Hilfesuchende sein; nur er könne verbindlich über den Geheimnisschutz disponieren. Dies ergebe sich schon aus § 53 Abs. 2 StPO. In negativer Hinsicht müsse aber dasselbe gelten: Ohne ausdrückliches Einverständnis soll eine Offenbarung ausgeschlossen sein; ein Ermessen des Zeugen bestehe nicht[619].

Für diejenigen Berufsangehörigen, welche sowohl nach § 53 StPO zur Zeugnisverweigerung berechtigt als auch gemäß § 203 StGB zur Verschwiegenheit verpflichtet sind, ist eine Geheimnispreisgabe ohne den Willen des Geheimnisträgers sogar strafbewehrt[620].

Zusammenfassend liegen dem Zeugnisverweigerungsrecht des § 53 Abs. 1 S. 1 Nr. 2 und 3 StPO die nachfolgenden Kriterien und Schutzzwecke zugrunde:

- der Schutz der Privatsphäre des Ratsuchenden gemäß Art. 2 Abs. 1, 1 Abs. 2 GG als Basis;
- der Schutz der Selbstbelastungsfreiheit des Hilfesuchenden;
- die Schaffung eines Vertrauensverhältnisses zwischen Berufsangehörigem und Hilfesuchendem (wobei das Vertrauen den Fähigkeiten, nicht der Person des Berufsangehörigen entgegengebracht wird);
- eine eigenverantwortliche Stellung des Berufsangehörigen.

Nebenschutzzweck:

- die ungestörte Berufsausübung des Berufsangehörigen;
- die Wahrung der Interessen der Allgemeinheit.

Nicht zwingend erforderlich sind demgegenüber:

- eine staatlich geregelte Ausbildung und Qualifikation;
- eine standesrechtliche Absicherung;
- eine freie Wahl des Beratungsverhältnisses.

---

618 Zutreffend *Weigend* DJT-Gutachten, C 91.

619 *Weigend* DJT-Gutachten, C 97.

620 Siehe zum Verhältnis von § 53 StPO und § 203 StGB bereits oben Hauptteil B.I.3.d) bb), 49 ff.

b) Schutzzwecke des § 53 Abs. 1 S. 1 StPO auch für den Insolvenzschuldner gültig?

Es ist zunächst zu untersuchen, ob diese Schutzzwecke auch für den Insolvenzschuldner zutreffen.

aa) Schutz der Privatsphäre des Insolvenzschuldners?

Zwar teilt der Insolvenzschuldner dem Insolvenzverwalter überwiegend Tatsachen mit, welche dem Bereich der Sozialsphäre zuzuordnen sind, beispielsweise Informationen über das Unternehmen oder Geschäftspartner. Dadurch ist aber keineswegs ausgeschlossen, dass der Schuldner auch solche Informationen erteilt, die dem Bereich seiner Privatsphäre zuzuordnen sind. Dies wird insbesondere im Falle von Privatinsolvenzen zutreffen, wenn der Schuldner auch private Ausgaben und Anschaffungen offenlegen und rechtfertigen muss.

bb) Selbstbelastungsfreiheit des Insolvenzschuldners im Strafverfahren

Das Verhältnis des Insolvenzschuldners zum Insolvenzverwalter müsste auch im Hinblick auf den Schutzzweck der Selbstbelastungsfreiheit vergleichbar sein mit dem Verhältnis des Beschuldigten zum Verteidiger beziehungsweise des Mandanten zum Rechtsanwalt.

Augenscheinlich bezieht sich der Austausch zwischen dem Beschuldigten und seinem Verteidiger ausschließlich oder jedenfalls überwiegend auf strafrechtlich relevante Inhalte.

Das Bundesverfassungsgericht führte zur Frage, ob die Selbstbelastungsfreiheit des Geheimnisträgers tangiert ist, aus:

„Vielfach ist es Teil seiner unabweisbaren Lebensbedürfnisse, Vertreter bestimmter Heil- und Beratungsberufe in Anspruch zu nehmen. Wirksame Hilfe kann er von ihnen zumeist nur erwarten, wenn er sich rückhaltlos offenbart und sie zu Mitwissern von Angelegenheiten seines privaten Lebensbereiches macht. Andererseits hat er ein schutzwürdiges Interesse daran, dass solche Tatsachen nicht zur Kenntnis Dritter gelangen. Die grundsätzliche Wahrung dieses Geheimhaltungsinteresses ist notwendige Vorbedingung des Vertrauens, das er um seiner selbst willen aufbringen muss, und Grundlage für die erfolgreiche Berufstätigkeit jener, von denen er Beistand benötigt. Andernfalls bliebe ihm oft nur die Wahl, entweder eine Offenbarung seiner privaten Sphäre in Kauf zu nehmen oder aber auf eine sachgemäße Behandlung oder Beratung von vornherein zu verzichten. Hier jedoch kann der Schutz des privaten Lebensbereichs in Konflikt geraten mit dem Interesse der Allgemeinheit an einer wirksamen Strafrechtspflege“[621].

Diese „Wahl“ hat der Insolvenzschuldner indessen nicht: er ist gemäß § 97 InsO zur umfassenden Auskunftserteilung sowie zur Mitwirkung im Insolvenzverfahren verpflichtet; gemäß § 97 Abs. 1 S. 2 InsO muss er dabei auch selbstbelastende Informationen offenbaren. Verweigert der Insolvenzschuldner diese Mitwirkung, so kann sie mit den Mitteln des § 98 InsO erzwungen werden. Die Selbstbelastungsfreiheit des Schuldners ist im Insolvenzverfahren mithin nahezu vollständig aufgehoben[622].

Zudem wird der Schuldner mit der Antragstellung auf Eröffnung eines Insolvenzverfahrens über seine Pflichten gemäß §§ 20, 97 InsO in Kenntnis gesetzt; diese Pflichten können gemäß § 98 InsO mit Zwang durchgesetzt werden. Es ist davon auszugehen, dass Insolvenzverwalter die Schuldner hiervon bereits zu Beginn des (Eröffnungs-)Verfahrens informieren, um möglichst umfassende Informationen vom Schuldner zu erhalten. Das Wissen des Schuldners hierüber beeinflusst somit sein gesamtes Mitwirken im Insolvenzverfahren und ist den erteilten Auskünften stets immanent. Das Wissen um die Erzwingbarkeit seiner Auskünfte strahlt auch auf das Strafverfahren aus. Zwar wird der Schuldner vor der ersten Vernehmung gemäß § 136 Abs. 1 StPO und auch zu Beginn der Hauptverhandlung noch einmal gemäß § 243 Abs. 5 S. 1 StPO darüber belehrt, dass es ihm freistehe, zur Sache auszusagen oder zu schweigen. Gleichwohl weiß er, dass er bereits umfassend – auch strafrechtlich belastende – Informationen im Insolvenzverfahren an den Insolvenzverwalter weitergegeben hat. Allerdings ist der Schuldner in Ungewissheit darüber, an wen beziehungsweise an welche Behörden diese Informationen weitergegeben wurden. Aus seiner Sicht läuft sein Recht zu schweigen leer, da er befürchtet, dass die fraglichen Informationen ohnehin preisgegeben und für das laufende Strafverfahren gegen ihn verwendet werden. Diese Angst des Schuldners und späteren Beschuldigten wirkt sich auf das gesamte Strafverfahren aus. Seine Selbstbelastungsfreiheit ist damit erheblich tangiert.

Insbesondere durch die Zeugenaussage des Insolvenzverwalters drohen die Auskünfte, welche der Schuldner ihm gegenüber erteilt hat, strafrechtlich genutzt zu werden. Ein Zeugnisverweigerungsrecht des Insolvenzverwalters würde dies verhindern.

621 BVerfGE 33, 367 (377 f.).

622 Siehe hierzu bereits oben Hauptteil B.I.2.c), 34 ff.

Die Situation des Insolvenzschuldners ist daher vor allem mit derjenigen des Beschuldigten vergleichbar.

Somit bedarf der Insolvenzschuldner hinsichtlich seiner Selbstbelastungsfreiheit eher noch mehr Schutz als diejenigen Personen, die sich an die in § 53 Abs. 1 S. 1 StPO erwähnten Berufsgruppen wenden. Der Schutzzweck der Selbstbelastungsfreiheit passt mithin auch auf die Konstellation zwischen Insolvenzschuldner und Insolvenzverwalter.

cc) Schaffung eines (höchstpersönlichen) Vertrauensverhältnisses

Zwischen dem Insolvenzverwalter und dem Insolvenzschuldner müsste zudem ein höchstpersönliches, grundsätzlich keine Offenbarung duldendes Vertrauensverhältnis bestehen[623].

Auf den ersten Blick unterscheidet sich das Verhältnis zwischen Insolvenzschuldner und Insolvenzverwalter von dem üblichen Verhältnis zwischen Rechtsanwalt und Mandanten sowie dem zwischen Beschuldigtem und Verteidiger. Nicht der Schuldner geht auf den Insolvenzverwalter zu und bittet diesen um Rat sowie Insolvenzabwicklung. Vielmehr wird der Insolvenzverwalter – gegebenenfalls von der Gläubigerversammlung vorgeschlagen – vom Insolvenzgericht bestellt. Der Schuldner kann den Insolvenzverwalter nicht frei wählen. Er kann allenfalls Vorschläge unterbreiten.

Allerdings wird auch bei anderen Berufsangehörigen das geschützte Vertrauensverhältnis nicht immer frei gewählt.

Dies gilt insbesondere für einen gemäß §§ 140 ff. StPO bestellten Pflichtverteidiger. Insofern ist es – wie bereits gezeigt wurde[624] – kein Ausschlusskriterium, dass ein Vertrauensverhältnis zum Zeugnisverweigerungsberechtigten nicht von dem zu schützenden Beschuldigten initiiert wird und dieser auch keinen Einfluss auf die Auswahl des späteren Zeugnisverweigerungsberechtigten hat.

Würde man im Falle des Insolvenzschuldners ausschließlich auf das in Erwartung der Vertraulichkeit freiwillige Offenbaren von Tatsachen gegenüber dem Ratgebenden abstellen, so benachteiligte diese Betrachtungsweise den Insolvenzschuldner gegenüber anderen Ratsuchenden. Denn das Bestehen eines solchen Vertrauensverhältnisses zwischen dem Insolvenzschuldner und dem Insolvenzverwalter würde dann mit der Begründung abgelehnt, dass der

623 Vgl. BVerfGE 33, 367 (378).

624 Siehe hierzu bereits oben Hauptteil E.II.4.a), 144 ff.

Insolvenzschuldner verpflichtet sei, im Insolvenzverfahren mitzuwirken, notfalls sogar unter Anwendung von Zwang.

Dies unterscheidet den Insolvenzschuldner beispielsweise von einem Mandanten eines Rechtsanwaltes, welcher sich dem Rechtsanwalt in dem Vertrauen öffnet, seine Informationen seien bei diesem „sicher“ und würden ihm später nicht zur Last fallen, beispielsweise in einem Strafverfahren. Dem Insolvenzschuldner diesen Schutz nun abzusprechen, da er ja ohnehin nicht auf vertraulicher Basis mit dem Insolvenzverwalter kooperiere, sondern aufgrund seiner Verpflichtung hierzu, kann insbesondere im Hinblick auf § 97 Abs. 1 S. 3 InsO nicht überzeugen. Denn dieses Verwendungsverbot suggeriert dem Insolvenzschuldner gerade die streitige Vertrautheit, dass seine Informationen bei dem Insolvenzverwalter (ebenso) sicher und der strafrechtlichen Verfolgung entzogen seien.

Dies gilt umso eher, wenn es sich bei dem Insolvenzverwalter zugleich um einen Rechtsanwalt handelt, da in derartigen Fällen für den Schuldner schon nicht klar erkennbar ist, in welcher Eigenschaft – als Rechtsanwalt oder ausschließlich als Insolvenzverwalter – er dieser Person Auskunft erteilt. Somit besteht auch aufgrund des Insolvenzgeheimnisses ein (schützenswertes) Vertrauensverhältnis zwischen dem Insolvenzschuldner und dem Insolvenzverwalter.

dd) Eigenverantwortliche Stellung und Berufsausübung des Insolvenzverwalters

Darüber hinaus begründet das Bundesverfassungsgericht das Zeugnisverweigerungsrecht für Berufsgeheimnisträger damit, dass sie Berufe ausübten, die ihnen regelmäßig eine unabhängige und eigenverantwortliche Stellung verliehen[625].

Auch der Insolvenzverwalter entscheidet selbständig und unabhängig darüber, ob und inwiefern er Gebrauch von seinem im Rahmen des Insolvenzverfahrens erlangten Wissen macht. Er unterliegt keinerlei Weisungsbefugnis. Zwar soll das Insolvenzgericht gemäß § 58 InsO Kontrolle über den ordnungsgemäßen Gang des Verfahrens ausüben, jedoch nicht in der Weise, dass der Insolvenzverwalter ihm gegenüber weisungsgebunden agiert[626]. Vielmehr ist das Gericht insbesondere für die Anordnung von Maßnahmen zuständig, namentlich solchen nach § 98 InsO, durch welche Grundrechte tangiert werden.

625 BVerfGE 33, 367 (381).
626 Vgl. auch *Uhlenbruck* Editorial NZI 9/2007.

Trotz des mitunter personenstarken Teams, welches den Insolvenzverwalter bei der Durchführung von Insolvenzverfahren unterstützt, ist doch stets der Insolvenzverwalter die zentrale Figur des Verfahrens und leitet dieses[627].

Er hat einen weitreichenden Entscheidungsspielraum, wenngleich er – wie allerdings andere in § 53 Abs. 1 S. 1 InsO aufgeführte Berufsangehörige in Bezug auf die Ratsuchenden auch – verpflichtet ist, das Insolvenzverfahren bestmöglich abzuwickeln.

ee) Nebenschutzzweck: Berufsausübungsfreiheit des Insolvenzverwalters

Insbesondere Rechtsanwälte, aber auch Verteidiger sind grundsätzlich einseitige Interessenvertreter ihrer Mandanten. Beide sind aber gemäß § 1 BRAO auch „Organe der Rechtspflege" und zugleich auch dieser verpflichtet[628]. Das zeigt sich insbesondere am Beispiel des Pflichtverteidigers: Dieser soll in den Fällen des § 140 StPO nicht nur den Beschuldigten schützen und seine Rechte verteidigen, sondern auch dafür Sorge tragen, dass das Verfahren insgesamt rechtsförmig verläuft und den Strafverfolgungsbehörden ein kundiger Ansprechpartner zur Verfügung steht.

Der Insolvenzverwalter ist demgegenüber kein einseitiger Interessenvertreter. Als Amtsträger erhält er seine Legitimation aufgrund gesetzlicher Regelungen, so dass er zumindest nach Auffassung von *Ries* gleichfalls Organ der Rechtspflege ist[629]. In dieser Stellung soll er die bestmögliche Insolvenzabwicklung vor allem – jedoch nicht nur – für die Gläubiger erreichen. Insbesondere § 97 Abs. 1 S. 1, 2, Abs. 2, 3 InsO soll dies durch die umfassenden Mitwirkungs- und Auskunftspflichten des Schuldners sicherstellen. Die Abwicklung der Insolvenz im Speziellen sowie die Berufsausübung des Insolvenzverwalters im Allgemeinen würden durch ein umfassende(re)s Vertrauen des Schuldners infolge eines besseren Schutzes für strafrechtlich relevante Auskünfte erleichtert. Denn selbst ein effektiv angewandter Schutz nach § 97 Abs. 1 S. 3 InsO reicht – wie bereits gezeigt wurde – nicht so weit wie der Schutz durch ein strafprozessuales Zeugnisverweigerungsrecht.

Auch der Insolvenzverwalter benötigt für ein erfolgreiches Abwickeln der Insolvenz ebenso wie der Verteidiger für die Verteidigung oder der Rechtsanwalt für die Beratung das mögliche Maximum an Informationen. Diese bekommt er fast ausschließlich vom Schuldner. Somit würde auch die ungestörte Berufsausübung des Insolvenzverwalters und damit sein Recht aus Art. 12 Abs. 1 GG durch ein eigenes strafprozessuales Zeugnisverweigerungsrecht gestärkt.

---

627 Siehe hierzu bereits Hauptteil B.II.2., 51 ff. und B.II.3., 54 ff.

628 Vgl. für den Strafverteidiger *Dornach* NStZ 1995, 57.

629 Schmidt InsO/ *Ries* § 56 Rn. 58.

ff) Zwischenergebnis

Die Schutzzwecke, welche für die in § 53 Abs. 1 S. 1 StPO aufgelisteten Berufsgeheimnisträger herausgearbeitet wurden, lassen sich im Wesentlichen auf den Beruf des Insolvenzverwalters übertragen. Das Verhältnis zwischen dem Insolvenzschuldner und dem Insolvenzverwalter ist mit demjenigen zwischen Verteidiger und Beschuldigtem sowie zwischen Rechtsanwalt und seinem Mandanten vergleichbar. Auch für den Insolvenzschuldner gilt es, seine Selbstbelastungsfreiheit zu schützen und ein vertrauliches Verhältnis zwischen ihm und dem Insolvenzverwalter zu schaffen.

Dem steht es nicht entgegen, dass der Insolvenzverwalter keine einseitige Interessenvertretung wahrnimmt. Zum einen handelt es sich bei der ebenfalls geschützten Berufsausübungsfreiheit lediglich um einen „Nebenzweck“, den das Zeugnisverweigerungsrecht gemäß § 53 Abs. 1 S. 1 StPO zwar erfüllt; dieser Zweck liegt dem Recht aber nicht zugrunde und muss mithin nicht zwingend vorliegen. Darüber hinaus wurde gezeigt[630], dass auch ohne eine solche einseitige Interessenvertretung die Berufsausübungsfreiheit des Insolvenzschuldners durch ein Zeugnisverweigerungsrecht gestärkt würde.

c) Kriterien des Bundesverfassungsgerichts auch für den Insolvenzverwalter zutreffend?

Das Bundesverfassungsgericht fordert zudem eine staatlich geregelte Ausbildung, ein eigenes Standesethos sowie Berufskammern als Voraussetzung für ein Zeugnisverweigerungsrecht gemäß § 53 Abs. 1 StPO. Diese formellen Kriterien sind allerdings – wie bereits gezeigt wurde[631] – als zwingendes Merkmal für die Zubilligung eines Zeugnisverweigerungsrechts abzulehnen. Doch auch wenn man ihnen mit dem Bundesverfassungsgericht konstituierenden Charakter beimisst, so sind diese Voraussetzungen für den Insolvenzverwalter weitestgehend erfüllt.

aa) Staatliche Ausbildung, Standesethos und Berufskammern für Insolvenzverwalter

Zur Qualifikation der in § 53 Abs. 1 StPO erwähnten Berufsangehörigen hat das Bundesverfassungsgericht schon 1972 in der Sozialarbeiter-Entscheidung ausgeführt:

„Angesichts des rechtsstaatlichen Postulats der Aufrechterhaltung einer funktionsfähigen Strafrechtspflege bedarf die Einräumung von Aussageverweigerungsbefugnissen aus beruflichen Gründen stets einer besonderen Legitimation,

630 Siehe oben Hauptteil E.II.4.b)ee), 154.

631 Siehe oben Hauptteil E.II.4.a), 144 ff.

um vor der Verfassung Bestand zu haben. Unter diesem Gesichtspunkt versteht es sich nicht von selbst, daß der Gesetzgeber den Angehörigen wirtschafts- und steuerberatender Berufe ein Zeugnisverweigerungsrecht zugebilligt hat. Das lässt sich jedoch deshalb noch rechtfertigen, weil sie nach ihrer Ausbildung, den für sie geltenden Berufsregelungen […], der durch Kammern wahrgenommenen Standesaufsicht und der disziplinarischen Überwachung durch Berufsgerichte eine gewisse Gewähr dafür bieten, daß sie von der ihnen eingeräumten Aussageverweigerungsbefugnis keinen unangemessenen Gebrauch machen, sie insbesondere nur dann in Anspruch nehmen, wenn es die Wahrung ihres Berufsgeheimnisses unabdingbar erfordert und höherwertige Interessen des Gemeinwohls nicht entgegenstehen.“[632]

Diese Anforderungen an die für ein Zeugnisverweigerungsrecht erforderliche Qualifikation erfüllen Insolvenzverwalter möglicherweise nicht:

Zwar wird angestrebt, dass auch Insolvenzverwalter eine hochqualifizierte und anspruchsvolle, wenn auch nicht staatlich einheitlich geregelte Ausbildung durchlaufen sollen. Auch sei es ein langer Weg zur jeweiligen Insolvenzverwalterbestellung, wobei seine fachliche Qualifikation eine maßgebliche Bestellungsvoraussetzung sein soll[633]. Allerdings können auch Personen Insolvenzverwalter werden, die zuvor keinerlei Ausbildung mit staatlicher Abschlussprüfung durchlaufen haben und für die auch keine entsprechenden Kontrollgremien existieren. Diesbezüglich enthält § 56 InsO keine spezifischen Anforderungen an den Insolvenzverwalter.

Demgegenüber ist die Ausbildung zum Rechtsanwalt, mithin zum Volljuristen, komplex und staatlich geregelt. Rechtsanwälte haben eigene berufsrechtliche Regelungen und unterliegen einer Zwangsmitgliedschaft in der Rechtsanwaltskammer. Zudem haben die als Insolvenzverwalter tätigen Rechtsanwälte mit der Einführung des „Fachanwaltes für Insolvenzrecht“ zusätzliche Bestimmungen geschaffen.

Die Situation stellt sich für Verteidiger ähnlich dar wie bei den Rechtsanwälten. Zu den nach § 53 Abs. 1 S. 1 Nr. 2 StPO Zeugnisverweigerungsberechtigten zählen vom Beschuldigten gewählte sowie vom Gericht bestellte Verteidiger[634]. Im Hinblick auf das Zeugnisverweigerungsrecht des § 53 Abs. 1 S. 1 Nr. 3 StPO sind primär Verteidiger betroffen, die nicht zugleich Rechtsanwälte sind, namentlich Hochschullehrer und Referendare[635]. Sie durchlaufen eine staatliche

---

632 BVerfGE 33, 367 (383 f.).

633 Uhlenbruck InsO/ *Zipperer* § 56 Rn. 17 ff. m.w.N.

634 Karlsruher Kommentar StPO/ *Senge* § 53 Rn. 13.

635 Karlsruher Kommentar StPO/ *Senge* § 53 Rn. 13.

Ausbildung und werden staatlich geprüft. Allerdings haben sie – anders als etwa Rechtsanwälte – kein eigenes Berufsrecht mit entsprechenden Kontrollorganen.

Zwar ist der Werdegang von Insolvenzverwaltern, die zugleich Rechtsanwälte sind, für die hier anstehende Frage unproblematisch; das hilft den „übrigen" Insolvenzverwaltern bei der Qualifikation für ein Zeugnisverweigerungsrecht jedoch nicht.

Doch wenngleich es noch immer an einer Berufsordnung für Insolvenzverwalter mangelt, so hat sich doch über die Jahre aus dem einst nahezu rechtsfreien Raum der Verwalterbestellungspraxis ein eigener Berufsstand des Insolvenzverwalters entwickelt[636].

Die sogenannte *Uhlenbruck-Kommission* hat darüber hinaus grundlegende Kriterien entwickelt, welche bei der Auswahl und der Bestellung von Insolvenzverwaltern zur Anwendung gelangen sollen[637].

Anlass war die zunehmende Unsicherheit bei der Auswahl der Insolvenzverwalter durch Insolvenzgerichte[638]. Die Nichtberücksichtigung bei interessanten, öffentlichkeitswirksamen Verfahren führte zu Unmut in den Fachkreisen, der letztlich in diversen Gerichtsverfahren in Verfassungsbeschwerden einging. Nach der daraufhin geäußerten Auffassung des Bundesverfassungsgerichts sei es Aufgabe der Fachgerichte, Kriterien für die Festlegung der Eignung eines Bewerbers sowie für die sachgerechte Ermessensausübung zu entwickeln[639]. Bei einer Veranstaltung der Arbeitsgemeinschaft Insolvenzrecht und Sanierung im Deutschen Anwaltverein am 18.05.2006 in Köln einigten sich die Teilnehmer auf die selbstständige Bildung einer Kommission, in der alle wesentlichen an Insolvenzverfahren Beteiligten vertreten sein sollten; den Vorsitz erhielt *Uhlenbruck*.

In ihrer konstituierenden Sitzung hat die Kommission „Qualitätskriterien zur Vorauswahlliste und Bestellung von Insolvenzverwaltern sowie Transparenz, Aufsicht und Kontrolle in Insolvenzverfahren" die Zielsetzung ihrer Arbeit dahingehend umrissen, dass durch ihre Beschlüsse bei allen Beteiligten größtmögliche Akzeptanz und damit eine einheitliche Handhabung erreicht werden sollte[640].

Die Kommission zählte 33 Mitglieder und drei Gastmitglieder und setzte sich aus Vertretern des Deutschen Richterbundes, des Bundes Deutscher Rechtspfleger, den Vorsitzenden der Berufsverbände, Vertretern der

---

636 Vgl. ausführlich hierzu *Vallender* NZI 2017, 641 (642 ff.) m.w.N.

637 Vgl. Zusammenfassung der Empfehlungen der Uhlenbruck-Kommission NZI 2007, 507.

638 Hierzu und zur nachfolgenden Darstellung *Uhlenbruck* Editorial NZI 9/2007.

639 BVerfG NZI 2004, 574; 2006, 453.

640 *Uhlenbruck* Editorial NZI 9/2007.

Gewerkschaften, des Bundesverbandes Deutscher Banken, des Deutschen Industrie- und Handelskammertages, Vertretern von Kreditversicherern und des Pension-Sicherungsvereins sowie Experten auf dem Gebiet des Insolvenzrechts und der Insolvenzrechtspraxis und vor allem aktiven Insolvenzrichtern und Rechtspflegern zusammen[641].

Die *Uhlenbruck-Kommission* hat in ihrer Plenarsitzung am 07.07.2007 ihre Arbeit abgeschlossen und ihre Empfehlungen festgelegt[642].

Nach diesen Empfehlungen soll der Abschluss einer rechtswissenschaftlichen, wirtschaftswissenschaftlichen oder anderen Hochschulausbildung mit wirtschaftswissenschaftlicher Ausrichtung für die Aufnahme auf die Vorauswahlliste erforderlich sein. Sofern sich der Bewerber bereits bei dem Insolvenzgericht, welches die Liste aufstellt, im Rahmen früherer Tätigkeiten als Insolvenzverwalter bewährt hat, könne dieses Gericht von vorstehenden Anforderungen im Einzelfall absehen[643].

Die Bewerber müssten besondere theoretische Kenntnisse im materiellen Insolvenzrecht, Insolvenzverfahrensrecht sowie über betriebswirtschaftliche Grundlagen nachweisen[644]. Erforderlich sei außerdem der Nachweis einer umfassenden, mindestens dreijährigen praktischen verwalterspezifischen Tätigkeit in einem Insolvenzverwalterbüro oder einer mindestens dreijährigen Tätigkeit als Verwalter[645].

Daneben fordert die Kommission eine Vielzahl von weiteren Qualitätsmerkmalen[646].

Alles in allem ähneln die vorstehenden Voraussetzungen den Anforderungen für den „Fachanwalt für Insolvenzrecht“[647]. Es wird allerdings ausdrücklich darauf hingewiesen, dass die Berechtigung zur Bezeichnung als „Fachanwalt für Insolvenzrecht“ nicht von der Nachweispflicht entbinde[648].

Derzeit existieren überdies verschiedene Bemühungen des Verbandes der Insolvenzverwalter Deutschlands e.V. (VID), die Voraussetzungen des Berufsbildes des Insolvenzverwalters enger festzulegen und vor allem die sorgfaltsgemäße Abwicklung der Insolvenzverfahren qualitativ abzusichern.

---

641 *Uhlenbruck* Editorial NZI 9/2007.
642 *Uhlenbruck* Editorial NZI 9/2007.
643 NZI 2007, 507 (508).
644 NZI 2007, 507 (508).
645 NZI 2007, 507 (508).
646 Siehe hierzu bereits oben Hauptteil B.II.2, 51 ff.
647 Siehe hierzu bereits oben Hauptteil D.II.2.a), 121 ff.
648 NZI 2007, 507 (508).

So existiert bereits ein Kanon von Qualitätsstandards:

- das VID-Cert,
- die ISO 9001
- die GOI
- die Entwicklung bestimmter Berufsgrundsätze sowie eines Fragebogens zur Unabhängigkeit im Sinne des § 56 InsO.

Das sogenannte VID-Cert ist ein eigenes Gütesiegel des Verbandes. Es wird an Mitglieder vergeben, die bereits zur Aufnahme in den Verband umfangreiche Nachweise über ihre Qualifikation und praktische Erfahrung erbringen mussten.

Darüber hinaus verpflichten sich diese Zertifikatsinhaber, Nachweise durch eine unabhängige Zertifizierungsgesellschaft darüber zu erbringen, dass sie die Grundsätze ordnungsgemäßer Insolvenzverwaltung und die Berufsgrundsätze des Verbandes einhalten sowie nach der Richtlinie ISO 9001 zertifiziert sind. Eine Überprüfung dieser Voraussetzungen erfolgt jährlich.

Bei der ISO 9001 handelt es sich um eine europarechtliche Richtlinie. Nach der Erstzertifizierung erfolgen ein jährliches Audit sowie alle drei Jahre eine Nachzertifizierung. Sämtliche Nachweise müssen gegenüber dem VID vorgelegt werden, andernfalls droht ein Ausschluss aus dem Verband.

Anstelle eigener Berufskammern sichern die „Grundsätze ordnungsgemäßer Insolvenzverwaltung" (GOI) vom 14.05.2011 in Form eines Zertifikates des VID die hohe Qualität der insolvenzrechtlichen Tätigkeit ab. Dort wurden erstmals bestimmte Kriterien für Insolvenzverwaltung festgelegt.

Problematisch hierbei ist jedoch die bloß begrenzte Wirkungskraft der GOI; denn sie bindet ausschließlich Mitglieder des Verbandes[649].

Einerseits handelt es sich zwar nicht um einklagbares Recht, sondern um Obliegenheiten, welche die Mitglieder des VID freiwillig erfüllen und denen sie sich auch verpflichtet fühlen. Anderseits unterliegen die partizipierenden Insolvenzverwalter dennoch engmaschigen Kontrollen, zumal die Zertifikate an entsprechende Nachweise sowie deren ständige Aktualisierung gekoppelt sind. Somit ist die Überprüfung teilweise sogar strenger als bei Berufskammern, welche erst ereignisbezogen tätig werden.

Darüber hinaus werden die Insolvenzverwalter auch durch das zuständige Insolvenzgericht kontrolliert (§ 58 InsO). Dieses soll den gesetzeskonformen Ablauf des Insolvenzverfahrens sicherstellen und gegebenenfalls eigeninitiativ intervenieren[650].

---

649 *Vallender* NZI 2017, 641 (641).

650 *Vallender* NZI 2017, 641 (644).

Das Insolvenzgericht übt einzelfallbezogene Kontrolle aus, die verschiedenen Audits sorgen für die generelle Qualitätssicherung. Jedenfalls die Kontrolle durch das Insolvenzgericht ist adäquat zur Kontrolle durch Berufskammern.

Nicht zuletzt ist die Neuausrichtung der insolvenzrechtlichen Ausbildung und Absicherung nun auch in der europarechtlichen Diskussion[651]. Möglicherweise steht also hier eine Neuerung bevor.

Auch *Vallender* fordert die Einführung einer eigenen Berufsordnung für Insolvenzverwalter, um die von der insolvenzrechtlichen Praxis festgestellten Strukturdefizite bei der Vorauswahl und Bestellung von Insolvenzverwaltern zu beheben, indem vom Gesetzgeber sachgerechte und belastbare Kriterien für die Entscheidung des Gerichts geschaffen werden[652]. Dabei zieht er bemerkenswerterweise den Vergleich zu Notaren als „andere vergleichbar qualifizierte Freie Berufe“[653]; Notare sind schon durch das 3. Strafrechtsänderungsgesetz vom 4. August 1953 in die Enumeration des § 53 Abs. 1 StPO aufgenommen worden[654].

Auch für den Beruf des Insolvenzverwalters existieren also sowohl eine Vielzahl von qualifizierten Kriterien für seine Bestellung als auch Sicherungsmechanismen, welche sich noch in der Weiterentwicklung befinden.

Bei einem Vergleich mit den in § 53 Abs. 1 S. 1 StPO erwähnten Berufsangehörigen ist überdies zu berücksichtigen, dass nicht alle Personen, die als Verteidiger bestellt werden können und in dieser Eigenschaft ein Zeugnisverweigerungsrecht gemäß § 53 Abs. 1 S. 1 Nr. 2 StPO haben, sämtliche der vorstehenden Voraussetzungen erfüllen. Wie oben bereits erwähnt wurde, existieren für Hochschullehrer und Referendare weder Standesethos noch Kontrollorgane.

Dies gilt ebenso für einige der in § 53 Abs. 1 S. 1 Nrn. 3, 3 b, 4 und 5 StPO aufgeführten Berufsangehörigen, namentlich Hebammen, Berater sowie Abgeordnete und Angehörige der Medien.

Aufgrund dieser uneinheitlichen Regelung seitens des Gesetzgebers sollten die vom Bundesverfassungsgericht genannten Kriterien mithin nicht zu stark

---

651 COM (2016) 723 final: Vorschlag für eine RICHTLINE DES EUROPÄISCHEN PARLAMENTS UND DES RATES über präventive Restrukturierungsrahmen, die zweite Chance und Maßnahmen zur Steigerung der Effizienz von Restrukturierungs-, Insolvenz- und Entschuldungsverfahren und zur Änderung der Richtlinie 2012/30/EU. Zitiert nach https://ec.europa.eu/transparency/regdoc/rep/1/2016/DE/COM-2016-723-F1-DE-MAIN-PART-1.PDF, abgerufen am 24.09.2018.

652 *Vallender* NZI 2017, 641 (648).

653 *Vallender* NZI 2017, 641.

654 BGBl. 1953 I, 735 (744).

gewichtet und zu restriktiv gehandhabt werden. Dementsprechend genügen die bereits bestehenden Qualitätssicherungen für Insolvenzverwalter für die Zubilligung eines Zeugnisverweigerungsrechts. Und auch die Sorge des Gerichts vor einem ausufernden Gebrauch dieses Zeugnisverweigerungsrechts zulasten der Strafverfolgung ist im Falle des Insolvenzverwalters unbegründet, da auch er Organ der Rechtspflege ist[655].

bb) Zusammenfassung

Die vorstehenden Schutzzwecke und Kriterien sind weitestgehend auch im Verhältnis zwischen Insolvenzverwalter und Insolvenzschuldner gegeben. Und selbst wenn man mit dem Bundesverfassungsgericht eine staatliche Ausbildung, ein Standesethos sowie Berufskammern als zwingend betrachtet, so sind diese Voraussetzungen auch bei Insolvenzverwaltern mittlerweile weitgehend erfüllt.

Auch das Bundesverfassungsgericht erkennt schon 2004 – wenngleich in einem anderen Zusammenhang – an, dass „in den letzten zwei Jahrzehnten […] die Betätigung als Insolvenzverwalter zu einem eigenständigen Beruf geworden" ist[656]. Er durchläuft zwar keine staatliche Ausbildung und wird auch nicht staatlich geprüft. Gleichwohl wurde eine Vielzahl verschiedener Kriterien entwickelt, um einen gewissen Qualitätsstandard innerhalb dieses Berufes zu gewährleisten. Dabei ähneln insbesondere die von der *Uhlenbruck-Kommission* erstellten Kriterien denen des „Fachanwaltes für Insolvenzrecht" sehr, weshalb eine strafprozessuale Schlechterstellung der Insolvenzverwalter allein mangels staatlicher Ausbildung nicht gerechtfertigt ist. Über die verschiedenen Audits sowie das Insolvenzgericht untersteht die Tätigkeit des Insolvenzverwalters zudem einer gewissen Kontrolle. Aufgrund seiner verfahrensrechtlichen Stellung im Sinne der Amtstheorie ist überdies kein extensiver, unverhältnismäßiger Gebrauch eines Zeugnisverweigerungsrechts zu befürchten. Im Insolvenzverfahren ist der Insolvenzverwalter eine Schlüsselfigur; als solche hat er eine eigenverantwortliche Stellung inne.

Ohnehin handelt es sich bei diesen formellen Voraussetzungen um eine Art *soft law*; „[Vor] einer Verabsolutierung der einzelnen Kriterien ist jedenfalls ebenso zu warnen wie vor ihrer Geringschätzung"[657].

---

655 Zur Amtstheorie siehe bereits oben Hauptteil B.II.3., 54 ff.

656 BVerfG NZI 2004, 574 (576).

657 SK StPO/ *Rogall* § 53 Rn. 56.

Da auch für Insolvenzverwalter jedenfalls mit § 53 StPO gleichwertige formelle Voraussetzungen existieren, spricht eine Menge dafür, § 53 Abs. 1 S. 1 StPO analog auf Insolvenzverwalter anzuwenden.

d) *Zwischenergebnis*

Somit ist die Interessenlage der Insolvenzverwalter vergleichbar mit derjenigen der Berufsgeheimnisträger des § 53 Abs. 1 S. 1 StPO, insbesondere mit Rechtsanwälten und Verteidigern.

Auch in der Vergangenheit fungierte § 53 Abs. 1 S. 1 Nr. 3 StPO zudem schon als „Auffang-Zeugnisverweigerungsrecht" für andere Erweiterungen des § 53 StPO, die sich nicht in die bestehende Systematik einfügten, wie beispielsweise für Hebammen[658].

In der Konsequenz bilden die im Katalog des § 53 Abs. 1 S. 1 Nr. 3 StPO aufgelisteten Berufsangehörigen eine eher heterogene Gruppe, so dass auch keine totale Kongruenz der einzelnen Berufsbilder zueinander erforderlich ist und sich der Insolvenzverwalter in diese Systematik eingliedern lässt.

Und auch das Bundesverfassungsgericht ist sich selbst anscheinend uneins im Hinblick auf den abschließenden Charakter des § 53 Abs. 1 S. 1 StPO. Zwar wird es nicht müde, die besondere Bedeutung der funktionstüchtigen Strafrechtspflege für den Rechtsstaat zu betonen[659]. Dennoch erklärt es § 53 Abs. 1 S. 1 Nr. 3 StPO für abschließend, § 53 Abs. 1 S. 1 Nr. 5 StPO demgegenüber nicht. Die Begründung für diese diametral gegensätzliche Entscheidung fällt jeweils gleich aus:

§ 53 StPO enthalte lediglich eine generalisierende Aussage darüber, bei welchen Berufen der Schutz des Vertrauensverhältnisses das Allgemeininteresse an der Aufklärung von Straftaten überwiege[660].

Die vergleichbare Interessenlage sowie die eigene Inkonsequenz des Bundesverfassungsgerichts im Umgang mit § 53 StPO sprechen dafür, aus § 53 Abs. 1 S. 1 StPO analog ein Zeugnisverweigerungsrecht für Insolvenzverwalter herzuleiten.

---

658 Aufgenommen in § 53 Abs. 1 Nr. Nr. 3 StPO gemäß 3. Strafrechtsänderungsgesetz vom 04.08.1953, BGBl. 1953 I, 735 (744).

659 BVerfGE 33, 367 (383).

660 So BVerfGE 33, 367 (374 f.) einerseits für Nr. 3 und BVerfGE 36, 193 (211) andererseits für Nr. 5.

5. *Regelungsbedarf – „Planwidrigkeit" der vorhandenen Regelungslücke*

Dafür müsste die im Hinblick auf den Insolvenzverwalter bestehende Regelungslücke jedoch planwidrig, das heißt vom Gesetzgeber ungewollt sein[661].

Erst im Laufe des 19. Jahrhunderts setzte sich allmählich der Gedanke durch, neben Geistlichen auch Ärzten und Rechtsanwälten ein Zeugnisverweigerungsrecht zuzuerkennen, damit diese ihrer Schweigepflicht gegenüber Patienten und Mandanten überhaupt effektiv nachkommen konnten[662]. Die anschließenden Erweiterungen der Zeugnisverweigerungsrechte erfolgten schrittweise, jedoch ohne klare Zielsetzung[663]. Infolgedessen ergeben sich zahlreiche Schwierigkeiten bei der Bestimmung der Reichweite der jeweiligen Zeugnisverweigerungsrechte sowie bei der konkreten Ausgestaltung einzelner Voraussetzungen[664].

Bei den Erweiterungen des § 53 Abs. 1 S. 1 StPO hat sich der Gesetzgeber nie ausdrücklich gegen eine Aufnahme des Insolvenzverwalters in den Katalog ausgesprochen, sondern Insolvenzverwalter schlichtweg als mögliche zeugnisverweigerungsberechtigte Personen nicht berücksichtigt.

Zudem bestand die Sorge einer ausufernden Erweiterung des Kataloges sowie eines zu starken Gebrauchs der Zeugnisverweigerungsrechte zulasten der Strafverfolgung[665].

Die Tätigkeit als Insolvenzverwalter ist erst seit 2004 als eigenständiges Berufsbild anerkannt[666]. Die Sicherungs- und Kontrollmechanismen für diese Berufsgruppe haben sich insbesondere in den vergangenen zehn Jahren weiterentwickelt und werden auch aktuell stets weiter ausgebaut und gestärkt[667]. Auch gibt es immer mehr Insolvenzverwalter[668], so dass eine Konkretisierung berufsrechtlicher Pflichten zunehmend an Bedeutung gewinnt.

Die Einführung des § 97 Abs. 1 S. 3 InsO infolge des Gemeinschuldnerbeschlusses verdeutlicht demgegenüber, dass der Gesetzgeber die Problematik der Gefährdung der Selbstbelastungsfreiheit des Schuldners durch die umfassenden insolvenzrechtlichen Mitwirkungs- und Auskunftspflichten durchaus erkannt und ausgehend vom Gemeinschuldnerbeschluss zu lösen versucht hat.

---

661 Vgl. Schönke/ Schröder StGB/ *Hecker* § 1 Rn. 35.
662 *Weigend* DJT-Gutachten, C 81 m.w.N.
663 *Weigend* DJT-Gutachten, C 81.
664 Vgl. *Weigend* DJT-Gutachten, C 81.
665 So noch BVerfGE 33, 367 (383 f.).
666 Vgl. BVerfG NZI 2004, 574 (576).
667 *Vallender* NZI 2017, 641.
668 Braun InsO/ *Blümle* § 56 Rn. 2 f.; Schmidt InsO/ *Ries* § 56 Rn. 5.

Dies ist, wie oben bereits gezeigt wurde, zwar nicht umfassend gelungen. Es ist jedoch nicht zu erkennen, dass der Gesetzgeber dem Insolvenzschuldner die verfassungsrechtlich verbürgte Selbstbelastungsfreiheit auch im Strafverfahren bewusst entziehen oder auch nur einschränken wollte.

Ein entgegenstehender gesetzgeberischer Wille steht einer analogen Anwendung des § 53 Abs. 1 S. 1 Nr. 3 StPO auf den Insolvenzverwalter zur Wahrung der Selbstbelastungsfreiheit des Insolvenzschuldners im Strafverfahren daher nicht im Wege.

6. *Zwischenergebnis*

Dem Insolvenzverwalter kann somit ein strafprozessuales Zeugnisverweigerungsrecht gemäß § 53 Abs. 1 S. 1 Nr. 3 StPO analog zuerkannt werden. Durch die Stärkung seiner strafprozessualen Rechte kann auch die Selbstbelastungsfreiheit des Insolvenzschuldners im Strafverfahren wieder Wirkung entfalten.

Allerdings bewahrt ein Zeugnisverweigerungsrecht des Insolvenzverwalters den Schuldner noch nicht vor einer Verletzung seiner Beschuldigtenrechte. Denn der Insolvenzverwalter ist gleichwohl nicht verpflichtet, von dem Zeugnisverweigerungsrecht Gebrauch zu machen; es ist lediglich ein <u>Recht</u>, keine Pflicht. Daher gebietet ein umfassender Schuldner- und Beschuldigtenschutz eine das Zeugnisverweigerungsrecht ergänzende (materiell-rechtliche) Verschwiegenheitspflicht des Insolvenzverwalters in Bezug auf den Insolvenzschuldner.

Hierfür scheidet eine analoge Anwendung des § 203 StGB auf den Insolvenzverwalter jedoch aus. Sie ist nicht mit dem Analogieverbot des Art. 103 Abs. 2 GG vereinbar.

III. Zusammenfassung der Ergebnisse

Diese Arbeit hat die Schwächen des Insolvenzgeheimnisses aus Sicht eines beschuldigten Insolvenzschuldners aufgezeigt. Dessen verfassungsrechtlich verbürgter Schutz vor strafrechtlich relevanter Selbstbelastung kann nur durch eine Stärkung der Rechte des Insolvenzverwalters umfassend verwirklicht werden.

Anhand verschiedener landgerichtlicher Entscheidungen zur Durchsuchung und Beschlagnahme beim Insolvenzverwalter wurde zunächst verdeutlicht, dass sich durch diese strafprozessualen Maßnahmen eine erhebliche Schutzlücke für Insolvenzschuldner auftut und das Insolvenzgeheimnis so durch die Ermittlungsbehörden umgangen werden kann.

Durch die erzwingbare Auskunftspflicht im Insolvenzverfahren auch bezüglich strafrechtlich belastender Tatsachen ist die Selbstbelastungsfreiheit des Insolvenzschuldners dort bereits per Gesetz nahezu vollständig ausgehöhlt. Das

Beweisverwendungsverbot des § 97 Abs. 1 S. 3 InsO bietet hierzu – entgegen der gesetzgeberischen Intention – nicht das notwendige Korrektiv. Die Grundsätze, welche im Gemeinschuldnerbeschluss vom Bundesverfassungsgericht aufgestellt und vom Gesetzgeber sogar bei der Umsetzung noch erweitert wurden, genügen für einen effektiven Schuldnerschutz nicht.

Ein Zeugnisverweigerungsrecht für Insolvenzverwalter wurde von den Gerichten bisher gleichwohl abgelehnt.

Das Bundesverfassungsgericht hat zwar in verschiedenen Entscheidungen zu anderen Berufsangehörigen ein fehlendes einfachgesetzlich normiertes Zeugnisverweigerungsrecht unmittelbar aus der Verfassung hergeleitet. In der Sozialarbeiter-Entscheidung erfolgte dies ausgehend von Art. 2 Abs. 1 i.V.m. Art. 1 Abs. 1 GG, teilweise wurde ein Zeugnisverweigerungsrecht aber auch auf der Grundlage von Art. 5 Abs. 1 S. 2 GG abgeleitet. Für den Insolvenzverwalter lässt sich jedoch ein Zeugnisverweigerungsrecht auf diesem Wege nicht begründen. Zudem ist die Rechtsprechung zum verfassungsunmittelbaren Zeugnisverweigerungsrecht ohnedies sehr uneinheitlich; im Rahmen von § 53 Abs. 1 S. 1 Nr. 3 StPO war das Gericht sehr restriktiv, bei Zeugnisverweigerungsrechten im Bereich der Presse (§ 53 Abs. 1 S. 1 Nr. 5 StPO) wurde ein Zeugnisverweigerungsrecht demgegenüber sehr viel eher zugebilligt.

Auch in der Literatur wurden bisher keine Lösungen dargeboten, die das Spannungsverhältnis zwischen dem Interesse des Insolvenzschuldners an strafprozessualer Selbstbelastungsfreiheit und dem staatlichen Interesse an der materiellen Wahrheitsfindung und effektiver Strafverfolgung in einen gerechten Ausgleich bringen. Insbesondere wurde bisher ein Zeugnisverweigerungsrecht des Insolvenzverwalters zur Lösung dieser Problematik außer Acht gelassen oder sogar ausdrücklich abgelehnt.

Die Umfrage bei den Insolvenzverwaltern hat hingegen die Schwierigkeiten eines effektiven Schuldnerschutzes aus Sicht der Praxis verdeutlicht und dabei gezeigt, dass die bestehende Rechtsunsicherheit sich auch auf die Insolvenzverwalter und deren Tätigkeit auswirkt. Es besteht große Uneinigkeit über den Umgang mit eigenen Zeugenaussagen im Strafverfahren und die Frage einer diesbezüglich entgegenstehenden Verschwiegenheitspflicht. Daneben wurde bestätigt, dass die Beiziehung der Insolvenzakte durch die Ermittlungsbehörden für den Insolvenzschuldner die Gefahr einer späteren Verurteilung in einem etwaigen Strafverfahren wegen Insolvenzdelikten sogar noch stärker erhöht als eine Zeugenaussage des Insolvenzverwalters.

Unter Einbeziehung der empirischen Ergebnisse wurde eine eigene Lösung für die Herleitung eines Zeugnisverweigerungsrechts für Insolvenzverwalter erarbeitet.

Aufgrund des entgegenstehenden Wortlautes in § 97 Abs. 1 S. 3 InsO konnte ein Zeugnisverweigerungsrecht für Insolvenzverwalter nicht unmittelbar aus dem Insolvenzgeheimnis abgeleitet werden.

Allerdings kann ein solches Recht für Insolvenzverwalter durch analoge Anwendung des § 53 Abs. 1 S. 1 StPO begründet werden. Ohne ein strafprozessuales Zeugnisverweigerungsrecht für den Insolvenzverwalter ist die Regelung des § 97 Abs. 1 S. 2 InsO unverhältnismäßig. Dadurch würden die (bloßen) Eigentumsrechte der Gläubiger (Art. 14 GG) gegenüber der Selbstbelastungsfreiheit des Insolvenzschuldners im Strafverfahren (vgl. Art. 20 Abs. 3, Art. 2 Abs. 1, Art. 1 Abs. 1 GG) und damit auch seiner Menschenwürde übergewichtet. Nur ein Zeugnisverweigerungsrecht für Insolvenzverwalter gewährt den verfassungsrechtlich gebotenen Ausgleich.

Schluss

A. Plädoyer für einen stärkeren Schuldnerschutz im Strafverfahren

Die obigen Ergebnisse haben gezeigt, dass die Selbstbelastungsfreiheit des Insolvenzschuldners im Strafverfahren insbesondere wegen drohender Umgehungshandlungen gefährdet ist, namentlich sind dies:

- die Zeugenaussage des Insolvenzverwalters im Strafverfahren;
- die Beiziehung der Insolvenzakte durch die Strafverfolgungsbehörden und deren strafrechtliche Verwertung;
- die Beschlagnahme von Unterlagen des Insolvenzschuldners, welche dieser dem Insolvenzverwalter in Erfüllung seiner (erzwingbaren) Auskunftspflicht übergeben hat.

Hier zeichnet sich ein klarer Widerspruch zu Äußerungen der Judikatur im Hinblick auf die Bedeutung und Wirkung der Selbstbelastungsfreiheit ab, wonach jedwede Verletzung der Selbstbelastungsfreiheit ausnahmslos ein Beweisverwertungsverbot bezüglich der so erlangten Information bewirke[669]. Im Gemeinschuldnerbeschluss begründete das Bundesverfassungsgericht sogar bei rechtmäßig ausgeübtem Zwang im nichtstrafrechtlichen Verfahren ein Beweisverwertungsverbot bezüglich derselben Information im Strafverfahren[670], wozu *Streck* ausführt:

„Kompromisslos wird das Schweigerecht zur Vermeidung von Selbstbezichtigung betont. Für die Auslegung und Anwendung des Beschlusses ist dies wegweisend“[671].

Tatsächlich kann der Insolvenzschuldner – wie diese Arbeit gezeigt hat – aber gerade nicht frei von Zwang entscheiden, ob seine Aussagen sich im Strafverfahren zu seinen Lasten auswirken. Der Schutz vor erzwungener Selbstbelastung im Strafverfahren kann vielmehr nur gewährt werden, indem der Insolvenzverwalter ein Zeugnisverweigerungsrecht erhält und zur Verschwiegenheit verpflichtet wird. Somit bekäme der Schuldner eine sichere Sphäre, innerhalb derer er dem Insolvenzverwalter die notwendigen Informationen für eine erfolgreiche Abwicklung der Insolvenz erteilen kann. Infolgedessen werden auch die

669 So BGHSt 37, 340.
670 BVerfGE 56, 37 (49 ff.).
671 *Streck* StV 1981, 362 (363).

Gläubigerinteressen bestmöglich gewahrt, da der Schuldner angstfrei alle relevanten Auskünfte erteilen kann, ohne Sorge, dass diese anschließend mittelbar im Strafverfahren gegen ihn verwendet werden.

Konsequenterweise müsste dann bei einer Durchsuchung beim Insolvenzverwalter infolge des Zeugnisverweigerungsrechts auch ein Beschlagnahmeverbot bestehen. Ein solches erschwert zwar die Ermittlungen, vereitelt sie jedoch nicht. Dies ist Ausdruck von Rechtstaatlichkeit und muss von den Strafverfolgungsbehörden daher hingenommen werden. Über rein wirtschaftliche Informationen eines Insolvenzverfahrens, welche nicht vom Schutzbereich des § 97 Abs. 1 S. 3 InsO erfasst sind, können ebenso gut außenstehende Gutachter als Sachverständige befragt werden.

Im Interesse der Rechtssicherheit und Rechtsklarheit ist eine gesetzliche Normierung des strafprozessualen Zeugnisverweigerungsrechts für Insolvenzverwalter dringend geboten.

Bis dahin muss der notwendige Schutz des Insolvenzschuldners übergangweise durch die analoge Anwendung des § 53 Abs. 1 S. 1 Nr. 3 StPO auf den Insolvenzverwalter gewährleistet werden.

B. Reformpolitische Änderungsvorschläge

I. Einführung eines strafprozessualen Zeugnisverweigerungsrechts für Insolvenzverwalter

Zwecks Erweiterung des § 53 StPO durch einfachgesetzliche Normierung eines strafprozessualen Zeugnisverweigerungsrechts für Insolvenzverwalter ist der Gesetzgeber gefordert:

„Lösungen im Geiste der Verfassung bedürfen Zeit und müssen behutsam wachsen. Sie bedürfen der Mitgestaltung des Gesetzgebers; aus der Verfassung selbst können nur gewisse Leitlinien, Ansätze oder Lösungsmethoden entwickelt werden.“[672]

Damit das Spannungsverhältnis zwischen der Selbstbelastungsfreiheit des Insolvenzschuldners im Strafverfahren und einer effektiven Abwicklung des Insolvenzverfahrens nicht zulasten des Insolvenzschuldners, sondern im Sinne eines *fair trial* aufgelöst wird, sollte *de lege ferenda* der Insolvenzverwalter in den Katalog des § 53 Abs. 1 S. 1 StPO aufgenommen werden:

---

672 *Rupp* DJT-Gutachten, 165 (171).

§ 53 StPO Zeugnisverweigerungsrecht der Berufsgeheimnisträger

(1)[1]Zur Verweigerung des Zeugnisses sind ferner berechtigt

[...]

3.Rechtsanwälte und Kammerrechtsbeistände, Patentanwälte, Notare, Wirtschaftsprüfer, vereidigte Buchprüfer, Steuerberater und Steuerbevollmächtigte, **Insolvenzverwalter**, Ärzte, Zahnärzte, Psychologische Psychotherapeuten, Kinder- und Jugendlichenpsychotherapeuten, Apotheker und Hebammen über das, was ihnen in dieser Eigenschaft anvertraut worden oder bekanntgeworden ist; [...]

Damit ist zugleich eine Beschlagnahme beim Insolvenzverwalter wegen des korrespondierenden § 97 Abs. 1 StPO verboten. Überdies kommt § 160 a Abs. 2 StPO zur Anwendung.

II. Einführung einer materiell-rechtlichen Verschwiegenheitspflicht für Insolvenzverwalter

Da der Schutz durch ein Zeugnisverweigerungsrecht des Insolvenzverwalters dadurch bedingt ist, dass dieser auch tatsächlich hiervon Gebrauch macht, sollte der Insolvenzverwalter für einen wirksamen Schutz der Selbstbelastungsfreiheit des Beschuldigten zudem in den Katalog des § 203 Abs. 1 Nr. 3 StGB aufgenommen werden:

§ 203 StGB Verletzung von Privatgeheimnissen

(1) Wer unbefugt ein fremdes Geheimnis, namentlich ein zum persönlichen Lebensbereich gehörendes Geheimnis oder ein Betriebs- oder Geschäftsgeheimnis, offenbart, das ihm als

[...]

3.Rechtsanwalt, Kammerrechtsbeistand, Patentanwalt, Notar, Verteidiger in einem gesetzlich geordneten Verfahren, Wirtschaftsprüfer, vereidigtem Buchprüfer, Steuerberater, Steuerbevollmächtigten, **Insolvenzverwalter** oder Organ oder Mitglied eines Organs einer Rechtsanwalts-, Patentanwalts-, Wirtschaftsprüfungs-, Buchprüfungs- oder Steuerberatungsgesellschaft,

[...]

anvertraut worden oder sonst bekanntgeworden ist, wird mit Freiheitsstrafe bis zu einem Jahr oder mit Geldstrafe bestraft.

[...]

Anhang: Tabellarische Auswertung der Umfragebögen

Aus Gründen der besseren Lesbarkeit wurde die Tabelle auf zwei Seiten aufgeteilt.

Nr.	**F1**	**F2**	**F3**	**F4**		**F5**	**F6**
1	19	11	30	ja	6 bis 10	eher häufig	in keinem Fall
2	17	14	40 bis 50	ja	11 bis 20	etwa in der Hälfte	eher selten
3	30	12	30 bis 50	ja	bis 5	eher häufig	in keinem Fall
4	21	18	100	ja	6 bis 10	etwa in der Hälfte	eher selten
5	22	15	40 bis 50	ja	11 bis 20	etwa in der Hälfte	eher selten
6	18	3	200	ja	bis 5	in jedem Fall	in keinem Fall
7	12	10	100	ja	bis 5	etwa in der Hälfte	in keinem Fall
8	27	20	40 bis 50	nein	/	/	/
9	20	/	30 bis 40	ja	bis 5	etwa in der Hälfte	in keinem Fall
10	24	18	5 bis 10	nein	/	/	/
11	20	18	100	ja	bis 5	in jedem Fall	in keinem Fall
12	14	13	80	ja	bis 5	eher selten	in keinem Fall
13	20	16	50	ja	11 bis 20	eher häufig	in keinem Fall
14	18	14	60	ja	bis 5	etwa in der Hälfte	in jedem Fall
15	24	17	30	ja	bis 5	eher selten	eher selten
16	21	17	50	ja	11 bis 20	etwa in der Hälfte	etwa in der Hälfte
17	8	/	10 bis 15	ja	bis 5	in jedem Fall	in keinem Fall
18	20	18	30 bis 40	ja	6 bis 10	eher häufig	in keinem Fall
19	11	9	10 bis 20	ja	bis 5	eher häufig	in keinem Fall
20	22	/	50	ja	mehr als 20	etwa in der Hälfte	eher selten
21	18	/	/	ja	11 bis 20	eher selten	in keinem Fall
22	30	15	100	ja	6 bis 10	eher häufig	in keinem Fall
23	27	10	12	ja	bis 5	in jedem Fall	in keinem Fall

Nr.	F7		F8		F9		F10	
1	nein	ja	nein	ja	ja	bis 5	ja	bis 5
2	nein	ja	nein	ja	ja	6 bis 10	nein	/
3	nein	ja	nein	ja	ja	bis 5	ja	bis 5
4	nein	nein	nein	ja	ja	bis 5	ja	bis 5
5	ja	/	ja	/	ja	6 bis 10	ja	bis 5
6	nein	ja	nein	ja	nein	/	nein	/
7	nein	nein	ja	/	ja	bis 5	ja	bis 5
8	nein	ja	nein	ja	nein	/	nein	/
9	nein	ja	nein	ja	nein	/	nein	/
10	ja	/	nein	ja	nein	/	nein	/
11	nein	nein	ja	/	ja	bis 5	ja	bis 5
12	ja	/	ja	/	ja	bis 5	nein	/
13	ja	/	ja	/	ja	11 bis 20	nein	/
14	nein	ja	ja	/	nein	/	nein	/
15	nein	/	ja	/	ja	bis 5	ja	bis 5
16	nein	ja	nein	ja	ja	6 bis 10	nein	/
17	nein	nein	nein	nein	nein	/	nein	/
18	nein	/	nein	/	ja	bis 5	nein	/
19	nein	ja	nein	ja	ja	/	nein	/
20	nein	ja	nein	ja	ja	6 bis 10	ja	bis 5
21	ja	/	nein	ja	ja	bis 5	/	/
22	nein	nein	ja	/	nein	/	ja	6 bis 10
23	nein	ja	nein	ja	ja	bis 5	ja	bis 5

Literaturverzeichnis

Alsberg, Max. Der Beweisantrag im Strafprozess. Köln, Berlin, Bonn, München, 6. Aufl. 2013. (zit.: Alsberg/ *Bearbeiter*)

Amelung, Knut. Subjektive Rechte in der Lehre von den strafprozessualen Beweisverboten. In: Festschrift für Günter Bemmann, hrsg. v. Joachim Schulz und Thomas Vormbaum, S. 505-535. Baden-Baden, 1995. (zit.: *Amelung* FS Bemmann)

Andres, Dirk/ Leithaus, Rolf. Insolvenzordnung (InsO). Kommentar. Hrsg. v. Dirk Andres, Rolf Leithaus und Michael Dahl. München, 4. Aufl. 2018. (zit.: Andres/ Leithaus InsO/ *Bearbeiter*)

Bader, Markus. Das Verwendungsverbot des § 97 Abs. 1 S. 3 InsO. NZI 2009, S. 416-420.

Bärlein, Michael/ Pananis, Panos/ Rehmsmeier, Jörg. Spannungsverhältnis zwischen der Aussagefreiheit im Strafverfahren und den Mitwirkungspflichten im Verwaltungsverfahren. NJW 2002, S. 1825-1830.

Baier, Helmut. Strafprozessuale Zeugnisverweigerungsrechte außerhalb der Strafprozeßordnung als Ergänzung der §§ 52 ff. StPO. In: Europäische Hochschulschriften. Reihe II. Rechtswissenschaften. Dissertation, Frankfurt am Main, 1996.

Baier, Helmut. Verfassungsunmittelbare Zeugnisverweigerungsrechte bestimmter Berufsgruppen als Gebot des Persönlichkeitsschutzes? JR 1999, S. 495-500.

Ballerstedt, Kurt. Zur Haftung für culpa in contrahendo bei Geschäftsabschluss durch Stellvertreter. AcP 1951, S. 501-531.

Beck, Siegfried/ Depré, Peter. Praxis der Insolvenz. Ein Handbuch für die Beteiligten und ihre Berater. München, 3. Aufl. 2017. (zit.: Beck/ Depré/ *Bearbeiter*)

Beck'scher Online-Kommentar GG. Beck'scher Online-Kommentar Grundgesetz. 39. Edition, Stand 15.11.2018. (zit.: BeckOK GG/ *Bearbeiter*)

Beck'scher Online-Kommentar InsO. Beck'scher Online-Kommentar InsO mit InsVV. 12. Edition, Stand 26.10.2018. (zit.: BeckOK InsO/ *Bearbeiter*)

Beck'scher Online-Kommentar StGB. Beck'scher Online-Kommentar StGB. 41. Edition, Stand 01.02.2019. (zit.: BeckOK StGB/ *Bearbeiter*)

Beling, Ernst. Die Beweisverbote als Grenzen der Wahrheitserforschung im Strafprozeß. In: Strafrechtliche Abhandlungen, Heft 46. Breslau, 1903.

Berliner Kommentar. Berliner Kommentar Insolvenzrecht. Hrsg. v. Jürgen Blersch, Hans-W. Goetsch und Ulrich Haas. Köln, 2018. (zit.: Berliner Kommentar InsO/ *Bearbeiter*)

Beulke, Werner/ Swoboda, Sabine. Strafprozessrecht. Heidelberg, 14. Aufl. 2018.

Bittmann, Folker. Praxishandbuch Insolvenzstrafrecht. Berlin, Boston, 2. Aufl. 2017.

Bittmann, Folker/ Rudolph, Carolin. Das Verwendungsverbot gemäß § 97 Abs. 1 Satz 3 InsO. wistra 2001, S. 81-85.

Blau, Günter. Schweigepflicht und Schweigerecht der Fachpsychologen. Folgerungen aus der Entscheidung des BVerfG v. 19.7.1972 (NJW 72, 2214). NJW 1973, S. 2234-2239.

Bley, Erich. Die Haftung des Gemeinschuldners für Masseansprüche. ZZP (62) 1941, S. 111-122.

Bömelburg, Regina. Der Selbstbelastungszwang im Insolvenzverfahren – Eine Untersuchung zur Reichweite des Verwendungsverbotes gemäß § 97 Absatz 1 Satz 3 Insolvenzordnung. Dissertation, Köln, 2004.

Bötticher, Eduard. Besprechungen. ZZP (71) 1958, S. 314-320.

Bötticher, Eduard. Die Konkursmasse als Rechtsträger und der Konkursverwalter als ihr Organ. ZZP (77) 1964, S. 55-77.

Bork, Reinhard. Die Verschwiegenheitspflicht des Insolvenzverwalters im Zertifizierungsverfahren. ZIP 2007, S. 793-798.

Bosbach, Jens. Ungeschriebene strafprozessuale Zeugnisverweigerungsrechte im Bereich der Rechtsberatung? Eine Betrachtung aus Sicht des Mandanten von Rechtsanwalt, Zeugenbeistand und Strafverteidiger. Dissertation, Frankfurt am Main, 2009.

Brand, Christian/ Kanzler, Oliver. Die Sanierungsbescheinigung des § 270 b Abs. 1 S. 3 InsO – tauglicher Gegenstand staatsanwaltschaftlicher Ermittlungen? wistra 2014, S. 334-341.

Braun, Eberhard. Insolvenzordnung (InsO). Kommentar. München, 7. Aufl. 2017. (zit.: Braun InsO/ *Bearbeiter*)

Canaris, Claus-Wilhelm. Die Feststellung von Lücken im Gesetz. Eine methodische Studie über die Voraussetzungen und Grenzen der richterlichen Rechtsfortbildung praeter legem. In: Schriftenreihe zur Rechtstheorie, Heft 3. Berlin, 2. Aufl. 1983.

Dannecker, Gerhard/ Knierim, Thomas C. Insolvenzstrafrecht. Heidelberg u.a., 3. Aufl. 2018. (zit.: Dannecker/ Knierim/ *Bearbeiter*)

Deckenbrock, Christian/ Fleckner, Andreas M. Verschwiegenheitspflichten des Insolvenzverwalters? ZIP 2005, S. 2290-2301.

Dencker, Friedrich. Verwertungsverbote im Strafprozeß. Ein Beitrag zur Lehre von den Beweisverboten. Köln u.a., 1977.

Dingeldey, Thomas. Das Prinzip der Aussagefreiheit im Strafprozeßrecht. JA 1984, S. 407-414.

Dingeldey, Thomas. Der Schutz der strafprozessualen Aussagefreiheit durch Verwertungsverbote bei außerstrafrechtlichen Aussage- und Mitwirkungspflichten. NStZ 1984, S. 529-534.

Diversy, Judith. Eigene Angaben des Insolvenzschuldners gegenüber dem Insolvenzgericht als Erkenntnisquelle der Staatsanwaltschaft? ZInsO 2005, S. 180–184.

Dölle, Hans. Neutrales Handeln im Privatrecht. Ein Beitrag zur Lehre von der Stellvertretung. In: Festschrift Fritz Schulz. Zweiter Band, hrsg. v. Hans Niedermeyer, S. 268-288. Weimar, 1951. (zit.: *Dölle* FS Fritz Schulz)

Dornach, Markus. Ist der Strafverteidiger aufgrund seiner Stellung als „Organ der Rechtspflege" Mitgarant eines justizförmigen Strafverfahrens? NStZ 1995, S. 57-63.

Eisenberg, Ulrich. Beweisrecht der StPO. Spezialkommentar. München, 10. Aufl. 2017. (zit.: *Eisenberg* StPO)

Eisenberg, Ulrich/ Kölbel, Ralf. Kriminologie. Tübingen, 7. Aufl. 2017.

Eser, Albin von. Aussagefreiheit und Beistand des Verteidigers im Ermittlungsverfahren. Rechtsvergleichende Beobachtungen zur Rechtsstellung des Beschuldigten. ZStW 79 (1967), S. 565-623.

Fischer, Thomas. Strafgesetzbuch mit Nebengesetzen. München, 66. Aufl. 2019. (zit.: *Fischer* StGB)

Feuerich, Wilhelm E./ Weyland, Dag. BRAO. Bundesrechtsanwaltsordnung. München, 9. Aufl. 2016. (zit.: Feuerich/ Weyland BRAO/ *Bearbeiter*)

Frankfurter Kommentar. FK-InsO. Frankfurter Kommentar zur Insolvenzordnung mit EuInsVO, InsVV und weiteren Nebengesetzen. Hrsg. v. Klaus Wimmer. Köln, 9 Aufl. 2018. (zit.: Frankfurter Kommentar InsO/ *Bearbeiter*)

Frege, Michal C./ Keller, Ulrich/ Riedel, Ernst. Handbuch der Rechtspraxis. Band 3. Insolvenzrecht. München, 8. Aufl. 2015.

Frind, Frank. Die Unabhängigkeit des (vorläufigen) Insolvenzverwalters/ Sachwalters nach Inkrafttreten des „ESUG". ZinsO 2015, S. 119-131.

Gössel, Karl Heinz. Kritische Bemerkungen zum gegenwärtigen Stand der Lehre von den Beweisverboten im Strafverfahren. NJW 1981, S. 649-657.

Graeber, Thorsten. Die Unabhängigkeit des Insolvenzverwalters gegenüber Gläubigern und Schuldner – Eine „fundamentale" Anforderung an Verwalter fremden Vermögens. NZI 2002, S. 345-351.

Graeber, Thorsten. Die Aufgaben des Insolvenzverwalters im Spannungsfeld zwischen Delegationsbedürfnis und Höchstpersönlichkeit. NZI 2003, S. 569-578.

Graf, Jürgen Peter/ Jäger, Markus/ Wittig, Petra. Wirtschafts- und Steuerstrafrecht. München, 2. Aufl. 2017. (zit.: Graf/ Jäger/ Wittig/ *Bearbeiter*)

Graf-Schlicker, Marie Luise. InsO. Kommentar zur Insolvenzordnung. Köln, 4. Aufl. 2014. (zit.: Graf-Schlicker InsO/ *Bearbeiter*)

Hahn, Carl/ Mugdan, Benno. Die gesamten Materialien zu den Reichs-Justizgesetzen. Band 3. Abteilung 1. Berlin, 2. Auflage 1985.

Hamburger Kommentar. Hamburger Kommentar zum Insolvenzrecht. Hrsg. v. Andreas Schmidt unter Mitarb. v. Achim Ahrendt. Köln, 7. Aufl. 2019. (zit.: Hamburger Kommentar InsO/ *Bearbeiter*)

Handbuch Wirtschaftsstrafrecht. Handbuch Wirtschaftsstrafrecht. Hrsg. v. Hans Achenbach, Andreas Ransiek und Thomas Rönnau. Heidelberg, 4. Aufl. 2015. (zit.: HB WiStR/ *Bearbeiter*)

Hefendehl, Roland. Beweisermittlungs- und Beweisverwertungsverbote bei Auskunfts- und Mitwirkungspflichten. Das sog. Verwendungsverbot nach § 97 Abs. 1 S. 3 InsO. wistra 2003, S. 1-9.

Heidelberger Kommentar. Insolvenzordnung. Heidelberger Kommentar. Hrsg. v. Godehard Kayser und Christoph Thole. Heidelberg, 9. Aufl. 2018. (zit.: Heidelberger Kommentar InsO/ *Bearbeiter*)

Heußner, Hermann. Sondervotum zu BVerfG, Beschluss vom 13.01.1981, NJW 1981, 1431. NJW 1981, S. 1433.

Hohnel, Andreas. Selbstbelastungsfreiheit in der Insolvenz. NZI 2005, S. 152-154.

Horn, Norbert. Einführung in die Rechtswissenschaft und Rechtsphilosophie. Heidelberg u.a., 5. Aufl. 2011.

Jäger, Christian. Grund und Grenzen des Gesetzlichkeitsprinzips im Strafprozessrecht. GA 2006, S. 615-628.

Jung, Heike. Zeugnisverweigerungsrecht und Wahrheitsfindung – zugleich eine Nachlese zu BVerfGE 33, 367. MschrKrim 1974, S. 258-267.

Karlsruher Kommentar. Karlsruher Kommentar zur Strafprozessordnung mit GVG, EGGVG und EMRK. Hrsg. v. Rolf Hannich u.a. München, 7. Aufl. 2013. (zit.: Karlsruher Kommentar StPO/ *Bearbeiter*)

Kasiske, Peter. Fern-, Fort- und Frühwirkung von Beweisverwertungsverboten im Strafprozess. JURA 2017, S. 16-25.

Kemperdick, Christian. Zum Verwendungsverbot des § 97 Abs. 1 S. 3 InsO. Zugleich eine Anmerkung zu OLG Celle, Beschl. v. 19.12.2012 – 32 Ss 164/12,

ZInsO 2013, 731 und OLG Jena, Beschl. v. 12.8.2010 – 1 Ss 45/10, ZInsO 2011, 732. ZInsO 2013, S. 1116-1119.

Kindhäuser, Urs. Strafprozessrecht. Baden-Baden, 4. Aufl. 2016.

KMR KMR – StPO. Kommentar zur Strafprozessordnung. Hrsg. v. Bernd von Heintschel-Heinegg und Heinz Stöckel. Köln, Stand August 2016. (zit.: KMR StPO/ *Bearbeiter*)

Krekeler, Wilhelm/ Löffelmann, Markus. Anwaltkommentar. StPO. Bonn, 2. Aufl. 2010. (zit.: Krekeler/ Löffelmann StPO/ *Bearbeiter*)

Kreuzer, Arthur. Handbuch des Betäubungsmittelstrafrechts. München, 1998.

Krey, Volker. Studien zum Gesetzesvorbehalt im Strafrecht. Eine Einführung in die Problematik des Analogieverbots. Berlin, 1977. (zit.: *Krey* Studien)

Krey, Volker/ Heinrich, Manfred. Deutsches Strafverfahrensrecht. Stuttgart, 2. Aufl. 2019.

Kübler, Bruno M./ Prütting, Hanns/ Bork, Reinhard. InsO. Kommentar zur Insolvenzordnung. Band II. Köln, Stand Mai 2018. (zit.: Kübler/ Prütting/ Bork InsO/ *Bearbeiter*)

Kühl, Kristian/ Reichold, Hermann/ Ronellenfitsch, Michael. Einführung in die Rechtswissenschaft. Ein Studienbuch. München, 2. Aufl. 2015. (zit.: Kühl/ Reichold/ Ronellenfitsch/ *Bearbeiter*)

Kühne, Hans-Heiner. Strafprozessrecht. Eine systematische Darstellung des deutschen und europäischen Strafverfahrensrechts. Heidelberg, 9. Aufl. 2015.

Kühne, Hans-Heiner. Zeugnisverweigerungsrecht im Strafprozeß – neue Wege für die Anwendung von Grundrechten? – BVerfGE 33, 367. JuS 1973, S. 685-689.

Lackner, Karl/ Kühl, Kristian. Strafgesetzbuch: StGB. Kommentar. München, 29. Aufl. 2018. (zit.: Lackner/ Kühl StGB/ *Bearbeiter*).

Larenz, Karl. Methodenlehre der Rechtswissenschaft. Berlin u.a., 3. Aufl. 1995.

Laroche, Peter. Auskunftspflichten des Organvertreters in der Insolvenz der Gesellschaft. Zugleich Besprechung von BGH, Beschl. v. 5.3.2015 – IX ZB 62/14; ZInsO 2015, 740. ZInsO 2015, S. 1469-1478.

Lent, Friedrich. Zur Lehre von der Partei kraft Amtes. ZZP (62) 1941, S. 129-209.

Löwe-Rosenberg. Die Strafprozessordnung und das Gerichtsverfassungsgesetz. Großkommentar. Band 1. Berlin, 27. Aufl. 2016. Band 2. Berlin, 27. Aufl. 2017. (zit.: Löwe-Rosenberg StPO/ *Bearbeiter*)

Mahlstedt, Tobias. Die verdeckte Befragung des Beschuldigten im Auftrag der Polizei. Informelle Informationserhebung und Selbstbelastungsfreiheit. Dissertation, Berlin, 2004.

Maunz, Theodor/ Dürig, Günter. Grundgesetz. Kommentar. Hrsg. v. Roman Herzog, Matthias Herdegen, Rupert Scholz und Hans H. Klein. Stand April 2018. (zit.: Maunz/ Dürig GG/ *Bearbeiter*)

Meyer-Goßner, Lutz/ Schmitt, Bertram. Strafprozessordnung mit GVG und Nebengesetzen. München, 61. Aufl. 2018. (zit.: Meyer-Goßner/ Schmitt StPO/ *Bearbeiter*)

Mohrbutter, Harro/ Ringstmeier, Andreas. Handbuch der Insolvenzverwaltung. Köln, Berlin, München, 8. Aufl. 2007. (zit.: Mohrbutter/ Ringstmeier HB InsR/ *Bearbeiter*)

Müller-Gugenberger, Christian. Wirtschaftsstrafrecht. Handbuch des Wirtschaftsstraf- und Ordnungswidrigkeitenrechts. Köln, 5. Aufl. 2011. (zit.: Müller-Gugenberger 2011/ *Bearbeiter*)

Müller-Gugenberger, Christian. Wirtschaftsstrafrecht. Handbuch des Wirtschaftsstraf- und Ordnungswidrigkeitenrechts. Köln, 6. Aufl. 2015. (zit.: Müller-Gugenberger/ *Bearbeiter*)

Münchener Anwaltshandbuch Strafverteidigung. Hrsg. v. Eckhart Müller und Reinhold Schlothauer. München, 2. Aufl. 2014. (zit.: Münchener Anwaltshandbuch StV/ *Bearbeiter*)

Münchener Kommentar InsO. Münchener Kommentar zur Insolvenzordnung. Hrsg. v. Hans-Peter Kirchhof, Rolf Stürner und Horst Eidenmüller. Band 1 und 2. München, 3. Aufl. 2013. (zit.: Münchener Kommentar InsO/ *Bearbeiter*)

Münchener Kommentar StGB. Münchener Kommentar zum StGB. Hrsg. v. Wolfgang Joecks und Klaus Miebach. Band 1. München, 3. Aufl. 2017. (zit.: Münchener Kommentar StGB/ *Bearbeiter*)

Münchener Kommentar StPO. Münchener Kommentar zur StPO. Hrsg. v. Christoph Knauer, Hans Kudlich und Hartmut Schneider. Band 1. München, 2014. Band 2. München, 2016. (zit.: Münchener Kommentar StPO/ *Bearbeiter*)

Nerlich, Jörg/ Römermann, Volker. Insolvenzordnung (InsO). Kommentar. München, Stand Januar 2017. (zit.: Nerlich/ Römermann InsO/ *Bearbeiter*)

Pauka, Benedikt. Anmerkung zu LG Bonn, Beschluss vom 22.12.2016, NZI 2017, 410. NZI 2017, S. 413 f.

Paul, Tobias. Unselbstständige Beweisverwertungsverbote in der Rechtsprechung. NStZ 2013, S. 489-497.

Peters, Karl. Beweisverbote im deutschen Strafverfahren. Gutachten für den 46. Deutschen Juristentag. In: Verhandlungen des sechsundvierzigsten Deutschen Juristentages Essen 1966, hrsg. v. der ständigen Deputation des Deutschen Juristentages, Band I, S. 91-163. München und Berlin, 1966. (zit.: *Peters* DJT-Gutachten)

Petry, Horst. Beweisverbote im Strafprozess. Darmstadt, 1971.

Pfeiffer, Gerd. Strafprozessordnung. Kommentar. München, 2005. (zit.: *Pfeiffer* StPO)

Püschel, Christof. Das Verwendungsverbot des § 97 Abs. 1 S. 3 InsO und seine Konsequenzen für die Verteidigung in Insolvenzstrafsachen. In: Strafverteidigung im Rechtsstaat. 25 Jahre Arbeitsgemeinschaft Strafrecht des Deutschen Anwaltvereins (2009). Hrsg. von der Arbeitsgemeinschaft Strafrecht des Deutschen Anwaltvereins, S. 759-772. (zit.: *Püschel* FS AG StrafR)

Püschel, Christof. Boom der Insolvenzdelikte? In: Festschrift für Ruth Rissing-van Saan zum 65. Geburtstag am 25. Januar 2011. Hrsg. von Thomas Fischer und Klaus Bernsmann, S. 471-490. (zit.: *Püschel* FS Rissing)

Püschel, Christof/ Paradissis, Alexander. Die Staatsanwaltschaft als Insolvenzpolizei – eine Polemik gegen die Praxis der Ermittlungen ohne Verdacht. ZInsO 2015, S. 1786-1788.

Rengier, Rudolf. Die Zeugnisverweigerungsrechte im geltenden und künftigen Strafverfahrensrecht. Grundlagen, Reformfragen und Stellung im System der Beweisverbote und im Revisionsrecht. Paderborn u.a., 1979.

Richter, Hans. Auskunfts- und Mitteilungspflichten nach §§ 20, 97 Abs. 1 ff. InsO. wistra 2000, S. 1-5.

Richter, Hans. Anmerkung zu LG Stuttgart, Beschluss vom 21.07.2000 – 11 Qs 46/2000. wistra 2000, S. 440.

Ries, Stephan. Die gesetzliche „Ordnung" bei Insolvenz. Zur Bedeutung insolvenzrechtlicher Durchsetzungssperren und Unwirksamkeitsanordnungen. In: Festschrift für Hans Peter Runkel, hrsg. von Norbert Weber und Jens M. Schmidt, S. 93-114. (zit.: *Ries* FS Runkel)

Ries, Stephan. Der „vorläufige Insolvenzverwalter" nach § 21 Abs. 2 Nr. 2, 2. Alt. InsO – jeder kennt ihn, aber kaum einer weiß, in welcher Funktion und für welche Gläubiger er tätig ist. ZinsO 2013, S. 1612-1623.

Roellenbleg, Rainer R. Verfassungswidrigkeit der InsO? NZI 2004, S. 176-184.

Rogall, Klaus. Der Beschuldigte als Beweismittel gegen sich selbst. Ein Beitrag zur Geltung des Satzes „Nemo tenetur se ipsum prodere" im Strafprozeß. Schriften zum Prozeßrecht, Band 49. Berlin, 1977.

Römermann, Volker. Die Bestellung des Insolvenzverwalters. NJW 2002, S. 3729-3733.

Roxin, Claus. Strafecht Allgemeiner Teil. Band I. München, 4. Aufl. 2006. (zit.: *Roxin* AT I)

Roxin, Claus/ Schünemann, Bernd/ Rüping, Hinrich. Strafverfahrensrecht. München, 29. Aufl. 2017.

Roxin, Claus/ Schünemann, Bernd/ Rüping, Hinrich. Das Strafverfahren. München, 3. Aufl. 1997.

Roxin, Claus/ Schünemann, Bernd/ Rüping, Hinrich. Zur Mitwirkungspflicht des Beschuldigten und Angeklagten. JR 1974, S. 135-140.

Rupp, Hans Heinrich. Beweisverbote im Strafprozess in verfassungsrechtlicher Sicht. Gutachten für den 46. Deutschen Juristentag. In: Verhandlungen des sechsundvierzigsten Deutschen Juristentages Essen 1966, hrsg. v. der ständigen Deputation des Deutschen Juristentages, Band I, S. 165-211. München und Berlin, 1966. (zit.: *Rupp* DJT-Gutachten)

Salditt, Franz. Grundlagen des Zeugenbeweises im Strafrecht. Überlegungen aus Anlaß einer Befragung von Strafverteidigern. StraFo 1990, S. 54-62.

Satzger, Helmut. Internationales und Europäisches Strafrecht. Baden-Baden, 8. Aufl. 2018.

Satzger, Helmut/ Schluckebier, Wilhelm/ Widmeier, Gunter. StPO. Strafprozessordnung. Kommentar. Köln, 3. Aufl. 2018. (zit.: Satzger/ Schluckebier/ Widmeier StPO/ *Bearbeiter*)

Schmidt, Karsten. Insolvenzordnung. InsO mit EuInsVO. München, 19 Aufl., 2016. (zit.: Schmidt InsO/ *Bearbeiter*)

Schmidt, Karsten. Der Konkursverwalter als Gesellschaftsorgan und als Repräsentant des Gemeinschuldners – Versuch einer Konkursverwaltertheorie für heute und morgen –. KTS 1984, S. 345-400.

Schmidt, Karsten. Der Konkursverwalter: Streitgenosse seiner selbst? Zu den Absonderlichkeiten der Amtstheorie. KTS 1991, S. 211-222.

Schmidt, Karsten. Klage und Rechtshängigkeit bei Konkurseröffnung vor Klagezustellung. NJW 1995, S. 911-916.

Schmidt, Karsten. Haftungsrealisierung in der Gesellschaftsinsolvenz – Funktion und Aufgaben des Verwalters nach Gesellschafts- und Insolvenzrecht –. KTS 2001, S. 373-394.

Schönke, Adolf/ Schröder, Horst. Strafgesetzbuch. Kommentar. München, 30. Aufl. 2019. (zit.: Schönke/ Schröder StGB/ *Bearbeiter*)

Schork, Stefanie. Anmerkung zu LG Ulm, Beschluss vom 15.01.2007 – 2 Qs 2002/07 Wik. NJW 2007, S. 2057-2058.

Senge, Lothar. Zur Zulässigkeit staatsanwaltschaftlicher Vorermittlungen. In: Festschrift für Rainer Hamm zum 65. Geburtstag am 24. Februar 2008. Hrsg. v. Regina Michalke, Wolfgang Köberer, Jürgen Pauly und Stefan Kirsch, S. 701-718. Berlin, 2008. (zit.: *Senge* FS Hamm)

SK StPO. Systematischer Kommentar zur Strafprozeßordnung und zum Gerichtsverfassungsgesetz. Hrsg. v. Jürgen Wolter. Band 1. Köln, 4. Aufl. 2014. Band 2. Köln, 4. Aufl. 2010. (zit.: SK StPO/ *Bearbeiter*)

Streck, Michael. Der Beschluß des Bundesverfassungsgerichts zum strafrechtlichen Verwertungsverbot bei Aussagen des Gemeinschuldners und seine Auswirkungen im Steuerstrafrecht. StV 1981, S. 362-364.

Stürner, Rolf. Strafrechtliche Selbstbelastung und verfahrensförmige Wahrheitsermittlung. NJW 1981, S. 1757-1763.

Stürner, Rolf. Aktuelle Probleme des Konkursrechts. Zur Neubearbeitung des *Jaeger*schen Kommentars. ZZP (94) 1981, S. 263-310.

Tetzlaff, Christian. Unzugänglichmachung des Insolvenzeröffnungsgutachtens für die Staatsanwaltschaft? – Erwiderung auf *Hohnel* NZI 2005, 152. NZI 2005, S. 316 f.

Thomas, Heinz/ Putzo, Hans. Zivilprozessordnung. FamFG. Verfahren in Familiensachen. EGZPO. GVG. EGGVG. EU-Zivilverfahrensrecht. Kommentar. München, 39. Aufl. 2018. (zit.: Thomas/ Putzo ZPO/ *Bearbeiter*)

Uhlenbruck, Wilhelm. Insolvenzordnung – Kommentar. Band 1. München, 15. Aufl. 2019. (zit.: Uhlenbruck InsO/ *Bearbeiter*)

Uhlenbruck, Wilhelm. Die Grenzen von Amtsermittlung und Offenbarungspflicht im Konkursverfahren. JR 1971, S. 445-448.

Uhlenbruck, Wilhelm. Auskunfts- und Mitwirkungspflichten des Schuldners und seiner organschaftlichen Vertreter im Insolvenzverfahren. NZI 2002, S. 401-406.

Uhlenbruck, Wilhelm. Bedarf es der Kommissionen und Arbeitskreise zur Verwalterauswahl und Qualitätssicherung? Editorial NZI 9/ 2007. Abgerufen unter https://www.beck.de/rsw/upload/NZI/NZI_09_2007_roem_0506.pdf am 28.12.2018.

Uhlenbruck, Wilhelm. Zusammenfassung der Empfehlungen der Uhlenbruck-Kommission. NZI 2007, S. 507-511.

Vallender, Heinz. Die Zeit ist reif – Plädoyer für eine Berufsordnung für Insolvenzverwalter. NZI 2017, S. 641-648.

Wabnitz, Heinz-Bernd/ Janovsky, Thomas. Handbuch des Wirtschafts- und Steuerstrafrechts. München, 4. Aufl. 2014. (zit.: Wabnitz/ Janovsky HB/ *Bearbeiter*)

Weigend, Thomas. Empfehlen sich gesetzliche Änderungen, um Zeugen und andere nicht beschuldigte Personen im Strafprozessrecht besser vor Nachteilen zu bewahren? Gutachten C für den 62. Deutschen Juristentag. In: Verhandlungen des zweiundsechzigsten Deutschen Juristentages Bremen 1998, hrsg. v. der ständigen Deputation des Deutschen Juristentages. Band I Teil C. München, 1998. (zit.: *Weigend* DJT-Gutachten)

Welp, Jürgen. Zeugnisverweigerungsrechte und Beschlagnahmeverbote. Anmerkungen zu Alternativentwurf „Zeugnisverweigerungsrechte und Beschlagnahmefreiheit" (AE-ZVR). In: Festschrift für Günter Bemmann zum 70. Geburtstag am 15. Dezember 1997. Hrsg. v. Joachim Schulz und Thomas Vormbaum, S. 626-651. Baden-Baden, 1997. (zit.: *Welp* FS Bemmann).

Weyand, Raimund. Zur „Verwendung" von Angaben des Schuldners für strafrechtliche Zwecke - Anm. zu LG Stuttgart, Beschl. v. 21.07.2000 - 11 Qs 46/2000 aus der Sicht der Strafverfolgungspraxis. ZInsO 2001, S. 108-110.

Weyand, Raimund. Der Insolvenzverwalter - Ein Refugium für Geschäftsunterlagen? Anmerkungen zum Beschluss des LG Potsdam v. 8.1.2007 - 25 Qs 60/06, ZInsO 2007, 1162; zugleich Erwiderung auf *Brüsseler*, ZInsO 2007, 1163. ZInsO 2008, S. 24-28.

Weyand, Raimund. Flucht in den § 97 Abs. 1 S. 3 InsO. Straffreiheit durch Selbstbelastung? ZInsO 2015, S. 1948-1952.

Weyand, Raimund. Zum Anfangsverdacht bei Insolvenzdelikten. Zugleich Erwiderung auf *Püschel*, ZInsO 2016, 262. ZInsO 2016, S. 441-443.

Weyand, Raimund/ Diversy, Judith. Insolvenzdelikte. Unternehmenszusammenbruch und Strafrecht. Bielefeld, 10 Aufl. 2016.

Wimmer, Klaus/ Dauernheim, Jörg/ Wagner, Martin/ Gietl, Josef. Handbuch des Fachanwalts Insolvenzrecht. München, 8. Aufl. 2018. (zit.: Wimmer u.a. HB InsR/ *Bearbeiter*)

Zöller, Richard. Zivilprozessordnung. Köln, 32. Aufl. 2018. (zit.: Zöller ZPO/ *Bearbeiter*)

www.ingramcontent.com/pod-product-compliance
Ingram Content Group UK Ltd.
Pitfield, Milton Keynes, MK11 3LW, UK
UKHW021939290926
8980IPUK00016B/1709

9 783631 806692